KB269399

사람살려 교육살려

사람살려 교육살려

사람살려 교육살려

정유성 지음

교육을 보는 나의 눈을
새롭게 뜨게 도와주신,
얼마 전
세상을 떠나신
장인어른 전준항님께
이 책을 삼가 바칩니다

책머리에

지금, 여기 우리가 살고 있는 세상은 한마디로 엉망진창이다. 굳이 지겹도록 우리 존재를 옥죄는 갖은 위기가 아니더라도 진작부터 그랬다. 사람답게 살기에는 사회가 온통 헝클어져 있고, 사람 사이는 나뉘고 갈라졌으며, 사람 스스로의 꼴도 강퍅하기만 하니 말이다. 이런 세상을 사노라면 사람들은 흔히 자라나는 세대나 잘 길러 앞날을 기약해보려고 교육에 목을 매게 마련이다. 하지만 그 교육은 누가 하며 어디에서 하는가? 망가진 세상에 비뚤어진 사람들이 교육을 하자니 교육도 교육다울 수가 없다. 오히려 사회 전체가 '바담 풍' 하는 형국이다. 하필이면 이런 때 사람과 세상을 사람답게 만들자고 교육을 공부하고 가르치는 일을 업으로 삼고 있는 나로서는 말 그대로 삶이 고단하다. 더욱이 교실에서뿐 아니라 교육을 통해 번듯한 세상 만드는 실천의 자리를 기웃거려온 탓에 몸과 마음이 편하기는커녕 늘 교육을 않는다.

　그렇다고 언제까지 이 모양 이 꼴로 살 것인가? 언제까지 한탄만 하고 잘못된 제도나 그릇된 의식을 탓하면서 적당히 비판적인 지식인의 알리바이나 내세우며 게으르게 타협하며 살 것인가? 가뜩이나 모순과 혼란이 가득한 우리 사회는 이제 나락으로 떨어질 것 같은 백척간두의 위기에 처해 있다. 그럴수록 "사람 살려! 교육 살려!" 하고 외마디 비명이라도 질러 스스로를, 그리고 서로를 일깨우고 깨우쳐야 한다는, 따지고 보면 그다지 새로울 것도 없는 욕구가 막무가내로 치밀었다. 그래서 여기 그 외마디 비명들을 모아 남부끄러운 줄 모르고 내놓는다.

　그동안 남들이 흔히 '잡문'이라고 낮추어 보는 작고 짧은 세상 글, 삶 글, 교육 글들을 많이 써왔다. 나는 결코 이런 글들이 잡스럽다고 생각하지 않는다. 어떤 글들은 오히려 격식을 갖추어 쓴 논문보다 더 존재를 기울여 쓰기도 했거니와, 그때그때 터지는 세상일과 교육문제에 혼신을 다해 응답하려 한 아주 소중한 내 공부의 결과였다. 그런가 하면 우리 교육은 너무 '교육적'이고자 억지를 부리는 데 문제가 있고 그러다보니 교육답지 못했다. 차라리 이제는 조금은 비껴 서서 교육을 보고 세상을 읽어 교육을 바로잡는 일이 절실하다. 바로 이러한 맥락에서 나는 짐짓 교육 밖, 곁, 안을 두루 드나들며 늘 교육이라는 본질적인 인간활동을 성찰하고자 했고, 그 모자라고 부끄러운 결과가 이 글들이다.

여기 내 나름대로 이런 뜻으로 썼던 글들을 모아 작은 상을 차린다. 더도 말고 덜도 말고 이 글들이 우리 모두 함께 작은 소리로라도 "교육 살려, 사람 살려" 하고 서로를 깨우치는 데 도움이 되었으면 한다. 이 작은 상을 차리는 데 도움을 준 모든 곁 사람들, 강연이나 방송 등 여러 자리에서 만난 모르는 이들, 그리고 무엇보다도 최근 좋은 일도 생긴, 나의 막역지우이며 어려운 가운데 늘 내 이야기라면 두 팔 걷고 소담하게 판을 벌여주는 출판계의 본보기인 도서출판 한울 김종수 대표에게 고맙기만 하다.

2002년 6월
정유성

차례

지금, 여기 우리 교육은 어떠한가?

달라지는 세상, 뒤처지는 교육, 비틀거리는 부모

달라지는 21세기 : 새 세상, 새 사람

내 책상 위의 나사(NASA)

세상이 달라지고 있다. 그것도 무섭도록 빠르게 말이다. 마치 오늘 새로 나온 물건을 보고 신기해하다가도 자고 나면 이미 낡은 것이 되고 마는 것처럼, 세상은 바야흐로 눈부시게 바뀌고 있는 것이다. 가장 손쉬운 보기를 들어보자. 언제부터인가 우리가 날마다 연필같이 쓰고 있는 개인용 컴퓨터가 그렇다. 지난 10년 남짓 사이에 그 종류만 해도 여러 번 달라졌다. 386, 486 하던 것이 엊그제 같은데 이제 펜티엄, 펜티엄-3도 그 수명이 다하고 펜티엄-4의 시대가 열리고 있다. 이렇게 몇 해마다 달라지는 컴퓨터 기종은 바로 용량에 따른 표시인데, 그 용량의 차이는 접시물과 대야 물의 차이보다 크다.

우리가 흔히 20세기 과학기술의 개가라고 칭송해 마지않는 아폴로 우주선이 달에 착륙한 일은 지금부터 30년 전 인류의 경사라고 해서 나 어릴 적엔 공휴일로 삼아 기릴 정도였다. 그런데 그때 미국 항공우주국(NASA)에서 썼던 컴퓨터의 총용량은 지금 내가 책상 위에 놓고 이 글을 쓰고 있는 펜티엄급 컴퓨터 정도에 지나지 않았다고 한다. <피아노>로 유명한 제인 캠피온이라는 여성감독의 <내 책상 위의 천사>라는 멋진 영화가 있지만, 이제는 '내 책상 위의 나사'라…… 몇 해 뒤에 내 책상 위에는 무엇이 오를지 모른다. 그만큼 모든 것이 빨리 바뀌고 달라지는 것이 오늘날 우리가 사는 세상이다.

하기는 겨우 '쉰 세대'도 아직 안된 나이에 내가 겪은 지난 세월은 그야말로 변화무쌍한 시간이었고, 그만큼 파란만장한 삶을 나를 비롯한 지금의 학부모 세대는 살고 있는 셈이다. 나만 해도 서울 토박이지만 지방 여러 곳을 떠돌며 자라다가 국민학교, 지금의 초등학교 들어가기 한 해 전에 서울로 돌아왔는데, 그때가 바로 경제개발이 시작되던 1960년대 초였다. 마지막 살았던 강원도 양구의, 문명도 그렇다고 자연도 없이 전란으로 모두 폐허가 되고 어른 키만한 갈대숲만 우거졌던 환경에 비해 그때 처음 만난 서울의 환경은 내게는 놀라운 것이었다.

내 또래면 다 기억하겠지만 서울역에 내려서 마주친 휘황한 불빛, 전차, 그리고 서울역 맞은편 어느 건물 위에 빙글빙글 돌아가던 무슨 미싱인가 하는 재봉틀을 선전하는 네온사인에 나는 넋을 잃었다. 나중에 스물다섯 나이에 유럽 한복판으로 유학을 떠나 처음으로 비행기 타고 먼 나라에 가서 문화충격을 겪기도 했지만, 이때의 문명충격만큼 크지는 않았다.

그런가 하면 내가 다니던 중학교는 지금의 신반포가 건너다 보이는 강 언덕 위에 있었는데, 토요일이면 그 강 언덕 아래 포구에서 거룻배를 얻어타고 강을 건너와 채소 팔고 돌아가는 강남 농부 아저씨들의 빈 손수레까지 타가며 저 말죽거리까지 말 그대로 멀리까지 걷는 '원족(遠足)'을 하곤 했다. 이것이 1960년 대 말의 일이다. 그런데 상전벽해도 유분수지 지금, 여기 내가 사는 서울은 내 고향이 아닌 것처럼 여겨질 정도로 온통 달라졌다. 그것도 겨우 지난 30여 년 동안 이렇게 달라진 것이다. 돌이켜 생각해보면 혼자서도 기가 막힐 일이다.

이제 삶의 절반 조금 넘게 살았을까 하는 우리 세대가 겪은 변화는 이른바 전근대적인 사회에서 근대·현대사회로, 그리고 탈산업사회로 가는 엄청난 것이다. 다른 사회에서는 수백 년 걸려 어렵사리 치른 일을 우리는 한 세대 정도의 시간에 속성으로 뚝딱 해치운 것이다. 누군가는 그래서 이 과정을 '압축적 성장'이라고 불렀다. 그런데 문제는 이런 변화가 그저 겉보기엔 별탈 없이 그럴듯한 건물을 남기면서 제도로만 바뀌는 것 같지만, 사실 조금만 눈여겨보면 여기저기, 아니 삶터 곳곳에 동티가 나고 말았다는 데 있다. 그 가장 눈에 띄는 동티가 좀 어려운 말로 '비(非)동시적인 것의 동시성'이라고 하는데, 이를테면 전근대적인 모습, 생각, 감수성이 현대적, 그리고 탈(脫)현대적인 그것과 같은 시간대에 같은 무대에서 서로 엇걸리는 것을 말한다. 그렇게 되면 우리 정체성이나, 문화, 의식이 아주 복잡한 양상을 띠게 되는데, 그 모습을 '구조적 혼재'라고 한다. 들어서는 언뜻 알기 어려운 이 개념들을 구체적으로 손에 잡히게 비유를 들어 설명하면 이런 것이다.

내 영화에 대한 첫사랑은 열 살 남짓 어린 나이에 시작되었다. 집에 TV도 없던 시절 한두 번 부모님 따라 구경한 영화는 그야말로 새로운 세상을 담고 있는 것이었다. 그로부터 몇 해 뒤 내가 살던 동네에 허름한 영화관이 하나 생겼는데, 어느 날인가 영화관 앞에 붙은 입간판을 보고 눈이 번쩍 뜨였다. 거기에는 '동시상영(同時上映)'이라고 씌어 있었는데, 워낙 어리고 뭘 몰랐던 나는 정말로 '동시'에 영화 두 편이 상영되는 줄 알았다. 이를테면 요즘으로 치면 <스파이더맨>와 <취화선> 같은 전혀 다른 시대적 배경과 내용의 영화가 적어도 화면을 둘로 갈라, 아니면 서로 겹치면서 상영되는 줄 알았다.

하지만 어찌어찌 돈을 마련하여 영화관에 들어서자마자 나는 화가 머리끝까지 날 정도로 속았다는 기분이 들었다. 왜냐하면 그것은 동시상영이 아닌 이른바 '차시(差時)'상영이었다. 그 왜 동시통역이라면 전문가들이 누가 하는 말을 거의 동시에 통역하는 것이고, 차시통역은 그 말이 끝나고 나면 통역하는 것 아닌가. 차례로 영화를 보여주면서 동시상영이라고 한 것은 사기이기도 하지만, 아무튼 지금 우리네 문화나 삶의 상황을 견주어보면 꼭 이런 꼴이다. 요즘 와서 보면 우리 사회에는 이른바 <여

인천하>나 <제국의 아침> 같은 전근대적인 내용의 삶과 <재미있는 영화> 같은 내용의 삶이 동시에 진행되는 꼴이니 말이다. 컴광 아이와 컴맹 엄마가 한 집에 살고, <열린 음악회>나 <가요무대>를 좋아하는 아버지와 라이브 무대에 열광하는 아이가 한 가족을 이루고 산다. 세대간의 차이뿐 아니라 한 사람, 한 사람의 의식도 마찬가지다. 우리 안에 전근대, 현대, 탈현대가 뒤섞여 있는 것이다.

사정이 이렇게 되면 우리의 문화, 의식, 그리고 정체성은 부대찌개같이 이질적인 것이 사뭇 뒤섞여 부글거리는 꼴이 된다. 얼마 전에 미군부대에서 나온 식품 쓰레기로 부대찌개를 끓여 팔다가 들킨 일이 있지만, 실제로 부대찌개라는 것 자체가 미군부대 식품들로 끓이던 데서부터 비롯되었다. 전쟁통에는 말 그대로 미군부대 음식쓰레기를 적당히 씻어 끓이던 '꿀꿀이죽'이라는 것이 있다가, 나중에는 그럴듯하게 꾸며 부대에서 나온 식품 재료로 끓인 찌개라고 부대찌개라는 이름이 생긴 것이다. 그 왜 엄격한 미군들 식품규정에 따라 유효기간이 지났거나 해서 흘러나온 햄, 치즈, 고기 덩어리 등을 섞어서 우리 입맛에 맞추느라 갖은 양념해 넣고 간을 맵게 하여 급기야는 일본식 라면까지 곁들인 음식이 부대찌개다.

우리네 문화나 의식, 정체성도 마치 이런 국적불명의 부대찌개처럼 그렇게 복삽하고 혼란스럽게 생겨먹은 것이다. 하지만 우리는 여전히 매운 맛 하나로 그것이 우리네 먹을거리인 줄 알고 땀 뻘뻘 흘리며 열심히 먹고 있다.

사정이야 어떻든 정작 문제는 우리가 이런 문제를 그리 심각한 문제로 받아들이지 않는다는 데 있다. 우선 그 속도와 변화 불감증이 그렇다. 우리는 마치 빨리 달리는 차 안에 탄 사람들처럼 그 속도감에 취해 이제 웬만한 변화에는 감흥조차 없다. 처음에는 10층 건물에도 놀라고 신기해하지만, 이젠 100층 건물에도 놀라지 않는다. 더욱이 그 차 안의 변화, 특히 사람의 변화에는 둔감할 정도를 넘어 덤덤해진다. 아니 어쩌면 밖의 현란한 변화 탓에 오히려 안의 변화는 느끼고 싶지 않은지도 모른다. 차창 밖의 풍경이 너무 빨리 넘어갈 때면 우린 어지럼증을 느끼고 대신 눈을 안으로 돌려 내가, 내 아이들이 제대로 잘 있는지 확인하고 그 익숙한 모습에 안도를 하게 마련이다.

그러나 이토록 빠른 속도의 변화에 나나 우리 아이들이 제대로 잘 있을 수는 없는 일이다. 무엇보다도 아이들은 그에 따라 빠르게 변화해버렸는데, 우리 어른들은 이를 미처 깨닫지 못하거나 또는 인정하고 싶지 않은 나머지 문득 아이들의 달라진 모습에 깜짝 놀라고 무슨 괴물 보듯 하는 일이 그렇다. 그 몇 가지 구체적인 모습을 한번 살펴보자.

우리 또래라면 전화가 얼마나 귀한 물건이었는지 잘 기억할 것이다. 한 동네에 전화라곤 쌀집이나 약국 같은 유지 집에 한 대 있어서 온 동네 급한 소식을 나누었던 시절이 있었는가 하면, 청색 전화다, 백색 전화다 구분하면서 보물처럼 안방 한가운데 모시고 살던 때도 있었다. 그런데 이제 휴대전화 가입자가 3천만 명에 가깝다. 그러니까 어린아이를 뺀 온 국민이 휴대전화를 쓰는 시대에 살고 있다. 그것도 겨우 지난 몇 해 사이에 말이다. 얼마 전 이런 일을 겪었다.

늦은 시간에 집으로 서둘러 가던 나는 아파트 단지 입구 공중전화 부스에 열서너 살쯤 된 녀석 하나가 쪼그려앉아 있는 것을 보고 무슨 도움이 필요한가 싶어 들여다보았다. 그런데 녀석은 휴대전화로 전화를 하고 있었다. 가까이 다가가자 녀석이 슬몃 나오길래 공중전화가 고장인가 살펴보았지만 멀쩡했다. 내가 부스를 나서 조금 걷자 녀석은 다시 그 안으로 들어가 전화를 계속하는 것이 아닌가! 아마 날이 추워 그 안에서 자신만의 은밀한 통신을 꾀했던 모양이다.

어디 그뿐이랴. 휴대전화를 이용한 문자 송수신이 도입된 때였다. 수업시간마다 아이들을 잠들지 않게 하려고 갖은 꾀를 내던 중 그래도 열심히 수소문하고 노력하여 수집한 우스갯소리를 하곤 했다. 하지만 어느 날 내 우스개는 참담하게 실패로 끝나고 그 썰렁한 분위기에 나조차 계면쩍고 면구스러워 고개를 돌리는데 한 녀석이 쿡쿡 하고 웃었다. 기분이 나빠 가까이 가보니 휴대전화를 쥐고 있었는데, 뒤에 있던 어느 녀석이 문자를 보낸 것이다. 거기 씌어 있기를 "야, 졸라 썰렁하잖냐?"

이것이 요즈음 아이들의 통신문화다. 어른들이 언뜻 보기에는 멀쩡한 공중전화를 두고 그 비싼 휴대전화를 쓰는 아이들을 탓부터 할지 모른다. 탓할 만도 하다. 하지만 이들에게 이제 이동통신은 당연할 뿐 아니라 앞으로는 생활이 될 것이다. 지금 이미 도입된 서로 얼굴을 보고 통화하는 화상통신 기술에 이어 앞으로 머지 않아 가상현실형 화상 휴대전화기가 나올 예정이란다. 이를테면 날마다 시부모님께 안부전화 드릴 때도 부수수한 얼굴로나 입에 발린 인사로는 안될 만큼 서로 얼굴을 맞대고 표정이나 체취까지 느껴가며 전화를 하게 될 것이라는 이야기다.

이쯤 되면 우리의 통신문화뿐 아니라 삶 자체가 달라질 수밖에 없다. 특히 학교가 그렇다. 그토록 우리 학부모들이 중요하게 여기는 수업, 진도, 학습은 대체로 가상현실형 화상교육으로 가름하게 될 것이다. 그러면서 학교는 아이들이 함께 모여 사회성을 배우고 서로 어울려 놀며 살아가는 곳이 될 것이다.

우리는 늘 우리가 다녔던 학교, 지금 있는 학교가 천년 만년 계속될 것처럼 생각한다. 그리고 학교뿐 아니라 우리가 지금 살고 생각하고 느끼는 것이 앞으로도 늘 그럴 것처럼 착각한다. 하지만 앞에 이야기했듯이 우리의 지난날을 돌아보라. 지금 같은 엄청난 변화를 예감이나 했는가. 이제 우리 아이들은 지금과는 전혀 다른 세상에서 새로운 사람들로 살아가게 될 것이다. 물론 그것이 모두 바람직하고 또 환영할 만한 것이라는 이야기는 절대 아니다.

하지만 문제는 우리 교육이, 아니 우리 스스로가 얼마나 이러한 변화를 예감하고 준비하며 살고 있느냐이다. 새 술은 새 부대에 담으라는 말씀은 괜한 것이 아니다. 새로운 시대에는 그에 걸 맞은 새로운 삶, 새로운 사람을 준비해야 한다. 그런데 우리는 전혀 채비가 되어 있질 않다.

이렇게 새로운 세상에서 새로운 사람으로 살아갈 우리 아이들과 그들의 지금, 여기의 삶인 교육을 적어도 이러한 준비와 채비가 되도록 하려면 먼저 우리 스스로 달라져야 한다. 지금은 '내 책상 위의 나사(NASA)' 시대이다.

그런데 우리는 아직도 우리 아이들이 참고서나 학습지 따위를 펴놓은 책상에 코를 박고 졸도록 강요한다. 자기들만의 의사소통 방식으로 우리로서는 해독하기도 어려운 코드로 통신하는 아이들에게 손가락질만 한다. 부모세대와는 대화 정도가 아니라 영혼과 감성이 통하지 않는 새로운 인종인 아이들에게 언제 적 출세의 신화와 성공담으로 거품을 문다.

이렇게 하다가 IMF인지 뭔지 하는 귀신에게 발목을 잡힌 것이다. 지금은 다 극복한 듯 잊어버렸지만 이런 위기는 언제 다시 올지 모른다. 흔히들 경제위기다 정치위기다 사회위기다 하지만 우리가 맞은 위기는 무엇보다도 사람의 위기다. 국가경쟁력을 높일 만한 인재도 키우지 못했고, 그나마 그런 위기를 맞아 책임을 지고 노력하는 인성도 길러주질 못했다. 결국 우리 교육이 바로 위기를 가져온 장본인이고 우리 모두에게 그 책임이 있다.

이대로 가다가는 우리 교육에는 그나마 무사히 지나간 Y$_2$K, 곧 밀레니엄 버그가 나고야 말 것이다. 그 왜 그렇게 잘나고 똑

똑한 컴퓨터가 2000이라는 숫자를 제대로 읽지 못해 생기는 여러 가지 문제들 말이다. 앞에서는 그렇게 대단한 가능성으로 보이던 '내 책상 위의 나사'는 자칫 우리가 잘못 쓴 탓에 '내 책상 위의 성수대교' '내 책상 위의 삼풍 백화점' 아니 '내 책상 위의 시랜드'가 될지 모른다. 마치 '세계화'를 하자며 우물 안 개구리를 벗어나려다가, 결국은 '세계화' 황소 흉내내려고 배에 헛바람만 잔뜩 넣다가 배 터져버린 개구리 꼴처럼 말이다.

그런데 이렇게 위기를 가져온 것이 잘못된 교육이라면, 그 위기의 극복도 교육을 통해서 이루어져야 한다. 그 극복을 위한 교육은 바로 우리가 나서서 만들어가야 한다. 세상을 보는 눈을 기르고, 우리 아이들을 있는 그대로 이미 시작된 미래로 받아들이고, 달라지는 사회의 바뀌는 삶에 걸맞은 사람으로 아이들뿐 아니라 우리 스스로가 변해야 한다.

이 책을 통해 나는 감히 우리 부모들에게 이러한 위기의식을 느끼게 하고, 제대로 된 현실인식을 갖게 하고, 나아가서 그에 따라 각자 선 자리에서 할 수 있는 일에 나서도록 하여 그 변화의 물꼬를 트고자 한다.

교육의 밀레니엄 버그

끝장날지도 모르는 새로운 시작

겨우 두 해 남짓 지난 일이지만 1999년 하면 까마득한 옛날처럼만 여겨진다. 그러면서도 그 왜 새 천년이라고 법석을 떨던 소동은 기억할 것이다. 온통 2000년의 도래를 축하하는 분위기에서 사소할지는 모르지만 밀레니엄 버그라고 흔히 알려진 Y2K 걱정은 또 다 잊었겠지만 바로 그 이야기다. 조금만 생각 있는 사람이면 그 꼴을 보고 스스로 웃었을 것이다. 한편 하늘을 찌를 듯 — 실제로 화성에 물 흔적을 찾았다던가, 목성 탐사를 했다던가 하면서 실제로 하늘을 마구 찌르고 있지만 — 자연기술과학의 무소불위한 힘을 믿고 또 마구 쓰던 우리가 겨우 컴퓨터의 숫자인식 프로그램 때문에 새로운 천년대의 시작이라는 유례없는 축제 분위기에도 은근히 불안해했던 것이 우습다.

컴퓨터란 놈은 잘 아다시피 사람이 시킨 일만 한다. 인공지능이다 뭐다 하지만 컴퓨터는 아직 제 생각을 갖고 주관이 뚜렷하게 행동하는 존재는 아니다. 게다가 계산도 겨우 이진법으로만 한다. 물론 계산만큼은 엄청나게 빠르고도 정확하게 한다. 그러던 놈이 갑자기 겨우 2000이라는 숫자를 제대로 읽지 못해 인간에게 대재난을 가져다줄 수도 있었다니 묘하지 않은가. 21세기의 화려한 문명은 자칫 제대로 시작도 하기 전에 끝장날지도 모른다는 노스트라다무스를 비롯한 여러 현자들의 신비스런 예언을 과학기술의 총아라는 컴퓨터란 놈이 현실로 만들 수도 있었다는 것은 역사의 아이러니라고 아니할 수 없다.

하지만 이렇게 만든 것은 컴퓨터란 놈이 아니다. 거듭 말하지만 컴퓨터는 아직 사람이 시킨 일만 한다. 그러니 밀레니엄 버그는 우리 스스로가 만든 것이다. 처음 컴퓨터 만들 때 그 똑똑한 과학자들은 컴퓨터가 이토록 널리 쓰일지 몰랐고, 그리고 겨우 수십 년 뒤인 2000년을 내다보지 못했다던가. 그러니 이 일만큼 인간이 세상에서 제일 잘난 존재이면서, 동시에 어리석은 존재라는 사실을 뚜렷이 드러내주는 것도 없다. 그런데 문제는 밀레니엄 버그라는 놈이 큰 규모의 공장이나 연구소의 컴퓨터에서는 그런 대로 피해 갔지만 내 책상 위의 컴퓨터, 가전제품에까지 영향을 주듯이 우리 삶의 곳곳에 버그가 날 수도 있고, 또 이미 났다는 데 있다. 그 버그는 누가 뭐래도 우리 교육에 속속들이 퍼져 있고 또 가장 심각하다.

흔히 우리 교육을 흉볼 때 '19세기 교실에서, 20세기 교사가,

21세기 아이들을 가르치고 있다'고 한다. 무서운 이야기다. 게다가 산업시대도 아니고 지금은 사이버 공간의 시간, 곧 '웹 이어 x'라고 해서 한 달이 일 년 같은 정보화 시대에 말이다. 실제로 1950년대 피난교실 지난 지 얼마 되지 않은 1960년대, 말 그대로 콩나물 교실에서 공부한 우리 세대들의 교실이나 지금 우리 아이들의 교실이나 하나도 달라진 것이 없다.

요즘 여기저기서 '옛날 엄마 아빠 어린 시절에는'이라는 주제로 전시회 같은 것들이 유행이다. 아닌게 아니라 나도 지난해 일산에서 열린 '학교문화 50년' 전시회를 보았다. 내가 어릴 적 삶의 모습이 재현된 것을 보고, 또 학교의 모습을 다시 보니 향수도 느끼고 추억에 젖기도 했다. 하지만 그 한구석에 통계자료로 1960년대 어느 날 드디어 한 학교 재학생 1만 명의 국민학교가 탄생했다는 보도가 있는 등 한편으로는 금석지감이 들면서도 동시에 다른 환경에 비해 학교는 참으로 변하지 않았구나 하는 안타까운 마음도 들었다.

이를테면 직사각형의 교실 모양과 크기부터 뚝뚝 잘린 수업 시간 마디마다 종 치는 것, 칠판과 분필로 상징되는 일방적인 주입식 교육방식까지 말이다. 있다면 겨우 1960년대의 학급당 인원수가 조금은 줄었다는 정도, 아니면 촌스러운 교실마다 덩그러니 비디오 시설 정도는 했다는 것, 종소리가 감옥의 그것처럼 자극적인 소리에서 부드러운 음악소리나 차임벨 소리로 바뀌었다는 것뿐이다. 아이들은 웃자라 부모세대보다 평균 10센티미터는 큰데 책걸상은 여전해서 많은 아이들이 디스크를 앓고 있는가 하면, 깨끗하다고는 하나 좀처럼 미덥지 않은 수돗물밖에 마실 것이 없어 생수통을 들고 다니는 것이 우리 현실이다. 배우는 내용부터 과외풍습까지, 못하면 못했지 나아진 것은 거의 없다고 해도 결코 지나친 말이 아니다.

그렇다면 교사들은 어떤가. 물론 이렇게 열악한 상황에서 그나마 이 정도 교육이 지탱한 것은 현장에서 모든 것을 무릅쓰고 애쓰시는 좋은 선생님들 덕이다. 하지만 점점 바뀌는 세상에서 달라지는 아이들을 감당하기에는 교사들에 대한 교육이나 처우, 연수 같은 재교육 체제나 할 것 없이 하나같이 너무 뒤떨어져 있다. 아직도 사범교육이라는 전근대적이고 일제 잔재의 냄새가 물씬 나는 보수적인 교육과정부터, 같은 교육수준에 같은 나이의 다른 직종의 월급수준의 3분의 2에도 못 미치는 대접, 과중한 수업부담에다 허구한 날 쏟아지는 공문을 비롯한 잔무에 허덕이고, 연수래야 수백 명씩 몰아넣고 하품 나는 강의 몇 가지 듣는 것이 고작이다.

그러다간 문제만 생기면 학부모들은 아이들은 나날이 발전하고 있는데 선생님들 자질 때문에 교육이 제대로 안된다고 아우성을 친다. 어떤 때는 군사부일체니 사표(師表)니 하는 이미 사표 낸 지 오래인 구태의연한 말들로 치장하다가도 스승의 날만 지나면 개혁의 걸림돌인 양 쉰 떡 취급한다.

또 하기 싫은 말이지만 수십 년 동안 이 모양 이 꼴로 교육이랍시고 하다보니 교사들 스스로의 문제도 적지 않다. 일부분이라고는 하지만 도저히 어떤 변명으로도 정당화할 수 없는 가장 비교육적인 관행인 촌지부터 반(反)교육적인 수준에 이른 폭력과 체벌은 지금까지 문제가 되고 있다. 어디 그뿐인가. 무기력하고 노력하지 않는 모습뿐 아니라, 제 이익을 위해서 온갖 수단과 방법을 동원하는 이중적인 모습들까지 이루 말할 수 없는 꼴불견이 한두 가지가 아니다.

세상은 달라지는데 사람은 바뀌지 않으니 새로운 교육, 새로운 교사상은 어디에서도 찾을 수 없다. 하지만 이런 문제들은 우리 선생님들이 세상에서 제일 나쁘고 빠지기 때문이 결코 아니다. 이 모든 문제의 뿌리에는 잘못된 제도, 게임의 법칙이 있다. 긴말하자면 울화만 치밀 테니 한동안 유행하던 우리 교육제도를 비꼰 우화를 소개하도록 하자.

요즘도 방영되고 있는 <명성황후>라는 연속극에도 등장하는 우리가 잘 아는 개화 사상가인 김옥균 선생은 무엇보다도 나라 문을 열어 새로운 학문과 교육을 받아들이고 이를 통해 나라를 구해보려고 한 분이다. 굳이 일본이라는 위험천만한 이웃나라 힘을 빌려야 했나라는 문제는 접어두더라도 이 분의 나라사랑하는 마음은 누구나 인정할 만한 것이었다. 아무튼 선생은 나중에 망명길에 올랐다가 암살을 당해 파란만장한 삶을 마감하게 되는데, 그 나라 사랑하는 마음을 기려 하늘나라에 가셨다고 해보자.

선생은 하늘나라에서도 늘 나라 걱정에 노심초사하다가 지난 1960년대 어느 날 우연히 옥황상제의 천리경을 빌려 우리나라를 내려다보셨다. 그런데 나라가 해방되고도 형제들끼리 전쟁이나 치르고 난 우리나라는 꼴이 말이 아니었다. 여전히 지지리 가난하고 좀처럼 발전할 전망조차 보이지 않는 것이 아닌가! 안타깝고 안쓰러운 마음에 선생은 어떻게 하면 이 나라를 당신이 꿈꾸던 부강한 나라로 만들 수 있을까, 자나깨나 늘 걱정이었다.

그러다가 불현듯 기발한 생각이 떠올라 옥황상제를 찾아가서는 당신이 이기면 소원을 들어달라고 내기바둑을 청했다. 아다시피 선생은 바둑을 잘 두었고 몇 해 전에는 선생의 바둑판이 국보급 문화재라고 해서 일본에서 돌아온 적이 있다. 아무리 바둑을 잘 둔다지만 감히 내기바둑을 청하자 옥황상제는 기가 막혔지만 재미삼아 응했다.

그런데 선생의 나라 사랑이 지극했던지 그만 내기바둑을 이기고 말았다. 할 수 없이 소원을 묻는 옥황상제께 선생은 "아시다시피 우리나라가 아직도 저 모양인데 발전을 하려면 가진 것도 없는 나라에서 오로지 자연기술 과학의 인재가 나야 하니, 더도 말고 덜도 말고 뉴턴과 아인슈타인, 에디슨, 퀴리 부인 이 네 명만 이 땅에 거듭 태어나게 해주십시오" 했단다. 그 한 사람만 해도 백년에 한번 그것도 온 세상에서 날까말까한 천재들인데 그 좁은 땅덩어리에 한꺼번에 다시 태어나게 해달라는 소원에 옥황상제는 또 한번 기가 막혔지만 내기는 내기인지라 어쩔 수 없이 들어주셨다.

이젠 됐다, 하고 그저 바둑이나 즐기며 신선놀음으로 하늘나라 생활을 하던 선생은, 그로부터 30년이 지난 1990년대 어느 날 문득 당신의 부탁으로 우리 땅에 태어난 천재들의 오늘날과 또 이들의 활약으로 부강해졌을 나라의 모습이 궁금해졌다. 우선 언뜻 내려다보니 겉모습은 그럴듯하고 흥청망청인데 IMF인지 뭔지 하는 귀신 탓인지 사는 꼴이 썩 좋아 보이지 않았다. 이상하다 싶어 옥황상제께 달려가 천리경을 빌려 내려보낸 천재들을 하나씩 추적해보았다.

우리 땅에 태어났으니 김 뉴턴, 이 아인슈타인, 박 에디슨, 정 퀴리라는 이름을 가진 이들의 현재는 이러했다. 먼저 김 뉴턴은 역시 천재적인 머리로 늘 일등만 하다가 어느 과학 고등학교를 수석으로 졸업하고 SKY대학 물리학과에 수석으로 입학했다. 대학에서도 발군의 실력을 발휘하여 대학교 1학년 때 이미 여러 유수한 국내외 학술잡지에 논문을 발표하여 장래가 촉망되었다. 하지만 어느 외국잡지에 자기 학교 교수들의 이론에 반박하는 논문을 실었다가 미움을 사 대학원 진학에 실패하고 말았다. 결국 그는 지금 서울 강남의 모 학원에서 수리탐구 담당 유명강사로 주가를 올리고 있다.

다음 이 아인슈타인은 일반 고등학교에 진학했지만 예전 아인슈타인이 그랬듯이 자연과학 쪽에민 두각을 나타냈다. 그 결과 수학, 자연과학 영역에서는 늘 100점을 받았지만 국어, 영어,

사회과목에는 젬병이어서 0점 받기를 밥먹듯 하여 평균 50점 남짓, 결국 내신등급 10등급으로 대학진학에 실패하였다. 하지만 먹고는 살아야겠기에 지금은 어느 SKY대학 앞의 중국집에서 철가방을 들고 상대성 이론으로 정확히 계산된 번개 같은 배달솜씨를 자랑하고 있다.

박 에디슨은 미국에서야 제대로 교육도 못 받았지만 우리 부모들이 어떤 사람들인가. 그 교육열 덕분에 무사히 어느 과학 고등학교를 나와 유수한 공과대학을 수석으로 입학, 졸업하였다. 어려서부터 발명이라면 빼어난 솜씨를 보여 숱한 상을 휩쓸면서 미래의 발명왕으로 예약되었다. 하지만 대학 졸업할 때까지 그 많은 발명을 했어도 정작 이론적으로 중요한 것들은 해당기관에서 '특허출원 내용요해 불가'라는 이유로 기각당해 책상서랍 속에서 잠자고, 또 실용적인 것들은 귀신같이 알고 여기저기서 베껴 팔아먹는 바람에 결국 돈 한푼 제대로 벌지 못했다. 결국 지금은 역시 우리나라에서는 벼슬이 제일이라고 어느 동네 고시촌에서 사법고시 준비에 여념이 없다.

마지막 정 퀴리는 지난 생애에서처럼 가장 불우한 환경에 태어났다. 지지리 못사는 가정에 태어났지만 워낙 뛰어난 머리로 늘 수석을 차지했는데 그래도 별수없이 야간 공업 고등학교에 진학했다. 여기서도 누구도 할 수 없는 훌륭한 성적을 냈고, 취업하여 야간 대학에서 학업을 이어갈 꿈에 부풀었다. 하지만 불행히도 키가 작고 못생긴 것이 죄가 되어 취업에 실패하고 결국

어느 봉제공장에서 하루종일 엽기토끼를 꿰매는 수출의 역군이
되었다나…….

굳이 이런 일화를 길게 늘어놓은 까닭은 바로 이 일화가 우리
교육이 얼마나 뒤떨어졌나, 아니 우리 교실이 지금 어느 시대에
머물고 있나를 한마디로 웅변해주기 때문이다. 우리 교실은 19
세기, 아니 지금 석기시대에 머물면서 세상 돌아가는 것에도, 아
이들 달라지고 있는 것에도 아랑곳않고 그저 그렇게 묵묵히 텅
빈 공간에 웅크리고 있는 것이다. 이제라도 이러한 교실을 바꾸
고 고치지 않으면 우리 교육은 앞으로 21세기의 새로운 문명이
시작된 사회 전체를 곤두박질치게 할 버그로 작용할지 모른다.
그렇게 되면 우리 사회는 지금의 이 위기를 벗어난다고 하더라
도 거듭 또 다른 위기의 나락으로 빠져, 다시는 헤어나오지 못할
지도 모른다.

386 부모, 펜티엄 아이들

우리 어릴 적에, 앞날의 아이들은?

우리 교육을 엉망으로 만드는 것이 비단 잘못된 제도뿐만은 아니다. 워낙 제도가 잘못되다보니 교육과 관련된 사람들의 의식이 비뚤어지고 행동마저 뒤틀린 것이다. 물론 미리 밝혀두거니와 이것은 흔히 말하듯이 우리나라 부모들의 교육열이 유별나고 병적이어서 교육이 제대로 안된다는 이야기는 아니다. 우리 부모나 선생이나 다 세상에서 가장 질 나쁜 집단은 아니지 않는가. 오히려 우리는 아주 빼어난 교육에 대한 신념과 긍지를 가진 사람들이다. 우리처럼 교육을 신주단지 모시듯 하며 정성을 다하는 사람들도 찾아보기 어렵다. 다만 워낙 잘못된 제도 탓에 의식이 비뚤어지고 행동이 뒤틀린 것이다.

결코 부모들의 의식 자체가 잘못된 교육의 원인은 아니다. 오히려 당연한 결과이다. 이를테면 영화 제목처럼 '게임의 법칙'에 문제가 있는 것이다. 어떤 스포츠 경기고 공정한 게임의 법칙, 규칙을 따라야 제대로 경기가 성립한다. 그런데 그 공정성에 의심이 들어 심판판정에 승복하지 못하고 하면 으레 관중들이 난입하고 감독이나 코치가 난동을 부리고 심지어 폭력을 휘두르게 되는 것이다.

우리 교육은 마치 이런 공정성을 잃은 경기와 같다. 겉으로야 원칙과 규칙이 엄정한 것 같지만 결코 공정한 게임이 아니다. 편법과 불법, 비리를 저지르면 남보다 앞설 수 있는 불공정 게임이다. 그러니 어느 부모인들 자기 자식을 위해서 관행처럼 되어버린 불법, 비리를 저지르려 들지 않겠는가. 몇 해 전 말썽을 빚었던 불법 고액 과외사건에 SKY 대학 중 한 대학의 총장이 연루된 일이 기억에 새롭다.

분명 잘못된 일이지만 사실 우리 중에 누가 이들에게 돌을 던질 수 있겠는가. 할 수만 있다면 어느 부모든 저지를 수 있는 일이기 때문이다. 물론 나 자신 이런 글을 어느 신문엔가 썼다가 하마터면 돌 맞아 죽을 뻔했다. 이렇게 우리 교육은 부모들을 범법자로 만드는 원죄와 같은 것이 되어버렸다. 그래서 교육은 결국 애물단지가 되어버린 것이다.

하지만 아무리 그렇다고 해도 이건 해도 너무한다. 나도 자식 기르는 사람이지만 내 주변의 부모들을 보고 있노라면 이런 변명이 무색해질 때기 있다. 의식이 비뚤어질 대로 비뚤어지고 행동마저 뒤틀려 이제는 당연한 일로, 그리고 대세를 따르지 않는 사람은 바보, 등신으로 여겨질 정도이다. 긴말할 것 없이 내 스스로 겪은 몇 가지 일화를 소개해보자.

벌써 여러 해 전의 일이다. 우리 아이가 다섯 살이 되어 유치원에 다니게 되었다. 그때만 해도 시간이 제법 있어 아이 돌보는 일을 함께 하던 나는 아이 유치원 데려다주는 일을 하곤 했다. 그런데 처음 며칠 연습기간 동안의 일이었다. 주로 엄마들이 데려다주기 때문에 조금은 거리를 두고 아이가 들어서는 모습을 지켜보았다. 그런데 아직 제 신발도 왼쪽 오른쪽을 바꿔 신곤 하는 그 또래의 아이들에게 신던 신발을 실내화로 갈아 신는 일이 쉽지 않은지 이리 쓰러지고 저리 자빠지고 하였다.

안타까운 마음으로 지켜보던 나는 교육학자답게(?!) 시행착오를 통해 배우려니 하면서 우리 아이에게 천천히 다시 해보라고 손짓하고 말았다. 그런데 가까이서 지켜보던 엄마 두엇이 달려들어 제 아이 신 갈아 신기고 엉덩이 두드려 들여보내느라 그 옆 아이를 자신의 큰 엉덩이로 밀어 쓰러뜨리는 것이 아닌가! 하지만 그 엄마들은 쓰러진 아이들이 울먹이며 도움을 청하는 것은 보지도 않았다. 그 아이들의 엄마들이 달려들어 또 돕고 해서 유치원 입구는 순간 엉망이 되었다.

그로부터 3년이 지나 우리 아이가 유치원을 졸업할 즈음의 늦가을이었다. 유치원 끝날 시간인데 갑자기 비가 쏟아지길래 나는 우산을 챙겨들고 유치원으로 향했다. 유치원 앞은 우산을 들고 나선 엄마들로 온통 북새통이었다. 엄마들은 밖에서 우산을 쓰고 하나씩 들고는 자기 아이 이름을 부르고 안에서는 아이들이 엄마를 부르고 했지만 모두들 먼저 아이 맞으려고 몰려드는 통에 유치원 입구는 전면 대치상태가 되어 아무도 드나들 수가 없었다. 차츰 아이들 소리는 울음소리로 변하고 초조한 엄마들은 더욱 기승을 부리며 안으로 접근하려 했지만 모두 뒤엉켜 아수라장이 되어버렸다. 나는 뒤쪽에서 어찌할 바를 모르고 바라만 보고 있는데, 내 옆에 섰던 어느 할머니 한 분이 참다못해 큰 소리로 꾸짖으셨다.

"이 망할놈의 여편네들, 양쪽으로 비켜서 있으면 아이들이 나오며 에미 찾을 거 아녀!"

그제야 엄마들은 하나둘씩 옆으로 비켜서고 소란은 멎었다.

이듬해 아이가 초등학교에 입학하게 되어 우리도 입학식에 참석하려고 학교에 갔다. 조금 늦어서 서둘러 뒷자리에 섰다. 처음에는 제멋대로 자란 아이들이 제대로 앉아서 의식을 치를까, 걱정이 되어 고개를 빼고 아이들을 보았다. 아이들은 제법 얌전히 제자리에 앉아들 있었다. 그런데 오히려 엄마 아빠며 할머니, 할아버지, 이모에 고모들까지 몰려와 서로 사진을 찍는다, 비디오 촬영을 한다 북새통을 떨고 선생님들은 이들을 말려가며 정리하느라 의식이 늦은 것이다.

우리 부모들이 이렇다. 한치 앞을 내다보지 못하고 그저 무조건 제 자식만 챙기려 들고, 제 자식만 앞장서게 하려 든다. 자식 공부 잘하는 것보다 효도는 없다며 그저 성적만을 잣대삼아 자녀를 매김한다. 그러다보니 미풍이고 양속이고 돌아보지 않는다. 내가 어느 학부모 단체에서 실무를 맡고 있을 때 한 종가의 맏며느리가 종손 대학 잘 가는 것이 제사보다 중요하다고 1년 동안 그 뒷바라지를 위해 제사 모시기를 거부했다는 이야기도 들었다. 뿐만 아니라 우리 자랄 적에 흔히 있던 명절 세시풍속 중에 덕담이 사라지고 말았다. 설날 세배라도 할라치면 어른들이 자라나는 세대에게 이런저런 가르침과 좋은 말로 덕담을 하곤 하던 풍습 말이다. 그 대신 "공부 잘하니? 무슨 대학 가야지"가 고작이고 성적에 따라 세뱃돈도 달라진다고 할 정도이다.

그렇지만 따지고 보면 우리 부모처럼 큰 희생자도 없다. 공부 감시꾼으로 전락하고 제 자식 이기주의자로 손가락질 받으면서 정작 자신의 삶은 피폐하기 짝이 없으니 말이다. 가장 심각한 것이 대학입시 준비 때문에 오는 가족의 황폐한 꼴이다. 아이가 고등학교 2학년 말쯤 되면 집안에 비상사태가 선포되고 어머니가 계엄사령관이 되어 가족 모두가 전력투구로 아이를 지원한다. 오죽하면 몇 해 전 수능시험 치르던 날 자식이 생각보다 시험을 잘 보자 기쁜 나머지 잔치를 열던 어떤 어머니는 설거지하다가 그만 과로로 숨지고 말았다. 이른바 계엄사령관의 순직사태에까지 이른 것이다.

그렇다고 아버지는 나으냐 하면 그렇지 못하다. 역시 몇 해 전인가 감사원 조사에 따르면 공무원 비리원인 중에 자녀 과외비 조달이 꽤 높은 순위를 차지했다고 한다. 게다가 아이가 수험생이 되면 가뜩이나 나이도 나이인데 부부생활에도 문제가 있는 데다가 그 스트레스가 이루 말할 수 없다. 물론 나중에 자세히 다루겠지만 처음부터 적극적으로 제 몫을 하지 못하고 이 잘못된 게임의 법칙의 미필적 고의에 의한 공범자였던 아버지는 이제 갈 데까지 간 소외된 공범의 역할을 하지 않을 수 없다. 어느 한 아버지가 겪은 일을 한번 들어보자.

딸아이의 과외비 조달 때문에 밤늦도록 야근하고 늦은 시간에 돌아온 어느 아버지는 행여 자식 공부 방해될까 두려워 조심스레 열쇠로 아파트 문을 따고 들어섰다. 마침 집안은 괴괴하고 하여 오늘은 피곤해서 일찍 자나보다 하고 마감뉴스나 보려고 거실에서 TV를 조심스레 틀었다. 조금 보고 있노라니 딸아이 방문이 발칵 열리면서 "아빠는 남 공부하는데 날마다 TV나 틀고 도움되는 게 없어" 하고 신경질을 낸다. "그래, 내가 잘못했다." 얼른 TV를 끄고는 무슨 죄나 진 듯이 고개 떨구고 앉아 있자니 마침 탁자 위에 예쁘게도 과일을 깎아 랩으로 씌워놓은 것이 눈에 띄어 '아이구, 이거나 먹고 자자' 하는 생각에 슬몃 랩을 열어젖히려는데 이번엔 안방 문이 벌컥 열리면서 마나님께서 "당신은 늦게 왔으면 씻고 잠이나 잘 것이지 왜 공부하는 아이 주려고 깎아놓은 과일은 먹고 그래요!" 하고 불호령을 치는 것이 아닌가! 낙담한 가장은 그만 참다못해 그 길로 집을 나서 열린 포장마차란 포장마차는 다 순례하고는 새벽에 술에 만취해 어느 교육청 건물 앞에서 "어떤 ××가 이따위 교육을 만들었어. 다

나와봐” 하고 야료를 부리다가 즉심에 회부되었다나.

이처럼 잘못된 교육제도와 그에 따라 비뚤어진 의식은 비단 아이들뿐 아니라 그를 둘러싼 우리 모두를 비인간화한다. 이를 일러 잘못된 제도가 만드는 ‘생활세계의 식민화’라고 누군가는 점잖게 일렀지만, 마치 그 일제가 우리나라를 식민지로 만들고는, 땅부터 빼앗고 이름과 말을, 그리고 나아가서 여성의 성까지 빼앗아간 과정처럼 잘못된 교육이 우리 삶을 하나씩 야금야금 갉아먹어 우리 모두를 사람답지 못한 삶을 살게 하는 과정이 바로 그것이다.

그런데 이렇게 식민화된 생활세계 안에서 잘못된 제도와 게임의 법칙에 치여 허덕거리며 아이를 기르다간 그나마 아이 망치고 집구석도 엉망이 되게 생겼다. 왜냐하면 앞서도 이야기했지만 이제 19세기 교실과 20세기형 학부모가 근근이 꾸려가는 교육으로는 아이들의 앞날을 기대하기 어렵기 때문이다. 그러니까 지금과 같은 그 극단적인 경쟁과 줄서기에서 일등을 해봐야 아이들은 20세기형 모범생과 우등생일 뿐이지 그들이 정작 주역으로 살아갈 21세기에는 뒤떨어진 열등생일 뿐이다. 앞에 예로 든 다 큰 아이들뿐 아니라 지금 유치원생이나 초등학생을 자녀로 둔 부모도 마찬가지다.

몇 해 전 아이들의 과외활동과 관련된 현장조사를 한 적이 있다. 몇 명의 대학원생들은 위장취업까지 불사하면서 보습학원이다, 영어학원이다 다녀보았는데 대체로 우리 결론은 ‘돈 버리고

애 버리는 일'이라는 것이었다. 교육적인 효과도 의심스러운데
다 아이들 수용소만 같은 학원에 보내놓고 부모들은 그 학원비
조달에 허리가 휘는데, 그 학원에서 하고 있는 교육은 지금 기준
으로도 거의 교육이라고 하기 어려운 엉망인 것이었다. 한마디
로 돈 버리고, 애 버리는 일을 우리는 교육이랍시고 하고 있는
것이다.

　최근 다시 조기 영어교육에 대한 논란이 한창이다. 아이들 영
어발음 좋게 해준다고 혀를 길게 만드는 수술을 받는가 하면,
7～8백만 원 하는 영어연수에 유치원 아이들까지 떼로 몰린다
고 한다. 도대체 그렇게 영어를 잘해서 뭘 어떻게 하겠다는 것인
가? 얼마 전 어느 방송에서 유명한 동시통역사인 배유정 씨를
만났는데, 한마디로 영어를 잘하느냐가 중요한 것이 아니라, 그
영어로 무엇을 말하느냐가 중요하다고 핵심을 찌르는 이야기를
했다. 귀담아들어둘 만한 이야기다.

　우리 부모 스스로 문제가 있다. 내가 가끔 강연에서 부모들을
질타하듯이 부모들 중엔 그야말로 무자격 학부모가 많다. 어디
에선가 혼인신고를 할 때 부모교육을 받는 것을 필수과정으로
한다는데 우리도 부모 자격증을 발급해야 하지 않을까 싶을 정
도이다. 물론 오늘날의 부모는 그 부모세대에 비해서는 배운 것
도 많고 아는 것도 많다. 하지만 그러면 뭘 하나. 제대로 부모노
릇을 배운 적도 없고, 아는 것도 없는 것을…… 예전에는 대가족
안에서나 지역사회 공동체 안에서 따로 배우지 않아도 어깨너머

공부로 또 알음알음으로 부모노릇을 배우고 익히고 했다.

하지만 우리들이야말로 핵가족 안에서 자라서 거듭 핵가족을 꾸민 세대가 아닌가. 그러다보니 제대로 부모노릇 배운 적이 없다. 가족에서는 말할 것도 없고 우리가 받은 교육 중에서 부모노릇과 관련된 쓸모 있는 지식 한 조각 없으니 말이다. 앞서 홍본 내가 사는 강남지역의 대학원 나온 엄마도 많은 학부모들이 하는 짓이 고작 그 지경이다. 이래서는 안된다. 학부모가 깨이지 않고는 우리 교육은 영원히 이 악순환에서 벗어날 수 없다. 부모가 달라져야 교육이 바뀐다. 교육이 바뀌어야 아이들이 제대로 살 수 있다.

새로운 시대, 새로운 교육

21세기 새 천년, 얼마나 기다렸던가. 하지만 정작 새 천년이 시작된 지도 한참인데, 세상은 여전히 엉망이고 사는 일도 고단하기만 한 것이 영 별볼일이 없다. 하지만 앞에서도 살펴보았듯이 이런 우리 마음과는 상관없이 새 천년, 21세기는 정말로 지금까지와는 전혀 다른 새로운 세상이다. 게다가 그 세상은 바로 우리가 그토록 끔찍하게 여기는 우리 자식들이 주인공으로 살아갈 시대다. 하지만 19세기쯤에 멈춘 듯 뒤처진 교육은 새로운 세상 준비는커녕 지금, 여기의 삶조차 열어주지 못한다. 무엇보다도 새로운 세기에 접어든 지 한참인 지금까지도 지난 세기의 혼란과 모순만큼이나 어지럽고 흔들리는 태도와 모습을 보이는 교사며 학부모들이 시간의 흐름을 막고 있는 것이다.

그 막힘을 트고, 물꼬를 열어 21세기에 걸맞은 교육을 만들려면 무엇보다도 다음과 같은 몇 가지 실험을 해야 한다. 물론 이 실험은 우리 안에, 우리 사이에, 그리고 내 안에 해야 하는 일종의 생체실험이다. 그런 만큼 쉽지도 않을 뿐더러 한다고 해서 금세 효과가 나는 것은 아니다. 하지만 이 실험 없이는 우리 교육의 앞날은 없다.

뒤집어 보기(새로 보기, 다르게 보기, 비뚤게 보기)

우리는 지금까지 교육을 너무 주어진 조건에 사로잡힌 것으로만, 곧 이른바 '물적인 강제'로 보아왔다. 늘 어쩔 수 없지 않느냐, 필요악이다, 남들이 다 그렇게 하지 않느냐는 식으로 그야말로 온갖 비교육적인 핑계를 다 대가며 정작 가장 바탕이 될 교육에 대해서도 한편 추상과 원칙의 이론 뒤에 숨거나, 현실과 적응의 논리 앞에 숨죽여왔다.

이제 그 모든 것을 뒤집어 보아야 한다. 앞뒤가 뒤바뀌고 처음과 나중이 뒤집힌 것이 우리 교육에서 어디 한두 가지인가. 이것을 하나씩, 그리고 모두 뒤집어 보아야 한다. 그래야만 뿌리와 가지가 가려지고 숲과 나무가 가려져 어디서부터 무엇을 어떻게 할 것인가 찾아갈 수 있을 것이다. 이를테면 '경쟁'과 관련된 기본전제부터 의심하고 그 과정부터 결과까지 모두가 어쩔 수 없다고 인정한 것들을 뒤집어 보는 일이 그렇다. 또는 '시험'은 꼭 필요한가, 하고 가장 당연하게 받아들였던 것들을 버선목 뒤집어 보듯 뒤집어보는 것이다.

경쟁은 필요하다. 하지만 우리가 하고 있는 입시위주 교육에서의 경쟁처럼 한두 사람만 이기고, 나머지 모두는 지는 그런 경쟁은 불필요할 뿐만 아니라 나쁜 경쟁이다. 흔히 제로섬 게임이라고 하듯이, 그토록 경쟁을 해봐야 남는 것이 없다. 경쟁에 이긴 축들도 별볼일이 없고, 진 축들은 사람 꼴이 되질 않으니 말이다.

그렇게 죽기 살기로 경쟁해서 어렵게 들어간 대학들은 세계적인 수준으로 보면 저 아래다. 괜찮다는 대학들은 이렇게 천하의 영재들을 모아 범재를 만들고, 그나마 그렇지 못한 대학들은 콤플렉스와 취직난에 시달리는 이류, 삼류 인생을 만든다. 정작 있어야 할 '학력(學力)'은 형편없이 '학력(學歷)'만 따지니 그 경쟁이 뜻이 있거나 열매가 있을 리 없다. 다만 경쟁을 위한 경쟁, 사람 죽이는 경쟁일 뿐이다.

시험도 그렇다. 우리가 태어나 닥치게 되는 시험은 한두 가지가 아니다. 그 삶과 운명의 시험을 이겨내고 견디도록 돕는 것이 교육이고, 그 교육의 성과나 결과를 점검하는 것이 곧 시험제도일진대 이 시험은 그만 제 몫을 넘어 사람과 삶을 시험에 들게 한다. 오죽하면 입시지옥이라 하겠는가, 시험은 그저 과정이고.

다르게 느끼기(민감하게 만들기, 제대로 느끼기, 느낌 되찾기)

우리는 워낙 오래 머리만 키우는 교육을 받고 또 해온 탓에 느낌에 서투르다. 요즘 들어 새삼 남의 본을 떠 이크, EQ인가보다 하는 호들갑도 떨어보지만 이것 또한 느낌을 머리로 받아들여 써먹으려고 만든 수작에 지나지 않는다. 이제 만들어진 느낌이 아니라 살아 있는 느낌, 아니 잃어버린 느낌을 되찾아야 한다. 아직도 하루아침에 수십 명 어린이들이 불타 죽지만, 누구도 목이 메거나 아침밥을 거를 느낌조차 잃어버린 것이 문제다.

교육에서 느낌을 되찾고, 우리들의 아픔과 없음, 괴로움을 민감하게 느끼게 되고, 그것을 제대로 느끼게 하는 일이 중요하다. 아침이면 학교에 가는 아이들 얼굴을 살펴보고, 아이들 말소리를 들어보고, 알게 모르게 전달하는 메시지를 느껴보자. 그저 닦달하고 몰아세우지 말고 이들의 소리 없는 외침을 들을 수 있도록 존재를 기울여 느껴보자.

이어 보기(맥락적 사고, 생명나무, 생태적 시각)

우리 교육은 가름과 나눔에 빠져 있다. 학교 급별, 과목별, 연령별, 시간별로 잘 나뉘고 갈라진 틀에 사로잡혀 온전한 사람을 이리저리 가르고 나눈다. 뿐만 아니라 교육학이란 것도 교육행정 따로, 심리 따로, 철학 따로 다 따로 논다. 교육처럼 학문끼리의 도움과 사귐이 어려운 자리도 없다. 그러다보니 교육이라는 사람의 가장 바탕이 되는 일, 사람끼리 만나고 사귀는 처음 일, 함께 모여 사는 삶에 뿌리가 되는 일을 이리저리 가르고 나누어 흩어놓는다. '전지구적으로 생각하고 각자 선 자리에서 일하라'는 말은 교과서에는 있지만, 교육학자의 책상에나 교사의 교안, 학부모들의 마음, 학생들의 버릇 어디에도 비집고 들어갈 틈이 없다.

우리 삶이 아주 크낙한 생명나무에서 여러 생명들과 촘촘히 얽힌 채 이어지듯이 좀더 맥락을 잡고, 이어지고 얽힌 매듭을 짚는 이어보기가 그 무엇보다도 아쉽다. 여성주의, 생태주의에서 말하는 '부엌에서 세상이 보인다'거나 '개인적인 것이 정치적인 것'이라는 이어 보기의 본보기를 우리는 따라야 할 것이다.

빠져 나오기(당연함에 시비 걸기, 홀로 서기, 줏대 가지기)

이렇게 이어 보고 나면 그 얽히고설킨 드렁칡 뿌리며 가지에서 우리는 '좋은 게 좋은 것'이라고 덮고 넘어갔던 머리나 가슴에서 '아닌 것은 아니다'라고 말하고 떨쳐 일어설 수 있게 될 것이다. 그래야만 머리나 가슴에서, 손발로 하는 실천으로까지 나아갈 수 있다. 그 실천의 첫걸음은 '아닌 것에서 빠져 나오기'다.

이를테면 촌지그물과 같은 아주 작은 일부터 한 걸음씩 빠져 나
와 결국 입시경쟁의 그물에서 빠져 나오는 것이다. 그러려면 먼
저 우리가 가장 당연한 것으로 여기던 것들을 의심하고 시시비
비를 가려 따져보는 힘을 길러야 한다. 그리고 남들은 다 하는데
나 혼자 바보 될 수 없다는 핑계를 버리고 홀로 설 수 있는 줏대
를 가져야 한다. 복잡한 이론이나 용어로 너울 쓴 '저항의 잠재
력'은 바로 내 안, 내 손에서부터 시작된다.

가로지르기(바보 되기, 해보기, 나서보기)

　모두가 얽힌 그물에서 빠져나오기만 한다고 되는 일은 아니
다. 나 혼자 빠져 나왔다고 그 그물이 망가지는 것은 아니기 때
문이다. 기왕 빠져 나온 김에 한번 그 그물을 찢든지 뒤집든지
아니면 한번 가로질러 가보자. 그 첫걸음은 빠져 나와 혼자 숨는
것이 아니라, 빠져 나온 다음에 과감하게 그 빠져 나온 그물을
손가락질하는 것이다. 처음에는 혼자만 바보 된 듯 외롭고 또 잘
난 체한다고 거꾸로 손가락질 받는다. 그럴 때면 동지를 규합하
면 된다. 여럿이 바보 되면 혼자보다는 낫다. 그러다가 손가락질
을 거두고 자기들끼리 무언가 다르게 해보는 것이다. 이렇게도
해보고 저렇게도 해보면 길이 생긴다. 그러다보면 언젠가는 제
법 힘을 모아 가로지르는 용기를 내어 함께 나설 수 있게 된다.

새롭게 만들기(처음처럼, 다름과 새로움, 본질 되찾기)

그렇다고 아닌 것은 아니라고 고개만 젓고 구호만 외친다고 되는 일은 없다. 또 엄벙덤벙 나선다고 제대로 해낼 수 있는 일도 많지 않다. 자칫 잘못 나섰다간 제도의 무게에 치여, 관행의 깊이에 빠져 헤어 나오지도 못하고 그만 포기하게 될 수도 있다. 결국 방법은 처음부터 새로 시작하는 마음으로 다르게, 새롭게 교육을 만들어보는 것이다. 대뜸 새로운 학교를 만들 수는 없다. 또 그래서도 안된다.

그저 이게 아닌데 싶은 만큼 벗어나고, 또 이거다 싶은 것은 해보는 거다. 방법은 간단하다. 다만 우리 아이들을 낳아 기를 때의 그 첫마음, 첫뜻으로 돌아가서 교육다운 교육, 사람다운 교육은 어떤 것인지를 되새기고 그 마음먹은 대로 아이들을 대하고 만나면 된다. 그러려면 지금까지의 학교에 대한 생각, 고집으로는 안된다. 다르고 새로운 교육, 학교를 꿈꿀 수 있는 힘부터 기르고, 그 새로운 틀 안에 교육의 본질을 되찾고 되살릴 수 있는 실천의 힘을 기르는 것이다.

둘째마당

우리 교육, 무엇이 문제인가?

형클어진 사회, 비뚤어진 교육, 흔들리는 사람들

헝클어진 사회

수렁에 빠진 사회, 바담풍 하는 어른들

지난 여름방학 때의 일이다. 흔히들 교수나 교사들더러 방학이 있어 좋겠다고 부러워들 하는데, 사실은 그렇지 않다. 방학 때야말로 가장 바쁘고 일 많은 때다. 이런저런 일을 방학 때로 미루어놓기도 하지만, 학기 중에야 강의하랴 그 밖의 일들로 공부나 일을 제대로 못하다가 몰아서 하게 마련이다. 하지만 공부 못하는 놈 가방만 무겁고 남들 놀 때 유난만 떤다더니 내가 그 짝이었다.

하루도 제대로 쉬지 못하고 날이면 날마다 연구실에 틀어박혀 이런저런 일에 더운 줄도 모르고 시간만 속절없이 보냈다. 무엇보다도 이 책을 쓰노라 없는 글솜씨에 붓방아 아니 컴퓨터 방아를 찧이기며 머리만 쥐어뜯으며 말이다. 그러다보니 어느새 진작부터 시작된 무더위가 기승을 부리고 학교식당에서 띄엄띄엄 마주치던 동료 교수들도 하나둘씩 휴가를 떠났는지 학교가 텅 비어갈 때쯤, 마침 장마 사이 반짝한 날의 유혹을 견디다 못해 나 홀로 차를 타고 학교에서 조금만 가면 닿을 수 있는 가까운 숲과 물 있는 곳으로 나들이를 갔다.

오랜만에 바람도 쐬고 머리도 식힐 겸 나간 터라 혼자서도 흥이 나서 흥얼대며 좁은 국도를 달리고 있는데 이게 웬일인가! 하루 이틀 집중호우란 놈이 내리더니 그만 길 한가운데 푹 파인 곳이 있어 피하려다 그만 길가의 수렁에 빠지고 말았다. 그 전해까지 왜 그 말이 좋아 인동초라고 '게릴라성 호우'란 놈 기승을 부려 큰 물난리가 난 데 또 나고 하던 악몽이 되살아나면서 암담하고 맑은 하늘이 캄캄해만 보였다. 결국 그 수렁에서 혼자 빠져 나오지 못하고 견인차까지는 아니어도 여럿의 도움으로 간신히 벗어나, 그만 쓸쓸하게 돌아온 기억이 있다.

그런가 하면 내가 학교에서 집으로 가는 길에 건너는 어느 한강 다리는 눈이고 비고 조금만 심하게 오면 길바닥이 온통 파여 차가 지나가기 어렵게 생긴 데가 있다. 그런데도 내내 눈가림만 해놓고 눈비 올 때마다 불편을 겪게 하더니 올해야 비로소 가로막고 큰 공사를 해 길을 새로 덮을 모양이다. 우리 사는 꼴이 꼭 이런 파인 길과 수렁만 같다. 언제나 늘 같은 일을 당하고도 배우는 게 도대체 없다. 올해는 다행히 큰 일 없이 지나갔지만 왜 그 물난리 난 데 또 나고 하는 것만 봐도 그렇다. 어디 그런 것이 물난리뿐인가. 지난해 나도 공식적인 일로 외국 갈 일이 있어두어 번 공항을 이용했지만 갈 때마다 그런 북새통이 없다. IMF 위기가 끝난 지 언제라고 해외로 놀러 가는 사람들로 새로 지은 그 큰 공항이 넘쳐난다. 하기는 어려울수록 비싼 집이고 고급물건일수록 없어서 못 판다고 한다.

이것도 어제오늘 일이 아니다. 우리는 언제부터인가 한마디로 미쳐 돌아가는 중이다. 나는 사실 지난 IMF 위기를 맞았을 때 속으로는 쾌재를 불렀다. 그토록 흥청망청 기고만장하더니 잘코사니다 하는 못된 마음도 없진 않았지만, 이번 위기야말로 우리에게 주어진 마지막 기회라는 생각이 들었기 때문이다. 아무리 어렵게 살았기로 잘살아보겠다는 우리 욕심과 욕망은 지나치다 못해 물난리나듯 넘쳐버렸다. 오로지 물질의 풍요에만 매달려 그에 못지 않게 중요한 가치들을 내버리고 짓밟았다.

그러니 이제라도 허리띠 졸라맬 수밖에 없는 기회에 예전처럼 오순도순 콩 한 알이라도 나누어 먹고 사람 생각하며 사는 모습 되찾기를 바란 것이다. 또 이제 결딴이 나게 생겨, 우리가 그토록 끔찍하게 여기는 자라나는 세대들이 누릴 자연과 생명의 바탕까지 위협하는 생태계의 위기도 차제에 극복은 못해도 한숨 돌리고 또 의식 정도는 하리라 믿었다. 하지만 결과는 참담한 것이었다. 가장 위기가 심각할 때 우리는 가장 약한 사람들부터 정리해고 하고, 삶터에서 그 중 필요한 영역부터 구조조정 해버렸다. 우리를 이 모양 이 꼴로 만든 경제성장 제일주의의 유령은 경제회복 제일주의로 부활해 사람이고 삶이고 삶터고 더욱 살벌하게 만들었다.

우리는 위기를 맞을 때마다 교육에 목을 맨다. 우리야 팔자가 사나워 이 지경으로 살지만 자식들은 조금이라도 나은 세상에서 살게 하려고 기를 쓰고 교육을 시키고 학교에 보낸다. 어른세대의 부모들은 심지어 자신의 삶을 온전히 희생해서라도 우리들 잘되라고 교육에 모든 것을 걸었다. 하지만 독일의 철학자 칸트(Kant)가 2백 년도 전에 말했듯이, 한 사회의 교육은 그 사회의 도덕적 수준을 결코 뛰어넘을 수가 없다. 교육을 누가 하는가? 결국 그 교육을 하는 사람은 어른들이고, 그 어른들이야말로 이 모양 이 꼴이 된 삶의 주인공이다.

우리들이 만든 함께 사는 삶인 사회는 온통 헝클어졌고, 그 안에 사는 어른들은 뒤틀릴 대로 뒤틀렸다. 그리고 그 피해자는 아이들이다. 우리 아이들은 캠프 갔다가, 청소년들은 놀 데 없어 호프집에 몰려 놀다가, 좋은 대학 간다고 기숙학원에 들어갔다가 불타 죽는다. 그렇게 죽는 아이들도 불쌍하지만 그런 사건 날 때마다 어른들끼리 서로 손가락질하고 남의 탓만 하다가, 어떤 때는 서로 밀고 당기고 싸우며 장례식조차 한동안 치르지 못하다 많은 사람 가슴에 피멍이 들고서야 뒤늦게 치르도록 우리 어른들은 과연 그토록 아이들 교육이라면 모든 것을 불사하는 사람들 맞나 싶다. 하기는 아침 먹으며 TV를 물끄러미 보다가 그런 사건을 접하고 목이 메어 아침을 거른 어른들이 몇이나 될까? 지금까지 그 사건을 기억이나 하는 사람은 또 몇이나 될까?

흔히 교육을 나무 심는 일에 견준다. 나무는 10년을 보고 심고, 사람은 100년 바라보고 기른다. 하지만 우리처럼 나무를 빽빽하게도 심어놓고 온갖 화학비료며 맹독성 농약 퍼부어 호들갑을 떠는 사람들도 없지만, 그 어린 나무들 불타 죽이고, 치어 죽이고, 가두어 숨막혀 죽이면서도 조금만 지나면 다 잊어버리는 사회도 없다. 다 자란 나무가 태풍에 쓰러지는 모습에는 가슴 덜컥해도 어린 나무들이 숨쉬고 제대로 살 수 있는 자리마련 같은 것은 안중에도 없다. 같은 마을이 두 번, 세 번 물에 잠기도록 나몰라라 하듯이, 교육이랍시고 꼭 같이 사람 잡는 일이 거듭되어도 아예 느낌조차 없다.

이렇게 우리는 모두 수렁에 빠진 듯 허우적대며 살고 있으며, 교육이라는 이름으로 자라나는 세대를 그 수렁보다 깊은 비인간적이고 반교육적인 늪으로 빠뜨리고 있는 것이다.

한마디로 우리 사회는 '바담풍' 하는 사회다. 옛적 어느 서당 글선생이 나이들고 이도 빠져 제대로 발음도 못하면서 아이들을 가르치다가 '바람풍' 할 것을 '바담풍' 했더니 아이들이 그대로 따라하자 "아 이 녀석들아, 내가 언제 바담풍 했느냐, 바담풍 했지" 하더라는 이야기 말이다. 수렁 같은 사회, 그 안에서 더러워질 대로 더러워진 어른들이 뭐 묻은 개, 뭐 묻은 개 나무란다더니, "너희들은 왜 이러냐, 이렇게 살아야지" 하는 꼴이 바로 그렇다.

하기는 큰물에 태풍으로 난리들인데 삿대질하고 고함쳐가며 멱살잡이에 싸움박질이나 하는 국회의 꼴을 점잖게 '이전투구 (泥田鬪狗)'라고 이르지만, 이 그럴듯한 한자성어를 뜻 그대로 새 기면 '진흙 밭에 개싸움'이다. 저녁마다 뉴스 시간에 이 꼴을 보 며 욕하고 자식들 볼까 창피스러워하지만, 우리 또한 그 밥에 그 나물이라고 그 수렁에 진흙투성이로 사는 것이다. 남 손가락질 할 것도 없다. 멀리 볼 것도 없이 길에만 나가도 우리 스스로 얼 마나 거칠고 살벌해졌는지 실감하게 된다.

대학교수를 하는 벗이 하루는 전화를 해서 이제 운전을 하지 말아야겠다고 투덜거렸다. 왜냐고 묻자, 이런 일이 있었단다. 며 칠 전 처가에 잔치가 있어서 처는 먼저 가서 일을 거들고 이 친 구는 혼자 여섯 살 난 딸과 차를 타고 길을 나섰다. 조금 시간에 늦어 서둘러 운전하고 가는데 이면도로에서 차 하나가 갑자기 튀어나오는 것이 아닌가. 여성 운전자였다. 깜짝 놀라 급정거를 하고는 숨을 몰아쉬며 진정하고 있는데 갑자기 뒤에 앉았던 딸 이 "저런 쌍년!" 하더란다.

그러니 수렁에 빠져서 진흙투성이가 된 우리는 처음부터 몰 골은 비교육적인 주제에 교육이랍시고 자식들 가르치며 사는 것 이다.

삐뚤어진 교육

교육이라는 신주단지, 애물단지

세상이 이 모양 이 꼴인데 우리 교육인들 별수 있겠는가. 우리 교육은 병이 들어도 단단히 들었다. 그것도 그 병치레가 어제오늘 일이 아닌 수십 년 된 지병임에랴. 우리 교육의 병은 하도 그 병이 오래고 또 병세가 깊어 어디 한두 군데 탈이 난 정도가 아니다. 제도는 제도대로 잘못되어도 한참 잘못되었고, 모자라는 것 투성이다. 그러다보니 교사고 학부모고 학생이고 그 제도에 자신을 뜯어맞출 수밖에 없어 의식은 비뚤어지고, 행동은 뒤틀린 관행에 빠지고 말았다.

세상은 무섭게 달라지는데 교육은 먼 앞날은커녕 코앞의 앞날조차 채비하지 못하고 흔들린다. 도대체 어디서부터 어떻게 시작해야 할지 모를 지경이다. 그러나보니 정권이 바뀔 때마다 가장 먼저 교육개혁을 하겠다고 깃발을 올리고 나팔소리 요란하지만 한번도 제대로 개혁하질 못했다. 오히려 교육개혁으로 병이 더쳐 개혁 자체가 지병이 되고 말았다. 우리 교육은 한두 가지 제도를 고치고 새로운 제도를 만든다고 고쳐지지 않는다. 말 그대로 그 뿌리를 갈고 체질을 바꾸는 근본적인 치료를 해야 한다. 그러려면 무엇보다도 먼저 그 가장 심각한 병의 뿌리인 '입시문제'를 해결하지 않으면 안된다.

앞에서도 세상이 이 모양인데 교육이 무엇을 할 수 있나, 교육 공부하고 가르치는 일이 버겁다고 한탄했다. 나는 특히 입시철만 되면 어디 가서 숨고 싶다. 무엇보다도 교육이 전공이라는 죄로 물에 빠진 사람 지푸라기라도 잡는다고 주위에서 어떻게든 도움을 달라고 청하는 사람들 때문에 그렇다. 하지만 내가 무얼 어떻게 도울 수 있겠는가.

게다가 여전히 '입시지옥'이라고 부르는 끔찍한 경쟁과 다툼이 벌어지니 교육 공부하고 가르치는 사람으로 차마 눈뜨고 볼 수 없는 꼴을 보게 되니 어찌 부끄럽지 않으랴. 그런데 왜 우리는 자라나는 세대들이 다음 단계로 성장해 가는 관문을 통과하는 소중하고도 고귀한 의식인 입시를 '지옥'이라고 부를까? 그것은 모두가 다 알듯이 이 성장과 통과의 의례가 더할 수 없이 비교육적이며 비인간적이기 때문일 것이다.

한마디로 우리네 입시는 교육적인 제도라기보다는 전쟁과 같은 살벌한 경쟁의 자리이며, 인간적인 일이라기보다는 사람을 못살게 하는 끔찍한 행사이다. 하도 오랫동안 이런 관행에 익숙한 나머지, 그러려니 하고 넘어갈 사람이 있을지 모르지만 사실 우리 모두가 피해자이다. 우리 사회 전체가 이런 지옥에 빠져 살고 있는 형국이니까. 그 중에서도 이 입시지옥이라는 수렁에 빠져 고통을 받고 급기야 인성조차 망가져가는 아이들은 오죽하겠는가.

한번 그 단적인 예를 들어보자. 뒤에 쓰겠지만 내가 외우지 못해 혼이 나기도 했던 모두 다 아는 「국민교육헌장」을 몇 해 전 몇몇 고등학생들이 바꿔 쓴, 요즘 말로 하면 패러디한 「고교교육헌장」이라는 글이다.

우리는 명문대 입학의 역사적 사명을 띠고 이 땅에 태어났다. 선배의 빛나는 입시성적을 오늘에 되살려 안으로는 이기주의의 자세를 확립하고 밖으로는 친구타도에 이바지할 때다. 이에 우리의 나아갈 바를 밝혀 입시의 지표로 삼는다. 영악한 마음과 빈약한 몸으로 입시의 기술을 배우고 익히며 타고난 저마다의 소질을 무시하고 우리의 성적만을 행복의 기준으로 삼아 찍기의 힘과 눈치의 정신을 기른다. 시기심과 배타성을 앞세우며 능률적 찍기 기술을 숭상하고 경애와 신의에 뿌리박은 상부상조의 전통을 완전히 타파하여 메마르고 살벌한 경쟁정신을 북돋운다. 나의 눈치와 이기주의를 바탕으로 성적이 향상하며 남의 성공이 나의 파멸의 근본임을 깨달아 견제와 시샘에 따르는 책임과 의무를 다하며 스스로 남의 실패를 도와주고 봉사하는 척하는 학생정신을 드높인다. 이기정신에 투철한 입시전략이 우리의 삶의 길이며 명문대 입학의 이상을 실현하는 기반이다. 길이 후배에게 물려줄 영광된 명문대 입학의 앞날을 내다보며 신념과 긍지를 지닌 눈치 빠른 학생으로서 남의 실패를 모아 줄기찬 배타주의로 명문대에 입학하자.

처음 이 글을 대했을 때 명색이 교육학을 공부하는 사람으로서 너무 부끄럽고 그나마 작은 실천이라도 애쓰는 사람으로서 자신이 너무 무기력하게 느껴져 내 직업을 후회하기까지 했던 기억이 새롭다. 도대체 세상 어느 나라에서 아이들을 하루 한 날 몰아넣고 시험을 치르게 하고 점수로 일등부터 꼴찌까지 줄을 세워 운명을 결정할까! 또 세상 어느 나라에서 그 준비를 위해 모든 학교 교육과정을 바치고 청소년들이 삶을 온통 희생할까!
어디 아이들뿐인가. 학부모들은 어떻고. 아이들 뒷바라지에 허리가 휘고, 그러고도 행여 공부에 방해될까 봐 쉬쉬하는 아슬아슬한 삶을 살지 않은가. 그러니까 우리 모두가 당사자일 수밖에 없다. 게다가 입시지옥은 그냥 한번 있는 일회적 행사가 아니라 우리 생활이 되어버렸다. 이런 비인간적인 입시에 모든 교육 현장이 목을 매고 있는 교육현실은 또 얼마나 비교육적인가.
이렇게 입시제도로 대표되는 잘못되고 모자란 제도 탓에 우리 교육은 그 어느 때보다도 큰 위기에 처하게 되었다. 그토록 세계에서 으뜸가도록 긴 시간을, 가장 많은 과목을 열심히 공부하는데도 그 결과는 초라하기만 하다. 그렇게 기를 쓰고 공부하고 경쟁해서 가는 대학 중에 세계에서 손꼽히는 대학이 없다. 지금 한창 정보화 시대로 가는 길목에서 이 시대에 가장 소중한 능력인 창의력, 자발성은 빵점이다. 세계화 시대를 맞아 국가경쟁력이 중요하다고 하면서 그 경쟁력은 한참 뒤처졌다. 말 그대로 사람 잡는 비인간적인 교육에다 이토록 낙후된 교육이 되어버렸으니, 인성교육도 인력교육도 제대로 하지 못하는, 게도 구럭도 놓치는 교육이 되고 만 것이다.

물론 교육개혁 한답시고 많은 것을 고치고 바꾸려고 노력하기는 한다. 입시제도를 바꿔 학교교육을 정상화한다고 하고, 학교운영위원회 제도를 도입해 학교운영을 민주화한다고 한다. 하지만 사회 전반에 통용되는 관행 탓에 이 제도들은 전혀 실효를 거두지 못하고 있다. 대학들은 말할 것도 없고 대기업들마다 여전히 성적 위주로 좋은 학교 위주로 사원을 선발하는데 누가 사회봉사를 하며 누가 자원활동을 하겠는가. 다 짜고 치는 뭐 모양 눈 가리고 아웅하는 것이다.

학교에 생활은 없고 학습만 있는데 생활기록부는 무슨 소용인가. 기록할 생활이 없는데. 고3만 되면 음악, 미술, 체육도 않고 입시준비만 하는 현실에서 생활이 어디 있겠는가. 또 사회가 아직도 중앙 중심으로 대권 중심으로만 돌아가고 경직된 관료체제는 여전히 위세를 떨치는데 어떻게 학부모와 교사대표들이 모여 학교운영을 의논하겠는가. 학부모들이 무얼 알겠느냐, 교권 침해다 교장선생들이 반대하고, 마치 얼마 전까지 치맛바람의 온상이었던 육성회를 연상하듯이 자기 아이를 위한 로비 장소로

나 아는 학부모들이 더럽히는 학교운영위원회가 어떻게 교육민주화에 기여하겠는가.

우리가 산업화하면서 국민 총동원 수단으로 써먹었던 교육은 잘살아보세, 하던 시대에는 어느 정도 약발이 있었다. 그런 만큼 우리는 그토록 교육을 신주단지 모시듯 했고 모든 것을 걸었다. 하지만 산업화 시대가 지나고 새로운 시대가 다가오면서 그 약발은 떨어진 지 이미 오래다. 오히려 우리 사회의 건강을 해치고 있다. 사회의 온갖 관행, 비행, 파행을 교육이 앞장서고 있다. 사회가 바담풍 하면서 수렁에 빠져 더러운 꼴로 교육을 망치고 있다면, 교육은 교육대로 그보다 더한 몰골로 우리 사회의 앞날은 말할 것도 없고, 지금 여기의 우리 삶을 고단하게 한다. 교육은 이제 이러지도저러지도 못하는 애물단지가 되어버린 것이다.

흔들리는 사람들

교육이라는 원죄, 모두가 죄인인 교육

무자격 학부모의 맹목 삼종지도

이런 교육을 바로잡아 우리 아이들을 살리려면 무엇보다도 학부모들이 달라져야 한다. 하지만 학부모들은 앞에서도 살펴본 것처럼 아직 잘못된 제도에 사로잡혀 의식은 비뚤고, 행동은 거칠며, 마음조차 삭막하기만 하다. 물론 이것은 거듭 강조하지만 우리 학부모들이 못된 사람들이어서가 아니다. 오죽 제도가 잘못되고 모자라면 그토록 자식욕심에 교육열 뜨거운 학부모들이 교육이라는 원죄에 치여 이 모양 이 꼴이겠는가. 아무튼 처음부터 학부모들 잘못은 아니더라도, 지금 당장 그 흉한 몰골은 드러내고 바로잡지 않으면 안된다. 해서 기왕 시작한 김에 아주 따갑고 아프게 학부모들의 비뚤어진 의식, 거친 행동, 삭막한 마음을 흉잡아보자.

앞에서도 지적했지만 지금 학생들을 자녀로 둔 학부모들, 곧 삼사십대 학부모들은 무자격 학부모 세대이다. 이들 스스로 산업화 세대로서 처음으로 핵가족이라는 새로운 가족문화에서 자랐다. 갑자기 공장이 들어서고 도시로 도시로 몰려들다보니 핵가족이라는 달갑지 않은 가족문화가 문득 일상적인 가족문화가 돼버렸다. 하지만 우리 마음에는 그 준비가 전혀 없었다. 그전에는 여러 세대가, 그리고 마을에서 공동체적인 환경에서 어울려 살다보니 부모가 된다는 일은 그저 전체 삶터에서 자연스럽게 진행되었고 그러니 따로 이것을 배울 필요조차 없었다.

하지만 갑자기 달랑 부모 자식만으로 된 핵가족이 되고, 그것도 사면이 꽉꽉 막힌 좁은 공간에 갇힌 삶이 되다보니, 부모가 되어서도 자식들과 어떻게 만나고 대화해야 하는지, 문제가 생기면 어떻게 풀어야 하는지에 대해 아무런 대비 없이 막막한 황야에 내던져진 것 같은 상황이 되었다. 물론 자기 부모세대보다 지금 부모세대는 학력도 높고, 매스컴의 영향으로 아는 것도 많지만 이런 것들은 실제 생활에 크게 도움이 되지 못한다. 그러니 어찌 보면 무면허 운전 같은 아슬아슬한 무자격 부모노릇이 시작된 것이다.

이런 무자격 부모들은 그나마 하나나 둘뿐인 자식들에게 예전보다 엄청나게 많은 시간과 또 비교도 안될 정도로 풍부한 물량, 바쁜 생활이지만 가장 귀중한 신경 등을 쏟아붓는다. 하지만 이것이 오히려 짐이 된다. 아무리 무면허 운전이라도 어디로 갈지 목표도 있고 거기까지 길이라도 나 있지만 무자격 학부모노릇은 다르다. 처음부터 끝까지 길 하나하나 찾아서 알아서 해야 하고, 또 그 대상이 사물인 자동차가 아니라 살아 숨쉬며 제 생각을 가진 사람이기 때문이다.

그러니 어딘가에 기댈 데를 찾게 마련이고 바로 여기서 문제가 생긴다. 예전에 가부장제가 생겨나고 유난스럽게 적용되면서 여성들에게 '삼종지도(三從之道)'라는 것을 강요했다. 여성은 홀로 설 수 없는 존재이니 어려서는 아버지를 따르고, 시집가서는 남편을 따르고, 늙어서는 아들을 따라 기대 살라는 말이다. 우리 학부모가 그렇다. 이런 무자격 상황에서 홀로 설 수 없으니 무엇에든 기대야 하기 때문이다. 그래서 학부모들은 학자의 권위에 따르고, 주변의 소문과 입방아에 따르고, 나중엔 돈에 따른다. 그것도 맹목적으로 따른다. 이것이 우리 학부모들의 맹목적 삼종지도다.

우선 학자의 권위부터 보자. 우리나라처럼 교육관련 안내서, 지침서가 베스트셀러가 되곤 하는 사회도 없다. 학부모들 스스로 줏대도 없고 자신도 없으니 그래도 배웠다고 무언가 그럴싸한 권위를 가진 사람들의 말이라면 솔깃해하는 것이다. 그래서 온 세상 유명한 이론이란 이론은 모두 난무하고 귀신 씨나락 까먹는 소리라도 무슨 박사, 무슨 교수 소리라면 귀를 기울인다. 실제로는 전혀 우리 상황에 맞지 않거나 그 자체로도 논란의 여지가 있는 이야기들도 이렇게 포장되어 널리 팔린다.

그 가장 우스꽝스러운 사례가 EQ 소동이다. 사실 EQ는 일찍부터 교육이나 심리이론에서 중요하게 다루는 내용이다. 사람은 머리로만 사는 것이 아니라, 가슴 그리고 손발이 고루 발달해야 한다는 것은 지극히 당연한 이치다. 그런데 갑자기 미국에서 EQ 하니까, 이크 이제는 EQ인가보다 하고 허겁지겁 EQ 학습이다, EQ 과외다, EQ를 길러주는 학습지, 장난감이다 법석을 떤다. 하지만 EQ란 무엇인가. 그것은 사전적인 정의만 봐도, 나와 남의 느낌을 읽고 쓸 줄 아는 능력이다. 이것은 사람 사이에서, 삶을 통해 배우고 또 키울 수 있는 것이지 결코 학습 프로그램이나 장난감, 과외를 통해 얻을 수 있는 것이 아니다. EQ 학원 가라고 고함치는 어머니, 이것이 우리 학부모의 현주소다.

다음으로 우리 학부모가 맹종하는 것은 소문과 입방아다. 부모가 되기 위한 이렇다할 학습과정이 없으니 모든 교육과 관련된 정보와 지식은 소문과 입방아로 떠돈다. 대개 처음 아이가 학교에 들어가면 주변 학부모들의 소문에 의지하게 된다. 학교에는 얼마나 자주 찾아가야 하는지, 촌지는 얼마나 어떻게 전달해야 하는지, 어느 선생이 어떤지 이런 소문에 따라 교육에 대한 첫인상을 얻게 된다. 어디 그뿐인가. 아이가 커가면서 무슨무슨 학원은 꼭 보내야 한다더라, 어느 학원이 좋다더라, 어느 과외선생이 좋다더라 하는 입방아에 의존한다. 그런데 이런 소문과 입방아는 앞서의 학자의 권위와는 사실 정반대되는, 어떤 때는 상치되는 내용인데도 학부모들은 용케도 그 모순을 참아내며 아이들을 닦달한다.

한번은 이런 일이 있었다. 자주는 아니더라도 드물지 않게 매스컴에도 등장하곤 하는 나는 그런 대로 우리 동네에서는 알려진 얼굴이다. 물론 내가 무슨 일을 하는지, 어떤 주장을 하는지도 알려져 있다. 그런데 어느 날 우리 가족이 같은 동에 사는 한 아주머니와 엘리베이터를 함께 타게 되었다. 그날은 내가 시간이 되어 학교 끝나고 온 아이와 실컷 놀고 오는 길이었다. 그랬더니 그 아주머니께서 빤히 우리를 쳐다보시면서 "아이에게 이제 신경 좀 쓰셔야 하지 않나요" 하는 것이었다.

마지막으로 우리 학부모가 확실하게 믿고 있는 것은 돈이다. 사실 우리 사회가 아주 천민적인 자본주의로 물들어 뭐든지 돈이라는 잣대로 재고, 사람을 망가뜨리고 하는 것은 어제오늘 일은 아니다. 하지만 이것이 가장 심각하게 문제를 드러내는 곳이 다름아닌 교육이다. 실제로 교육부 전체 예산보다 많은 돈이 사교육비로 퍼부어지고 있으며, 사교육비 부담 때문에 죽겠다는 아우성이 크다.

하지만 그래도 우리 학부모들은 돈이면 된다고 믿음이 확실하다. 성적은 물론이고 선생들의 환심, 나아가서 아이들의 인성까지 돈이면 다 살 수 있다고 믿는다. 그러지 않고서야 그 효용이나 결과가 확실하지도 잃은 숱한 과외며 학원, 프로그램에 그 막대한 돈이 어떻게 모이겠는가. 결국 이렇게 해서 교육을 돈으로 사고팔 수 있다는 믿음이 생기고 우리 사회의 가장 천민적인 시장논리가 교육에 횡행하게 된 것이다.

하지만 우리가 정작 믿어야 할 것은 우리네 순수한 마음과 아이들이다. 이렇게 엉망진창이 된 교육은 뭔가 쌈박하고 새로운 제도나 이론으로가 아니라, 우리네 첫마음, 첫뜻으로 돌아가야 되살릴 수 있다. 그 첫마음, 첫뜻은 다름아닌 우리 아이들이 처음 세상구경을 할 때 우리가 느낀 그 놀라움, 신기함, 신비로움, 그리고 그 아이를 향한 사랑이다. 이런 첫마음, 첫뜻이야말로 바로 가장 뛰어난 교육이론이요 교육지침이다.

스티븐 스필버그 하면 요즘 유행하는 말로 신지식인의 상징이다. 아다시피 그는 어려서 멍청한 공상만 하는 아이였지만 유태인 집안 특유의 교육철학으로 무장된 그의 어머니는 믿음과 참을성으로 언젠가는 무엇이 되겠지 하고 보살폈단다. 청소년이 된 그는 당시 8mm 카메라를 사달라고 졸라 무언가 열심히 찍어대더니 그 작품을 친구들에게 보여주고 몇십 달러를 벌어들였다고 한다. 그로부터 우리 수십만 명이 달라붙어 죽어라고 자동차 만들어 내다판 돈보다 더 많은 돈을 꿈과 환상 하나로 벌어들이는, 지금의 꿈의 공장주인 스필버그가 있게 된 것이다.

그렇다. 바로 이런 믿음과 참을성을 가지고 아이를 대하면 된다. 될성부른 나무는 떡잎부터 알아본다지만, 우리는 그 떡잎이 무언지 확인하기도 전에 규정하고 낙인찍고 하여 떡잎을 망가뜨린다. 우리 사회에는 이런 스필버그가 백이 태어나도 소용이 없을 것이다. 왜냐하면 학부모들이 그를 스필버그로 키울 수가 없기 때문이다. 아마도 스필버그는 공상에 빠진 지 며칠 만에 학부모들 손에 끌려 상담으로 병원으로 다니다 학교에서 탈락하고 열등생으로 살게 될 것이다. 이렇듯 우리 학부모의 삼종지도는 맹목일 뿐 아니라, 무서운 결과를 낳고 있는 것이다.

엄마의 한풀이, 아빠의 직무유기

이렇게 흉잡고 또 욕했지만 나도 자식 키우는 사람으로 학부모의 입장을 이해하지 못하는 것은 결코 아니다. 앞서도 밝혔지만 나는 학부모단체의 실무책임을 맡았던 적도 있듯이 학부모들의 크고 작은 고통이며 어려움을 잘 아는 편이다. 오죽하면 어느 행사 때인가, 학부모들이 교육 때문에 받은 고통을 낱낱이 드러내라도 보려고 '학부모 통곡의 벽'이라는 이벤트를 기획했겠는가. 너무 감정이 격앙될까봐 실행하지는 않았지만 이때 학부모들, 특히 어머니들의 사연을 모으다가 나 스스로 통곡하고 싶은 심정이었다.

지금까지는 일반적으로 학부모라고 불렀지만, 사실 학부모 문제는 어머니, 아니 나아가서 여성문제다. 우선 대부분의 학부모 노릇을 엄마들이 맡아서 하고 있는 데다 이것이 많은 여성들의 유일한 사회적 활동이기도 하다. '치맛바람'이라는 말이 왜 생겼겠는가. 엄마들이 주로 학부모 노릇을 하지만 그 몫은 공식화되지 않고 사사로운 영역에 머물고, 앞서 여러 번 이야기한 그릇된 '게임의 법칙' 탓에 비뚤어질 수밖에 없으니 이들의 활동은 치맛바람으로 물의를 일으키게 되는 것이다.

우리는 봉건적인 틀을 벗지 못한 채 근대화다 산업화다 하면서 여성 차별적인 가부장제를 부풀려 키워왔다. 1960년대에 산업화를 시작하면서 남성들은 밖에서 조국 근대화의 역군으로 새벽부터 밤중까지 뛰었고, 자연스레 여성들은 안에서 살림과 더불어 자녀교육에 정성을 다했다. 발전과 성장을 위해 이른바 성별분업을 한 것이다. 하지만 현대 산업사회는 여성들의 노동력도 필요로 할 뿐더러 여성들에게도 일할 권리가 있다.

그렇지만 한 집에서 부부가 함께 일하게 되면 문제가 생긴다. 흔히 말하는 '맞벌이' 부부는, 벌이만 마주하지 아이 키우기나 살림은 마주하지 않는 문제가 그것이다. 이런 점에서 남성들은 얌체다. 아쉬울 때 돈은 벌어오라면서 제 할 일은 하지 않으니 말이다. 어쨌든 이렇게 지금도 적용되는 엄격한 분업원칙에서 엄마들만 바깥일에, 집안일, 그리고 아이 키우는 일에 죽어나는 것이다. 전업주부라고 해서, 아이들 수가 하나나 둘로 적다고 해서 사정이 나은 것은 결코 아니다. 해본 사람은 알겠지만 살림은 해도해도 끝이 없고, 또 아이들 수가 적다고 손이 덜 가는 것도 아닌 데다, 요즘처럼 모든 것이 바쁘게 돌아가는 와중에 그 일만 하기도 버겁다.

게다가 잘못되고 모자란 교육은 끊임없이 엄마들을 찾아댄다. 아이가 학교만 들어가보라. 무슨 숙제는 그리 많고, 또 아이 숙제인지 엄마숙제인지 모를 것들이 대부분이다. 또 웬 준비물은 그리 많은지 학교 앞 문방구를 통째로 들여가야 할 정도다. 잠시라도 엄마가 없으면 교육이 돌아가질 않는다. 돈도 없고 일손도 모자라는 학교가 엄마 주머니 털고, 손 빌려 운영될 정도다. 학교 드나드는 것도 엄마 몫이다. 촌지니 하는 것도 학교에서보다는 이전투구의 정치판이나 아수라장인 경제에서 시작된 것이지만, 더욱 뒤틀린 꼴로 학교에서 엄마들 손에 넘겨져 치맛바람으로 손가락질을 받는다.

사정이 이쯤 되니 엄마들은 그저 아이들 교육에 온 존재를 다 걸고 매달릴 수밖에 없다. 예전에 남아선호사상이 왜 생겼겠는가. 여성들 스스로 사회활동을 통해 자아실현하고 성공할 길은 꽉 막히고 오로지 남편이나 아들 출세시켜야 내명부 첩지라도 받으니 그렇게 아들 낳으려고 기를 쓴 끝에 생긴 것이 아닌가. 마찬가지로 이제 자신들의 존재를 펼 기회를 빼앗긴 엄마들이 자식들에 목을 매고 가뜩이나 헝클어진 교육판에 뒤엉켜 엉망으로 돌아가는 것이다.

전업주부 엄마는 그렇다 치고, 일하는 엄마들은 더 애가 탄다. 아이들 내버려두고 다니는 것은 아닌지, 아이들이 뒤떨어지는 것은 아닌지 의심스럽다. 수변 엄마들의 극성과 그들이 내는 소문과 입방아에 불안하기만 하다. 자식들에게는 미안한 마음마저 든다. 그러다보니 자식들에게는 무엇이든 사주고 해주려는 물량공세로 그 미안함을 달래려 한다. 이러다가 자식 망치고, 자신조차 망가진다. 그렇다고 어렵사리 얻고 힘들게 지킨 일자리를 놓치고 싶지는 않다. 물론 과감하게 일을 내던지고 자식을 위해 집에 들어앉는 엄마들도 없지는 않다. 하지만 나중에라도 경제적인 위기가 오거나 사회에서 뒤떨어져 다시 일하고 싶어도 기회는 주어지지 않고 해서 오히려 아이들과 아귀다툼을 하게 되는 예도 적지 않다. 아무튼 엄마들만 교육인지 뭔지 때문에 존재가 망가지고 그 한이 하늘을 찌를 듯 쌓이는 것이다.

우리 아빠들은 무얼 하는가? 아빠들은 먼저 이런 게임의 법칙을 만든 장본인이다. 자기들은 그토록 고생하고 어려웠으면서 그 틀려먹은 게임의 법칙에 따라 자식만은 앞세우려고 기를 쓴다. 다만 말로만 아닌 체한다. 엄마들이 아이들 공부하라고 닦달하면 "거, 왜 아이를 잡고 그래, 공부가 인생의 전부야?" 하고 점잖게 한마디하다가도, 정작 아이 성적이 엉망이 되면 "당신 집에서 뭐 하는 거야, 아이 공부 하나 잡아주지 않고!" 하며 일갈한다. 이렇게 아빠들은 게임의 법칙을 만든 주범이면서, 정작 그 게임에서는 방관자적인 공범노릇에 만족한다. 아빠들은 교육에 무관심하다. 아니 자식들에 대해 잘 모른다. 단적인 예를 한번 살펴보자.

한번은 어느 유수한 대기업에 부모교육 강연을 갔다. 일부러 엄마 아빠들 함께 모이라고 저녁시간을 택했지만, 여전히 엄마들이 주로 오고 아빠들은 얼마 되지 않았다. 마침 아빠들 수가 100명쯤 되어 즉석에서 상황조사를 해보았다. 차례로 아이들이 몇 학년, 몇 반, 몇 번인지를 물었고 이어서 담임 선생님 성함, 아이들의 키, 몸무게 순서로 물었다. 100명 중 10명 가까운 아빠들이 "글쎄, 2학년인가, 3학년인가" 했고, 몇 반 몇 번을 제대로 아는 사람도 10명 안팎이었다. 담임 선생님 성함은 한 사람도 대지 못했고, 키와 몸무게도 정확히 아는 사람은 드물었다. 나는 시범으로 우리 아이는 3학년 3반 16번이고, 담임 선생님 성함은 아무개며, 키는 137센티미터, 몸무게는 29.5킬로그램이라고 정확히 대주었더니, 강연하러 오느라 억지로 외운 것이라고 의심들을 했다. 아빠들도 일 년에 한번쯤은 학교에 꼭 가보고, 또 남자아이들과는 목욕이라도 정기적으로 다니면 이런 기본적인 것은 다 알 수 있다고 하자 그제야 고개를 숙였다.

이렇게 아빠들은 부모이면서 제 아이 교육에 대해서는 직무유기를 하고 있다. 하기는 가부장적인 가족 안에서는 아빠라면 그저 에헴 하고 앉아서 군림하고 명령하고 하면 되었다. 이제 사정이 다르다. 세상은 정신없이 달라지고 있고 아이들도 예전과 다르다. 물론 요즘 아빠들도 많이 달라졌다. 하지만 우리 아빠들은 여전히 아이들에게서 너무 멀고 또 뜨악하다. 이렇게 되면 가뜩이나 빠른 변화 속에 아이들과 함께 숨쉬며 어깨를 겯고 지낼 수 없다. 많은 아이들이 조금만 머리가 크면 아빠를 낯설어한다. 새벽이면 나가서 하루 종일 밖에서 일하고 밤늦게 술 취해 들어와 자는 아이 머리만 쓰다듬어준 것이 고작인 아빠는 어느 영화 제목처럼 늘 '출장 중'이다. 정작 아이들이 의논과 대화상대로 필요로 할 때는 없다가, 다 커서야 다가가려면 이들이 먼저 비켜 간다. 한동안 '고개 숙인 남자'니 '간 큰 남자'니 '아버지의 위 기'니 해서 권위가 떨어지고, 제자리 찾지 못하는 아빠들을 우스 꽝스럽게 이야기하곤 했지만, 이것은 엄연한 현실이다. 아빠들 이 달라지고 제자리를 찾지 못하면 우리 교육은 미래가 없다.

청소년은 없다

어제오늘 일은 아니지만 요즈음 들어 부쩍 우리 사회에서는 새삼 자라나는 세대, 특히 청소년들을 놓고 이러쿵저러쿵 말이 많다. 흔히 '청소년 문제'라고들 하지만 이 말부터가 따지고 보 면 모순투성이다. 이를테면 '여성문제'라는 말로 마치 단지 그대 가 여성이라는 이유만으로 여성들을 무슨 문제집단처럼 보듯이, '청소년 문제' 하면서 청소년의 존재 자체를 무슨 문제로 보고 있는 것이다. 그러니 이제는 무엇보다도 먼저 청소년 하면 자라 나는 세대의 삶의 이야기로서 오늘날 우리가 살고 있는 사회의 가장 중요한 주제의 하나로 보아야 마땅할 것이다.

이렇듯 청소년은 지금, 여기 우리 함께 모여 사는 삶의 이야 기에서 빼어놓을 수 없는 주제이며 또 삶의 주체이다. 그러나 조금 냉소적으로 말해도 된다면, 우리 사회에 청소년은 없다. 아니 있을 수가 없다. 청소년은 없고, 단지 '학생'만 있을 뿐이다. 이것은 오래 전 학생 생활기록부를 도입할 때 어느 자리에서 내가 역시 냉소적으로 비아냥댔듯이 있지도 않은 생활을 무얼 기록하느냐, 그저 성적표만 있으면 되지 않겠냐고 되물었던 사정과 관련이 있다.

우리 사회에 청소년은 없고 학교에서는 생활이 없다. 학교에서는 오로지 공부라는 학습활동만 있을 뿐이고 그 공부에 직업적으로 전념하는 학생신분이 있을 뿐이니 청소년이라는 삶의 기간, 인간의 정체는 어디에고 없다. 굳이 있다면 그들은 지금은 문화관광부라는 청소년과는 관련도 없어 보이는 어느 부서의 서류철에 있거나, 청소년 개발원이라는 역시 이상한 이름의 기관의 연구주제로 있거나, 서슬 퍼런 청소년 보호위원회의 보호대상으로 있거나, 아니면 기껏해야 지역마다 온갖 지역유지들을 망라해 구성되어 군림하는 이름만 어마어마한 청소년 선도위원회의 회식 빌미일 뿐이다.

물론 실제로는 학생이 아닌 이질집단, 일탈집단으로서 학교가 내다버린 떨거지 집단, 문제아 집단, 쓰레기 집단으로 대접받는 청소년의 무리가 있기는 있다. 하지만 이들은 사회가 있는 그대로 받아들이고 주체로 인정하고 관심을 쏟으며 그들의 이야기에 귀를 기울여주는 집단이 아니라, 요즈음 유행하는 용어를 쓰자면 사회적인 정리해고의 대상일 뿐이다.

사실은 이것이 우리 청소년들의 운명이요 삶이다. 처음부터 이 사회에서 청소년으로 산다는 것 자체가 큰 고통이요 업이다. 그러면서도 정작 우리들의 관심은 놀랄 만큼 적다. 그저 사건이나 나야 혀를 차며 걱정하는 대상으로, 내 아이는 그렇지 않겠지 안도하는 기준으로, 저것들 봐라 하고 손가락질하는 낙인의 밭이로 여길 뿐이다. 세상은 헝클어질 대로 헝클어지고 교육은 교육대로 엉망진창인데 바로 교육이 사회 안에서 감당해야 할 가장 중요한 몫인 자라나는 세대를 보듬고 함께 자라는 일은 직무유기하고 있다.

가뜩이나 어지러운 세상에 글 배운 사람 노릇에다 교육 공부하고 가르치는 사람 노릇 어렵다는 푸념만 하고 있기에는 상황이 너무 절박하다. 그래서 나는 거듭 청소년의 새로운 삶 이야기 이전에 청소년이라는 존재에 눈을 주고 귀기울이기를 촉구하려는 생각에서 이들 편에서 주장을 해보는 것이다. 다름이 아니라 더도 말고 덜도 말고 이러한 심각한 문제상황을 제대로 인식하고 문제삼아야만 우리는 우리 시대 청소년들의 불행을 감지하고 나아가서 이들과 함께 진정 바람직한 삶의 문화, 교육문화를 만들어갈 수 있으리라는 생각에서이다.

사실 우리 사회만큼 빨리 변하는 사회도 드물다. 우리는 남들이 수백 년 걸려 어렵사리 이룩해낸 산업화를 수십 년 만에 뚝딱 해치웠다. 그러다보니 겨우 한 세대가 성장할 만한 짧은 세월에 산업화 전시대, 구시대, 옛 질서가 정보화 시대, 탈산업 시대,

새 시대, 새 질서로 바뀐 것이다. 하도 빨라서 미처 알아채기조차 어렵지만 그 속도는 어떤 사람도 감당하기 어려운 것이다. 우리는 한편 이런 속도에 홀려버려 사람과 사람 사이의 일을 너무도 소홀했다.

특히 그동안 오로지 먹고사는 일 해결하려고, 그리고 양적인 성장에만 눈이 어두워 모든 것 접어두고 내달아온 우리는 그 못지 않게 중요한 많은 부분에서 동티가 난 것도 모르고 살았다. 다리는 끊어지고 가스는 터지고 건물은 무너지지만 동시에 우리 삶의 온 자리에 동티가 나 모두 무너지고 끊어지고 터지는 것은 모르고 살아온 것이다. 이렇게 앞뒤고 옆이고 돌아보지 못하고 살아온 우리 정신은 황폐하고 사람 사이는 아귀다툼이 되었고 사람들은 줏대 없이 흔들거리며 산다.

이렇게 너무 빠른 속도로 달라졌을 뿐 아니라 헝클어질 대로 헝클어진 세상에 사는 우리들은 그 속도에 어지럽고 변화에 치인다. 겉으로는 이런저런 변화에 빨리도 적응하는 듯 보인다. 이를테면 언제 적부터라고 아파트 아니면 불편해서 못살고, 자동차 없으면 못산다는 듯 온통 거리를 만인에 대한 만인의 투쟁의 장소로 만든 것이 그렇다. 그 바람에 어디를 둘러보아도 살 만한, 사람다운 구석은 찾아보기 어렵다. 그러면서도 아니 그러길래 사람들은 중음신처럼 떠돌면서 어디엔가 기댈 언덕, 안길 안온한 품을 찾는다. 하지만 그런 옛것, 옛질서, 옛품은 사라진 지 오래다. 그러니 우리들이 가장 잘 저지르는 실수는 무엇보다도 세상이 얼마나 달라졌는지 겉으로만 아는 체, 익숙한 척하고 정작 그 속내는 모른 채 흔들리며 막무가내 억지를 쓰는 것이다. 특히 우리 삶의 가장 가까운 터전과 인간관계의 변화를 말이다. 바로 이런 맥락에서 우리는 청소년을 곡해하여 그 존재조차 없도록 만든 것이다.

하기는 몇 세대 전만 하더라도 청소년의 삶이란 따로 없었다. 마치 우리가 더 옛적에 아동기를 인정하지 않고 그저 어른이 되기 위한 예비기로 보았듯이 청소년기는 새롭게 등장한 삶의 시기이다. 평균수명이 길어지고 교육기간이 늘어나면서 그 예비기가 독자적인 삶의 시기로 인정받기 시작한 것이다. 그러면서도 오늘날까지도 어느 사회건 여전히 어른 중심의 세상이 지배적인 만큼 제대로 된 대접은 말할 것도 없고 그들 스스로가 주체로 나선 삶이나 문화는 아직 멀기만 한 것도 사실이다. 게다가 우리처럼 무엇이든 급하게 달라지고 바뀐 사회에서는 문제가 더욱 심각하다.

한편으로는 미처 꼼꼼히 생각해보고 마련해보기도 전에 너무 급하게 청소년기라는 것이 생겨났으니 그렇다. 다른 한편 지금, 여기 우리 사회의 어른들은 제대로 된 청소년기를 겪지 못했다. 전쟁과 궁핍의 어려운 시절을 살아오면서 그들은 그럴 여유도 없었으려니와 또 그런 체험이 허용되지도 않는 각박한 청소년기를 보냈을 뿐이다. 그러니 이제 겨우 제대로 된 청소년기를 살고 겪을 만한 시대가 되어 자라나는 세대에게 거꾸로 그 체험을 제한하려고만 드는 것이다.

이렇게 청소년기를 제대로 지내지 못하고 오늘날의 청소년을 제대로 알지 못하는 어른들이 꾸려가는 사회에서 청소년들이 제 삶을 살기란 어려울 수밖에 없다. 앞에 늘어놓은 여러 가지 흉한 꼴들이 바로 이런 상황의 표현이다. 한마디로 어른들에게는 오늘날 자라나는 세대인 청소년이 한편 낯설고, 두려우며 동시에 샘이 나고 미울 것이다. 자신들의 청소년기와는 전혀 다른 세상에서 다르게 사는 집단이니 그렇고, 또 그런 처지가 부럽기도 하면서 속으로는 은근히 얄밉고 화가 나기도 할 것이다.

그러니 자신들이 지배하고 있는 사회에서 청소년들이 나름대로의 삶을 살지 못하도록 규제와 통제로 억누르고 길들이고 싶어하는 것이다. 그렇지 않고야 어떻게 늘 떠들듯이 우리 사회의 앞날을 짊어지고 나갈 미래의 주인공들을 마치 무슨 범죄집단, 기피집단처럼 대하고 다룰 수 있겠는가. 그 가장 두드러진 모습을 가족과 학교라는 청소년들의 주된 삶터에서 한번 살펴보도록 하자.

먼저 청소년들이 가족 안에서 어떤 자리를 차지하고 있나 살펴보자. 우리 사회에서 가장 많이 달라졌으면서도 여전히 옛꿈에 사로잡혀 안온한 품의 환상을 만들어내는 것이 바로 가족이다. 엄청난 사회변화에 따라 마땅히 달라져야 할 새로운 가족문화는 멀기만 하고 옛것을 고집하자니 가족이 흔들리고 깨져간다. 그러다보니 오히려 이제는 낡아버린 옛질서에 매달리려 안간힘을 쓴다. 이를테면 가족 구성원 사이의 인간관계가 달라질 수밖에 없는 현실은 나 몰라라 하고 유난히 전통적인 가부장적이며 어른 중심의 사고를 고집하는 것이 그렇다.

그런데 문제는 지금 우리 사회의 가족 안에는 서로 다른 세대 정도가 아니라 서로 다른 인종이 함께 살고 있다는 데 있다. 양적인 성장과 풍요의 열매를 누리며 자라나는 청소년들은 어른들의 이런 고정관념이나 과거 지향적인 인간관으로는 전혀 이해할 수 없는 새로운 인종이다. 상징적으로 '컴맹' 엄마와 '컴광' 아이가, <가요무대>나 <열린 음악회>세대의 아버지와 <음악캠프> 아니 자신들만의 라이브 무대 세대인 아이들이 서로 소 닭 보듯 하며 한 지붕 밑에 사는 것이다. 이렇게 다른, 달라도 너무 다른 세대끼리 함께 살면서 정작 가족 구성원 사이의 인간관계는 여전히 수직적인 위계질서와 분업을 바탕으로 한다. 아버지는 군림하고 어머니는 보살피며 자식들은 복종하고 말 잘 듣고 공부 잘해야 한다.

이런 상황에서 생김이나 속내, 버릇까지 전혀 다른 청소년들은 숨이 막힌다. 그렇다고 아직은 경제적이나 사회적 심리적으로 홀로 설 힘도 없고, 채비도 갖추지 못한 청소년들은 수굿하니 자신의 존재를 죽이고 수직적 관계에 눌려 복종하며 덜 자란 어른으로 살기를 강요당한다. 그조차 못 견디는 청소년들은 "어른들은 몰라요" 하면서 몰래, 또는 짐짓 튀고 맞서고 어긋나고 벗어나는 것밖에는 살아남을 길이 없다. 게다가 요즈음 부모들은 핵가족에서 자라나 핵가족을 꾸린 첫세대답게 어디서도 부모노 릇을 배우고 익힌 적이 없다. 그러니 줏대도 본보기도 없이 그저 자신들의 청소년기만 뒤돌아보며 마구잡이로 부모노릇하고 막 무가내로 자식노릇을 강요한다. 이렇게 우리 가족 안에서는 세 대간의 전쟁이라고 불러야 옳을 갈등과 다툼, 존재의 싸움이 한 창인 것이다.

그렇다고 이들이 삶의 대부분의 시간을 보내는 학교는 나으 냐 하면 결코 그렇지 못하다. 오히려 학교가 이들을 더욱 숨막히 게 한다. 우리 교육, 특히 그 현장인 학교는 앞에 비쳤듯이 무엇 보다도 먼저 삶의 터전이 아니다. 오로지 학습의 장소일 뿐이다. 그것도 제대로 사는 데 꼭 필요한, 한 사람 한 사람 스스로를 찾 고 세우는 데 필요한 학습이 아니라, 극한경쟁을 통해 사람을 고 르고 버리는 데 유용한 학습만 인정되는 장소이다.

한창 자라고 서로 만나고 사귀며 활달하게 뛰어놀 나이에 죽 은 글자들만 머리에 억지로 집어넣는 학습을 되풀이 하다보니 아이들은 망가질 수밖에 없다. 공부는 잘할지 모르지만 멍청하 고, 살벌한 경쟁에 치이다보니 가슴은 싸늘하고, 손발은 놀릴 기 회조차 없어 못쓰게 되었다. 우리 교육, 학교에 대한 문제를 늘 어놓자면 한이 없으니 그저 눈에 띄는 현상만 몇 가지 살펴보자.

지난 여름인가, 무더운 여름날 방학인데도 찜통더위 교실에 모여 몸은 웃자라 책상 밖으로 삐져나온 열대여섯 된 청소년들 이 보충수업 받는 모습을 보고 저들이 어떻게 미치지 않을까 걱정스러운 적이 있었다. 그런데 이들은 이미 집단 정신병 같은 입시병에 걸려 있기 때문에 미치기는커녕 얌전히 수용되어 잘 훈련된 죄수들처럼 묵묵히 그 고행을 따르고 있었다. 하지만 이들은 아직 실패한 승리자가 되려는 마지막 기대라도 남아 있으니 그럴 것이다. 여전히 이 교실에서 대부분은 낙오자가 될 수밖에 없다. 흔히 말하는 '게임의 법칙'이 그렇다.

그런가 하면 그나마 마지막 기대조차 갖지 못하고, 또는 허용받지 못하고 튕겨나가거나 내다버려진 수만 명의 청소년들은 어찌할 것인가. 날라리 골목에서 자기들만의 소돔과 고모라를 연출하고 있는 청소년들, 주유소에서 우스꽝스런 몸짓으로 기름을 넣어주고 인사하는 청소년들, 또는 술집 골목에서 은근한 몸짓으로 삐끼노릇 하고 있는 청소년들은 어찌할 것인가. 어디서고 제대로 배운 적은 없는데 온통 주변에 넘쳐나는 일그러진 성문화에 물들어 가뜩이나 억눌린 성충동에 휘둘리는 청소년들을 어찌할 것인가.

억눌릴 대로 억눌린 삶의 욕구를 생산적이거나 창조적으로 승화시킬 데도 없어 얄팍한 상혼에 찌들린 대중문화의 우상들이나 농구선수들의 모습에 악을 써보는 청소년들을 어찌할 것인가. 이렇게 사람의 가능성을 펼쳐주기보다는 사람을 옥죄고 억누르는 구조적 폭력이라고밖에 달리 표현할 길이 없는 학교와 교육에 부딪쳐 사회에, 다른 사람들에게, 또는 자기 자신에게 폭력을 휘둘러보는 청소년들을 어찌할 것인가.

이제는 이 청소년들을 어찌할 것인가, 하는 아무 대책 없는 개탄이나 분노의 신음소리를 그만둘 때가 되었다. 다만 청소년이라는 주제를 제대로 인식하기 위해 이른바 방법적인 물음을 뉘우침으로 삼아야 한다. 그리고 가장 먼저 해야 할 일은 어른들 스스로를 되돌아보는 일이다. 어른들은 자신들이 황폐하게 살아온 지난 세월이나 지금 여기의 엉망인 삶의 세계, 줏대 없는 자기 삶은 돌아보지 못하고 "우리 때는 그러지 않았다"고 자라나는 세대, 청소년들만 야단친다. 이른바 바담풍 하는 것이다.

이제 청소년들을 어른들 멋대로 이렇고 저런 집단이라고 규정하고 이름짓는 일부터 그만두자. 청소년들을 한마디로 이런저런 특성을 가진 사람들이라고 규정하는 일은 쉽지 않을 뿐더러 마땅한 일도 아니다. 왜냐하면 이들은 아직 한마디로 정의할 수 없는 미지의 집단이며 아직 기성세대를 거부하며 그들과는 다른 문화와 가치관을 지닌 집단으로, 미지의 거부와 반항과 일탈로만 상징되어 좀처럼 한마디로 정의하기 어려운 부정과 긍정의 총합이기 때문이다.

그만큼 남들 눈에나 이들 스스로의 눈에나 이들은 모순투성이의 존재로 보일 수밖에 없다. 이들은 제대로 살아갈 수 있는 삶의 터전만 주어진다면 반발과 거부가 아니라 나름대로의 삶을 살며 문화를 만들어갈 수 있는 주체들이다. 사실 방법적으로 이들을 어찌할 것인가, 물을 것이 아니라 지신들의 삶을 살도록 배려하면서 내버려두는 것이 가장 옳을 것이다.

이제라도 청소년에게 겨누었던 손가락을 거두고 어른들 스스로에게 돌려야 한다. 어른들부터 스스로 제 눈에 들보를 들여다보고 자신을 뉘우쳐야 한다. 사회 전체를 더욱 열고 공동체적인 도덕성을 거듭 세워야 한다. 더 급하게는 지금 여기의 우리 비뚤어지고 비인간화된 교육을 바꾸어 청소년들이 제 삶을 살 수 있도록 해야 한다. 이런 바탕에서만 세대간의 전쟁은 세대간의 대화문화로 평화롭게 바뀔 것이다.

그렇지만 어른들이 정신차리고 버릇을 고치기 전까지는 청소년들의 무엇을 탓해도 소용이 없다. 결국 문화란 어른과 아이가 함께 만드는 것인 만큼 어른과 아이가 함께 자라는 성숙함이 필요하다. 그래야만 우리 청소년들이 건강하게 자랄 수 있다.

물론 청소년들에게도 당부하지 않을 수 없다. 자신들만의 고집이 아니라 서로 아우르고 서로 살리는 큰 우리를 만들어가는 일이 중요하다고. 수직적인 질서와 수평적인 질서를 한꺼번에 바꾸고 가름하려는 무리는 하지 말자고. 어쩌면 당분간 그 중간 어디엔가 기우뚱한 균형 안에 우리의 새로운 세대간의 질서와 문화가 자리할지도 모른다고.

그러면서 우리 모두에게 거듭 당부하고 싶다. 이제는 정말 사람을 사람대접 하고 삶의 한복판에서 벌어지며 죽음과 죽임의 문화가 아니라 살림의 문화가 숨쉬는 교육현장을 만들어가자고 말이다. 숨막히는 교실에서 아주 작은 인간관계에 대한 배려와 살아 있는 학습의 장을 마련하는 일부터, 이 닫히고 갇힌 제도의 벽을 허물고 삶의 현장에 교육을 되살리려는 애씀까지 청소년들이 스스로 주체로 제 삶을 살아갈 수 있는 터전을 함께 만들어가자고 말이다. 이제는 서로 살리고 모두 어우러져 살아가는 그런 삶의 자리에서 청소년을 만나자고 말이다.

요즘 아이들은……

요즘 아이들은 다르다. 그것도 아주 다르다. 같은 땅에서 한데 어울려 사는 같은 사람들이지만 윗세대하고는 달라도 여간 다른 것이 아니다. 그것도 그냥 자라나는 세대와 어른세대, 이렇게만 다른 것이 아니라 그 다름의 양상도 다양하게 나타난다. 한편으로 오죽하면 쌍둥이도 세대 차가 난다는 우스개가 있을 정도이겠는가. 아닌게 아니라 내가 학교에서 만나는 새내기들만 해도 몇 해 전과는 전혀 다르다.

그런가 하면 다른 한편 같은 세대에 속하는 아이들끼리도 서로 많이 다르다. 또 다름을 대하는 태도도 다르다. 어른들은 될 수 있으면 이 다름을 감추고, 큰 흐름을 좇으라고 가르치며 또 스스로도 그렇게 하지만, 자라나는 세대들은 그 다름을 적극적으로 드러낸다. 그러면서도 아주 다르거나, 또는 그 다름이 싫으면 '왕따문화'에서 보듯이 사뭇 사혹하게 다름을 따돌리기까지 한다. 도대체 이 다름은 무엇이며, 어디서 생겨났고, 어떻게 받아들여야 하는 것일까?

아이들이 다르다는 것은 지극히 당연한 일이다. 세상은 바뀌게 마련이며 그 세상을 살아갈 아이들은 달라야 한다. 더군다나 요즘 세상이 어떤 세상인가. 새로운 세기로 접어들어 문명전환의 물결이 드높고, 이들이 주인공으로 살아갈 미래시대의 모습은 상상하기 어려울 만큼 새로운 세상이다. 그 새 세상을 살아갈 앞날의 주인공들이 바로 우리 아이들이다. 이들은 새 세상에서 우리와 다르게 살 수밖에 없고 또 그래야 한다. 이들더러 우리와 다르지 말고 같으라는 것은 차라리 악담 중에 악담일 것이다.

그런데 우리 어른들은 자라나는 세대의 다름을 잘 견디지 못한다. 나이가 들수록 남은 시간만큼만 내다볼 수 있을 뿐 돌아보기가 더 익숙한 탓이다. 게다가 그 살아온 세월과 지나온 길이 오죽이나 힘들고 험했던가. 우리는 남들이 수백 년씩 걸려 어렵사리 이룩한 산업화를 수십 년 만에 뚝딱 해치웠다. 그러면서 오로지 잘살아보겠다고 앞뒤고 옆이고 살펴볼 겨를도 없이 죽자고 내달아오기만 했다. 그 바람에 사람 사는 꼴은 말이 아니었다. 이렇게 지난날을 돌아보면 흉물스럽기까지 하니, 앞날이 창창한 자라나는 세대, 곧 우리 아이들의 다름이 눈에 거슬린다.

하지만 거듭 말하지만 자라나는 세대는 어른들과 다를 수밖에 없고 달라야 한다. 이것을 받아들이지 않으면 안된다. 그런데 이게 쉽지 않다. 아무리 뚝딱 해치웠어도 바로 어른들이 힘겹게 얻은 산업화와 풍요는 아이들은 그저 따먹으면 되는 열매지만 어른들에게는 피와 눈물과 땀이다. 그러니 한편 고깝고 다른 한 편 걱정되는 것이다. 우리가 어떻게 가꾼 열매인데 이것들이 이리도 쉽게 따먹나, 아니 저것들이 저렇게 쉽게 열매나 따먹으며 베짱이 노릇하면 어쩌나, 하고 말이다. 그러니 처음에는 아이들 잘 먹고 잘 노는 것이 예쁘고 스스로도 대견하다가, 슬몃 부아도 나고 나중에는 손가락질하며 탓하게 되는 것이다.

하지만 아이들 쪽에서 보면 이야기가 다르다. 언젠가 어느 자리에서 당찬 청소년 하나가 이런 말을 하는 것을 들었다.

"우리는 어른들이 물질과 풍요를 물려준 것을 고맙게 여긴다. 하지만 제발 그 티 좀 안 냈으면 좋겠다. 그것은 우리가 원해서 그런 것도 아니다. 게다가 우리가 참을 수 없는 것은 그 바람에 우리가 어른들에게 정신, 영혼으로 물려받을 것은 황폐함뿐이라는 것이다."

이렇게 태생부터 어른들과 다른 자라나는 세대는 생각이나 느낌뿐 아니라 사는 방식부터 버릇에 이르기까지 어른들과 다르다. 그러면서 그 다름을 받아들여주지 않는 어른들에 치이고 손가락질에 시달린다. 하지만 어떻게 해서든 제 삶을 살고, 또 살고픈 이들은 그렇다고 무엇 하나 아직 제대로 가진 것이 없으니 자기들만의 세상을 만들 수도 없고 해서, 어른들로부터 멀리 떨어지려 하고 숨으려 한다. 그러다가 정 못 견디면 스스로의 다름을 부풀리고 늘어놓아 어른들을 놀래커서라도 어른들로부터 자유로우려 한다. 다름은 이렇게 마구 커지고, 또 어찌해볼 수 없을 만큼 헝클어지면서 어른 아이 할 것 없이 흔들어놓는다.

이렇게 부풀려지고 어질러진 다름이 다름아닌 자라나는 세대의 특징인 '튐'이다. 이들은 스스로의 다름을 잘 가꾸고, 또 싹을 틔워 무언가 열매를 맺기도 전에 그 다름 때문에 하도 구박받고, 손가락질당하고 하다보니 아예 그 다름을 무기로 삼아 어른들과 맞선다. 다름에 대한 '누름'이 강하니, 고무공처럼 '튐'으로 대답하는 것이다.

하기는 요즘 아이들은 튀어도 되게 튄다. 학교에서는 머리 물들인 아이들 정도는 예사고, 귀고리 한 남자아이들, 코를 뚫은 여자아이들로 '튐'이 한창이다. 또 말본새나 행동거지는 어떤가. 나이 든 사람들 눈살 찌푸리지 않을 수 없을 정도다. 하지만 이런 튐은 그대로 놔두면 사그라질 것들이다. 우리도 한때 경찰력까지 동원해 단속했지만 기를 쓰고 머리 기르고 짧은 치마 입지 않았던가.

앞서도 살펴보았지만 자라나는 세대의 다름은 받아들여야 한다. 그런데 그 다름의 싹을 받아들이지 못해 그 반발로 생긴 튐은 어찌해야 할까? 그것도 받아들여야 한다. 하지만 작은 다름을 받아들이지 못한 어른들이 어떻게 큰 튐을 감당하겠는가. 그 튐보다 더 큰 누름으로 억누르려고 한다. 다름에 대해서는 혀나 쯧쯧 차던 어른들마저 튐에 대해서는 팔 걷고 나서서 야단치고, 버르장머리 고치려 든다. 더 나아가서 아예 그 튀는 아이들을 사람으로도 보지 않고 온갖 험담을 늘어놓으며 마치 무슨 범죄집단 취급하듯 한다.

　사정이 이쯤 되면 아무런 방법과 수단이 없는 아이들로서는 더욱 튀는 수밖에 없다. 조금 튀어 찍히느니 아예 끝 모르게 튀어 살아남고자 하는 것이다. 점점 더 부풀어지고 어질러진 튐으로 끝없이 치닫다가 마침내 스스로도 어찌할 수 없을 때까지 튀는 아이들이 생겨난다. 바로 폭주족이 이들이며, 또 다른 쪽에서는 흡연과 음주, 그리고 약물에 물들고 있다. 이제 더 도망갈 수도 빠져나올 수도 없는 막다른 골목에 몰린 아이들은 이렇게 자기들끼리 ‘게토’를 만들고 그 안에서 마음껏 튀고 스스로를 드러내다 망가지며, 그런 꼴로 어른들을 비웃는다.

　이러다보니 처음부터 어른세대와 자라나는 세대 사이에는 건널 수 없는 물이 생기고 넘을 수 없이 담이 생긴다. 이제 흔히 말하는 세대 사이의 갈등을 넘어서 전쟁이라고까지 해야 할 엄청난 부딪침과 망가짐까지 생기게 되는 것이다.

　이 모든 것의 바탕에는 서툰 어른들의 ‘가르침’이 있다. 저 서태지의 <교실 이데아>라는 노래 앞부분의 “됐어, 됐어 (……) 이제 그런 가르침은 됐어”라는 가사를 들으며 환호하다 못해 발광하는 아이들을 TV에서 지켜본 어른이라면 섬뜩했던 기억이 새로울 것이다. 이렇게 다름을 인정받지 못해 튀다가 망가지는 아이들은 무엇보다도 어른들의 ‘바담풍’에 신물이 난다. “우리 자랄 때는 안 그랬다, 다 너희들 위해 그런다”는 말부터, “공부해서 남 주냐, 공부만 잘하면 된다”는 가르침까지 이들에게는 온통 어른들의 거짓과 위선이 가득 담긴 상징이다.

바로 우리 교육, 그것이 학교교육이든 가정교육이든 뒤틀릴 대로 뒤틀린 교육의 문제다. 한마디로 우리 사회에는 학생만 있지 청소년이 없다. 학습활동, 공부만 하는 학교에 매이고 갇힌 몸들일 뿐이다. 제 나이 또래의 삶을 살 수 없으니 청소년이 어디 있단 말인가. 있다면 그것은 한편으로는 문제아 집단, 다른 한편으로는 그 알량한 어른들의 보호와 선도의 대상으로 있을 뿐이다.

바로 이런 틈새로 청소년들을 마음껏 받아주고 달래주고 또 허황되지만 제 나름대로의 삶을 부추기는 자리가 슬몃 들어서서는 이제 가장 큰 청소년들의 자리가 되어버렸다. 다름아닌 대중문화, 상업문화, 소비문화의 자리가 그것이다. 매체환경의 변화와 정보통신의 발달로 산업의 총아가 되어버린 이런 문화들은 오갈 데 없는 청소년들을 끌어안고 엄청난 규모로 커졌다. 조금 심하게 따져보자면 앞서 말한 어른들이 물려준 유일한 유산인 물질과 풍요를 냄새맡고 모여든 쉬파리 같은 업자들이 들끓는 소비문화가 이들을 잠식하고 조종한다.

하도 갇히고 막혀 스스로의 욕구를 표현해보기는커녕 느끼고 표출해본 적도 없는 이들에게 문화공간은 달콤한 유혹으로 그 욕구를 들어주는 척하면서 나중에는 이들의 욕구를 만들기까지 한다. 또 제 삶을 제대로 살지 못해 키만 웃자라고 영혼은 피폐한 이들에게 이것이 청소년이다, 하는 정체감을 심어준다. 스스로의 안과 밖의 세계와 싸우기도 하고 아우르기도 하면서 힘겹게 만들어가는 줏대 있는 정체감이 아니라, 손쉽게 사들이고 입어본 이른바 '사이비 정체'가 그것이다. 그 가장 눈에 띄는 보기가 '스타'와 관련된 동일시며 정체감 형성과정이다.

이것도 당연한 일이다. 제대로 된 가르침은 없고 본보기가 될 어른도 없다. 아이들과 아홉시 뉴스를 보기가 낯뜨거운 것이 어제오늘 일이 아니다. 가르침도 없는 세상에 우러를 어른조차 없으니 이들이 보고 배우고 따를 것이 없다. 그렇지만 한창 호기심도 많고 배우고 익힐 욕심도 많은 이들은, 무언가를 따르고 싶고 그 무언가를 찾아나설 수밖에 없다. 결국 이들이 배우고 또 따르는 것은 가장 가깝게 있고, 또 손쉽게 전해지는 대중문화의 메시지와 대중문화의 스타들이다. 상투적이고 통속적이며, 거의 위험한 수준에 이른 청소년 대상 프로그램과 대중문화의 상품소비 와중에 하지만 이들은 자신들의 존재의 이유를 찾고 있는 것이다. 처음에는 그렇게 눈멀고 귀 닫은 채 좋기만 하다가, 이제 아예 그렇게 되고 싶어한다.

이러한 문제는 그리 간단하게 진단하고 처방을 내릴 일이 아니다. 아주 진지하게 그리고 진솔하게 다루어야 한다. 그것도 당사자인 어른 아이 모두 머리를 맞대고 서로 믿고 이야기를 나누어야 한다. 거듭 어른들끼리 모여 못하게 하고 가로막고 하다간 가뜩이나 쏠릴 대로 쏠린 자라니는 세대가 어디로 어떻게 맞서고 부딪칠지 모른다. 그러려면 서로가 서로를 있는 그대로 받아들이고 함께 이야기하는 문화부터 만들어가야 한다.

또 무엇보다도 먼저 우리 삶터 곳곳의 갖은 문제들을 함께 고쳐 나가야 한다. 교육도 교육답게 하고 살아가는 일도 사람답게 만들어야 한다. 어른들이 저지르는 온갖 잘못을 아이들은 다 안다. 그리고 비웃는다. 그러면서 가르치려고만 드는 어른들을 이들은 비웃다 못해 쳐다보지조차 않는다. 사람다운 삶, 교육다운 교육만이 그 해결책이다. 무슨 법이나 제도로 어떻게 해볼 수 있는 일이 아니다.

굳이 당장 급한 대로 문제해결을 위한 몇 가지 길을 열자면 이런 것들이 되겠다. 먼저 아이들에게 매체환경이나 문화산업에 대한 이해를 열어줄 수 있도록 교육에 과감하게 이런 내용들을 들여와야 한다. 음습한 곳에서 독버섯이 피게 마련이다. 성문제처럼 대중문화도 밝은 공간에서 어른과 아이들이 함께 만나고 짚어보고 하면 해독보다는 득이 많을 수 있다. 나아가서 청소년들이 차분하게 처음부터, 그리고 체계적으로 이런 것들과 만나 스스로를 드러내고 삶의 문화로 만들어갈 수 있는 자리, 기회를 열어주어야 한다.

무엇보다도 중요한 것은 그 당사자들인 부모, 그리고 아이들이 이 문제를 한번 심각하게 되돌아보는 일이다. 이들 스스로 이런 화두들을 붙들고 늘어져봐야 한다. 해서 일단 이렇게 흔들리는 사람들, 곧 황당한 부모들과 냅다 튀기만 하는 아이들에게 이런 편지라도 보내지 않을 수 없다.

편지 하나: **황당한 부모들에게**

여러분들은 또 제게 정답을 원합니다. 학습지 뒤에 꼭꼭 숨은 답안을 원합니다. 우리 아이가 딴따라가 되려고 하는데 어쩌면 좋습니까, 하면, 이렇게 하십시오, 하는 정답을 원합니다. 바로 그런 정답이 여러분들의 아이들을 이 지경으로 만들었는데도 말입니다. 제 대답은 간단합니다. 내버려두십시오. 여러분들이 말릴 일도 그렇다고 부추길 일도 아니기 때문입니다. 하지만 적어도 그 내버려둘 용기가 있는 분들은 제게 대답을 원하지 않고도 알아서 하실 테니 그렇지 못한 부모들을 위해 제 생각 정도는 전해보지요.

먼저 여러분들 스스로 아이들의 욕구에 귀기울이십시오. 정말 무엇이 되고 싶어 그러는지, 재주가 있는지, 또 그렇게 살면 재미있고 뜻있게 살 수 있을지…… 이것이 가장 어렵지요. 왜냐하면 우리 부모들은 자식에 대한 환상으로 사는 사람들이니까요. 그러니 다 그만두고 아이들의 욕구에만 충실하게 귀기울여주십시오. 정말 이들이 무엇을 간절히 원하는지 말입니다. 왜 컴퓨터 게임에 빠진 아이들은 게임이 재미있다기보다는 사는 게 재미없어서 그렇다잖습니까. 이들이 어느 가수에 미치고, 어느 탤런트에 빠지고, 그러다 이젠 아예 '백댄서'로 나서려고 하는 것은 꼭 정말 그것을 하고 싶어서만은 아닐 것입니다. 무언가 아쉽고 존재가 비어서 그럴 것입니다.

다음에 할 일은 그토록 이들이 원하는 것이 무언지 스스로 알아보시는 일입니다. 아이들을 윽박질러 <가요무대>나 <열린 음악회>에 채널을 고정할 것이 아니라, 왜 요즘 아이들이 이런 음악을 듣는지 지그시 귀를 열고 죽기를 한하고 들어보는 겁니다. 이들이 그렇게 들으니까요. 또 흔들어보는 겁니다. 몸이 부서질 때까지. 이들이 그렇게 하니까요. 이들이 좋아하는 영상을 눈이 빠지도록 보는 겁니다. 리모컨으로 이리저리 앞뒤로 돌려가면서 말입니다. 특히 라이브 무대를 한번 가보세요. 새로운 체험을 하시게 될 겁니다.

그래서 어느 정도 아이들의 욕구도 알고, 또 그 욕구의 내용과 형식에 익숙해지고 나면 아이들과 토론을 시작하십시오. 그러려면 공부도 많이 해야겠지요? 아이들의 단편적인 지식을 압도할 만큼 그 장르를 섭렵하셔야지요. 게다가 문화산업이니 매체환경이니도 이해하셔야지요. 이와 관련된 많은 비판의 글도 보셔야죠. 논문 같은 것이 어렵다면 이를테면 『피리새는 없다』 같은 소설부터 말입니다. 그러면 여러분들 스스로 아이들과 함께 황당해하지 않고 당당하게 결정을 내리실 수 있을 것입니다.

편지 둘: '스타'가 되려는 아이들에게

애들아, 나는 어른이지만 너희들 편에서 너희들의 눈으로 세상을 보려고 애쓰는 사람이란다. 먼저 우리 어른들의 잘못부터 뉘우치마. 우리들은 험한 세월을 사노라 얼굴이 굳고 말본새도 흉하며 함부로 살아왔다. 양적인 성장, 물질적인 풍요만 좇아온 나머지 정작 중요한 사람은 소홀히 했단다. 이를테면 교육이라는 이름으로 너희들을 성적 같은 한 가지 잣대로 재고 나누고 가르며 느낌이나 바람에는 눈멀고 귀멀었구나. 우리와는 전혀 다른 환경에서 자란 너희들을 마치 소 닭 보듯 이상하게 쳐다보고 또 탓하기만 했지. 이제라도 이런 잘못을 뉘우치고 너희들을 있는 그대로 만나고 사귀기를 바라는 한 어른으로서 '스타가 되려는 아이들에게' 한마디하자꾸나.

먼저 나는 너희들의 삶과 문화에 큰 기대를 건다. 무엇보다도 너희들이 그토록 좋아하는 음악, 영상, 춤에 대한 열망과 욕구는 잘못된 교육과 그릇된 사회를 헤쳐나가는 문화삶터라고 믿는다. 또 너희들의 그 거칠지만 거침없는 표현에서 많은 것을 배우기도 한다. 거짓과 억지뿐인 어른들의 젠체하는 문화에 비해 너희들의 솔직한 문화는 얼마나 생명력 가득한가! 하지만 기대 못지 않게 우려 또한 크다.

무엇이든 시장에서 거래되는 판에 오늘날 대중문화의 스타란 무엇이더냐? 밤하늘에 빛나는 자연현상은 아니질 않더냐? 마치 기획상품 팔듯이 마구잡이로 만들어 소비하고 시간이 지나면 폐기해버리는 명 짧은 유성과 같은 것이 아니더냐? 그런 꿈에 스스로를 불사를 것이 아니라 그냥 있는 그대로 너희들의 삶과 문

화를 만들어가고 그 과정에서 커가면 안되겠니? 누구 노래제목
처럼 공부뿐 아니라 노래나 영상, 춤도 남을 주는 그런 문화로
세상을 바꾸면 얼마나 좋을까. 너희들 스스로와 내 마음속에 길
게 그리고 따뜻하게 빛나는 소중한 별이 되면 얼마나 아름다울
까. 한 어른의 객쩍은 그러나 간절한 바람이란다.

교육, 어떻게 달라질까?

새로운 세상, 새로운 교육

새로운 세상

시작된 미래, 미래의 오늘

21세기 교육의 하드웨어

새 천년 법석을 떤 것이 엊그제 일 같은데 어느새 2002년이다. 이제는 그나마도 시들하거니와 도대체 새 천년, 2000년이 무엇이길래 이토록 기다리고 또 기대를 걸었을까? 그저 우리가 제멋대로 만든 숫자라는 의미밖에 없는데 괜히 법석을 떠는 걸까? 아니면 정말로 새로운 세상이 시작되는 걸까? 하지만 정작 21세기가 시작이 되고 나니 가뜩이나 시난고난 어려워지는 살림에 그 새 천년 타령으로 그렸던 장밋빛 꿈은 다 바랜 듯하고, 여전히 고단한 삶이 오히려 더욱 암담하기만 하다.

또 그런가 하면 밖에서 이렇게 호들갑을 떨듯 우리 대부분은 별다른 생각 없이 살고 있다. 우리는 여전히 어제오늘 일이 아닌

번거롭고 헝클어진 일상에 매달린다. 매일 저녁 반찬거리 걱정부터 수해 겪은 뒤 천정부지로 뛰기만 하는 채소값 걱정, 오르지 않는 아이들 성적 걱정에 하루를 보낸다. 해가 가도 수십 년이 지나도 그 모양, 그 꼴인 정치판을 한심해하며, 이제는 조금 시름을 던 경제위기를 옛말 삼아 나이 들어가는 것을 한탄하며 세월을 보낸다. 그러다가 문득 아이들 장래에 생각이 미치면 미래를 바라볼 듯하다가도, 당장 코앞에 닥친 시험이나 오르지 않는 성적 걱정에 빠지고 만다. 하기는 바로 그런 오늘의 하루하루, 지난날들이 쌓여야 미래가 열릴 것이다.

보통 사람들은 그저 현실에 수긋하니 적응하며 살아갈 수밖에 없었고 그렇게 해왔다. 그러면서도 보통 사람들 삶은 깊숙하게 변화가 일어났고, 그 변화의 끝에 우리는 서 있다. 누가 뭐래도 참으로 복잡다단했고 다사다난했던 한 세기가 지나고 새로운 세기에 본격적으로 접어든 것이다. 21세기는 숫자로만 새로운 세기일 뿐 아니라 말 그대로 새로운 세상이 될 조짐이 가득하다. 그것도 흔히 말하는 '새로운' 정도가 아니라, '전혀' 새로운 세상이 될 것이라는 예상이다.

지난 세기말에는 꿈조차 꿀 수 없었던, 아니 그 이전 세기마다의 변화와는 비교할 수도 없는 질적으로 다른 세상이 될 것이다. 그리고 이 새로운 미래는 이미 우리 안에서 시작되고 있다. 새롭고 '멋진 새 세상'에 대한 이야기는 얼마든지 많으니 우리는 그저 우리 주제와 관련된, 가장 우리에게 가까운 삶의 자리에서 구체적인 변화의 조짐을 대강이라도 살펴보자.

먼저 우리는 이미 세상이 한 마을처럼 가까워진 지구촌화된 삶을 살고 있다. 흔히 세계화라고 말하는 이 현상은 이미 시작된 지 오래고, 앞으로 점점 더욱 뚜렷해질 것이다. 우리는 이제 아프간의 전쟁, 평양의 모습, 박찬호와 박세리의 선전 소식을 아침저녁으로 바로바로 보고 듣는다. 나만 해도 요즘 필요한 전문 학술지 소식을 순식간에 찾아보고, 독일로 미국으로 책이며 자료들을 앉아서 주문하고 받는다. 아이들은 인터넷 전자오락에 심취해 세계 순위에 앞부분을 우리 젊은이들이 차지한다고 하고, 이들은 아침저녁으로 온갖 정보를 컴퓨터라는 요술상자에서 낚고 또 뿌린다.

어디 그뿐인가. IMF 위기 때 절감했지만 어느 나라 곳간에 얼마나 재물이 쌓였는지, 비었는지 마치 예전에 마을에서 어느 집 숟가락 몇 개인지 아는 정도로 소상히 안다. 한국의 유명짜한 재벌기업이 흔들하니 우리나라 은행뿐 아니라 온 세상 수백 개 은행, 아니 여러 나라 정부까지 난리법석을 떤다. 그러니 이제 이 세상에 독불장군은 없다. 온 세계가 촘촘한 거미줄처럼 얽히고 설켜 물건만 사고파는 정도가 아니라, 사람이 오가고 정보가 오가고 한다. 여기서 제대로 한몫하려면 그 알량한 반에서 일등, 전교에서 일등 갖고는 어림 반푼 어치도 없다. 그야말로 세계에서 일등, 아니면 어디 내놓아도 관심을 끌 만큼 독창적이고 개성 있는 사람 아니면 이겨내기 어렵다. 그만큼 어렵고 힘든 경쟁이 또한 지구촌이 된 세상의 어두운 다른 면이다.

이렇게 된 가장 큰 이유는 잘 아다시피 정보통신의 발달이다. 앞에서도 이야기했지만 이제 정보통신 기술은 우리의 상상을 넘어설 정도로 빠르게, 그리고 우리 온 삶을 흔들어놓을 만큼 깊숙하고도 너르게 발달하고 있다. 특히 고개를 갸웃거리며 그저 편한 맛에, 새로운 정보통신 기술에 다가가는 어른들과는 다르게 자라나는 세대에게는 이러한 변화가 존재방식, 삶의 방식조차 바꾸어놓고 있다. 이 이야기는 뒤에서 자세히 하겠지만, 흔히 말하는 '디지털 혁명'이라고까지 부르는 방식으로 진행되는 통신수단, 방식, 내용의 변화는 눈부실 정도다. 이것을 부추기는 것이 매체환경의 변화다.

라디오 연속극에 귀를 기울이다가 어느 선전화면에 나왔던 레슬링 중계를 온 동네가 모여서 TV로 보던 시절이 엊그제 같은데, 이제는 케이블에 위성에 상호 의사소통이 가능한 채널까지 생겼다. 또 영상의 기술도 어찌나 진보했는지, 요즘 웬만한 영화나 선전, 뮤직 비디오에서 컴퓨터 그래픽 등의 첨단기술로 그럴싸한 가상현실을 만드는 것쯤은 일도 아니다. 예전에 사람들을 깜짝 놀라게 했던 이른바 '특수' 효과는 이제 웬만한 영화에서는 흔히 쓰이는 '일반' 효과가 된 지 오래다.

이쯤 되니 이렇게 만들어진 가상현실은 진짜 현실을 능가하고 그 속에서 자란 아이들은 현실보다는 사이버 공간이 더 익숙한 세대다. 예전에는 미디어는 메시지다, 하면서 그 매체가 변하면서 수단으로서뿐 아니라 그 안에 나름대로의 내용, 이데올로기가 담긴 것을 지적하기도 했지만, 요즈음은 그야말로 미디어는 '마사지'다. 우리 영혼을 잠재워 아무 생각 없이 그 안에 푹 빠지게 한다.

어디 그뿐인가. 이제 세상은 돈이면 다 되는 것이 아니라 지식이면 다 되는 세상이다. 흔히 지식기반사회라고 하는 정보사회가 온 것이다. 이곳저곳에서 이런저런 재료들을 어렵게 구해서 사람들이 공장에 모여 피땀 흘려 물건을 만들고, 그 물건을 시장에 내다팔아 이문을 남기고, 그 돈으로 공장을 늘리고 더 크게 장사하는 전통적인 산업방식의 경제는 막을 내려간다.

이제는 온갖 떠도는 정보를 잡아다가 유용한 지식으로 가공하는 능력만 있으면 떼돈을 벌 수 있다. 또는 그렇게 할 수 있는 기초를 만드는 일이면 더 큰돈을 번다. 벌써 몇 해 전부터 세상에 손꼽히는 부자는 더 이상 자동차 공장 사장이나 증권회사 사장이 아니다. 컴퓨터 소프트웨어 회사 사장, 인터넷 사이트 사장 등이 최고부자인 세상이다. 앞으로는 더 그럴 것이다.

거듭 말하지만 이런 변화는 이미 우리 삶 한복판에서 시작된 지 오래다. 앞으로 이렇게 시작된 미래가 더욱 빨리, 너르게 우리 삶을 변화시키게 될 것이다. 전자 상거래나 텔레뱅킹이 일반화되어 우리는 이제 거의 은행이나 백화점, 할인점으로 돌아다니지 않게 될 것이다. 주택 전체가 자동화되고 인공지능을 갖추어, 냉난방 조절은 물론 화장실에서 우리 배설물로 날마다 건강을 점검하는 정도는 물론이고, 가전제품 하나하나도 머리를 쓸 줄 알게 될 것이다. 이를테면 냉장고는 어떤 식품들과 음식재료가 있는지 기억하고 표시할 뿐 아니라, 이런 재료로는 어떤 식단을 짤 수 있고, 어제 된장찌개를 해먹었으니 오늘은 스파게티가 어떠냐고 제안도 하게 될 것이다. 이미 이런 것들도 다 상품화되었으되 다만 아직 우리 생활 안에 자리잡지 못하고 있을 뿐이다. 하지만 지금까지 새로운 기술이 나와 보급된 속도를 생각한다면 이것은 먼 앞날이 아니라, 바로 내일의 이야기일 수 있다.

21세기의 소프트웨어

물론 여기에 문제가 없는 것은 아니다. 우리는 지난 세기 동안 미래를 내다보며 기대로 가득 찬 '멋진 새 세상'뿐만 아니라, 끔찍하기 짝이 없는 '1984년'을 공상했다. 실제로 모든 변화가 그렇듯이 이런 장밋빛 기술의 꿈은 바로 엄청난 비극으로 끝날 수도 있다. 모두가 전자화되고 자동화된 그때, 우리는 한편으로는 두 발 뻗고 모든 것이 갖추어진 지상낙원에서, 힘든 일은 기계나 로봇 시켜가며 하고 싶은 것만 하고 실컷 놀면서도 잘 살아갈지도 모른다. 하지만 다른 한편 우리는 그 바람에 <에일리언>이나 <블레이드 러너>와 같은 고전적인 SF 영화들에서 볼 수 있었던 끔찍한 인간소외와 살벌한 기계지배의 세상에서 살게 될 수도 있다. 결국 모든 기술은 사람이 만드는 것이요 그 세상이 살 만한가도 바로 우리 손에 달려 있기 때문이다. 문제는 사람이다. 사람은 그렇게 쉽게 변하지도 않고 그렇다고 쉽게 바꿀 수도 없다. 흔히 말하는 대로 소프트웨어의 문제다. 아무리 좋은 컴퓨터 기종을 사다놓으면 뭘 하나. 제대로 된 프로그램이 깔려 있지 않고, 그것을 다루는 능력이 없으면 그 컴퓨터는 그저 고철 덩어리에 불과하다.

무엇보다도 그 컴퓨터로 할 수 있는 가장 놀라운 마술인 인터넷도 마찬가지다. 예전에는 그저 자기 컴퓨터에 들어 있는 만큼의 소프트웨어 정도로 컴퓨터를 활용할 수 있었다. 하지만 이제는 인터넷이라는 마술 덕분에 온 세상의 거의 모든 정보가 다 접근 가능하다. 그러니 인터넷은 실제로 정보의 바다라고 할 수 있다. 엄청난 양의 정보가 들어 있고 또 새로운 정보가 끊임없이 만들어지고 흘러다닌다. 하지만 그 정보는 그저 재료일 뿐이다. 누가 얼마나 필요한 정보를 빠르고 정확하게 수집해서, 소용이 닿는 지식으로 가공하느냐는 전적으로 그것을 사용하는 사람에 달렸다. 그렇지 못하면 그저 흘러넘치는 정보의 바다에 빠질 뿐이다.

어른들이 청소년들과 관련해서 가장 염려하는 음란 사이트며 폭력, 엽기, 심지어 마약거래와 자살 안내까지 수백 수천 가지가 범람하는 곳이 인터넷이기 때문이다. 그래서 예전에는 무엇을 어떻게 하느냐, 곧 '노하우(Know How)'가 중요했지만 이제는 무엇이 어디 있느냐, 곧 '노웨어(Know Where)'가 중요하다.

매체환경의 변화도 그렇다. 그 눈부신 기술의 발전만큼 영상매체 하나만 보더라도 무서운 영향력을 가진다. 예전에 라디오를 듣던 세대는 들으면서 무엇이든 할 수 있었고 그저 귀만 빼앗기면 되었다. 하지만 영상시대, 특히 3차원 영상이나 가상현실형 영상쯤 되면 그것을 대하는 사람은 말 그대로 오관과 오감을 죄다 빼앗기고 그저 멍하니 화면에 빠지게 된다. 앞으로는 후각이나 촉각까지도 동원하는 영상이 나온다고 하니 그때 어떤 일이 벌어질지…….

하지만 사람들은 그저 영상은 저 밖에서 만들어지고 주어진다고 생각한다. 이제 영상 같은 매체는 무엇을 담는 그릇이 아니라 그 자체가 살아 움직이는 기관이기도 하다. 예전에는 낫 놓고 기역자도 모르면 '문맹(文盲)', 읽고 쓸 줄 아는 능력을 '문해(文解)'라고 했지만, 이제 영상 등의 매체를 제대로 읽고 또 알아듣는 '매체문해(media literacy)'가 그만큼 중요해진 것이다.

그밖의 기술적인 변화나 이에 따른 삶의 환경의 변화도 마찬가지이다. 눈부신 속도로 변화하는 기술문명에 비해 우리네 몸과 마음은 이를 따르기가 어렵다. 어느 한의사가 이르듯이 아무리 『동의보감』이 뛰어난 동양의학서고 그 전통에 서 있지만, 이미 사람들의 삶이 예전과 달라진 만큼 새롭게 변환하지 않으면 사람들 병을 고칠 수 없다. 그만큼 우리 생각뿐 아니라, 몸과 마음이 달라져야 새로운 변화를 감당할 수 있다. 하지만 그러다보면 SF 영화에서 자주 나오는 것처럼 기계에 종속되고, 기계의 지배를 받는, 그리고 기계의 한 부분이 되어버리지는 않을까 걱정이 된다. 이제 문제는 얼마나 우리가 기계를 이해하고 또 사람과 사람 사이의 의사소통뿐 아니라 사람과 기계의 의사소통에 익숙해지느냐이다. 이런 의사소통의 장에서만 우리는 기계에 빠지지 않고 기계와 더불어 살아갈 수 있게 될 것이기 때문이다. 결국 이러한 21세기의 소프트웨어는 지금, 여기 이미 시작되고 있는 새로운 인간을 통해서 완비될 수 있다.

새로운 사람

X세대에서 N세대까지

글로벌 X세대

그렇다면 21세기를 살아가는 우리에게 새로운 시대에 맞는 인간상은 어떤 것일까? 이와 관련해서 온갖 상상력을 발휘하여 로봇이나 사이버그 인간을 조립하듯이 좋고 바람직한 특성들만 조합하여 새로운 인간상을 상정해볼 수 있다. 하지만 여기서는 거꾸로 바로 그 앞날에 주인공으로 살아갈 자라나는 세대, 곧 청소년들의 지금, 여기 이미 시작된 미래를 살아가는 모습을 통해서 그려보려고 한다.

그렇다면 지금, 여기 우리들과 함께 살아가는 이웃인 청소년들이란 도대체 누구인가? 먼저 그 인구현황을 살펴보자. 2001년 7월 1일 현재 청소년 인구(0~18세)는 1,256만 6천 명으로 총인

구의 26.7%를 차지하고 있다. 청소년 인구는 1975년을 고비로 매년 꾸준히 줄어드는 추세인데, 1970년대 중반에는 전체 인구 대비 49%에서 1980년대 중반에는 39%, 1990년대 중반에는 30%로 급속도로 줄어들고 있다. 이는 '베이비붐 에코' 시대가 지나가고 가구당 자녀수가 감소하는 추세와 맞물리면서 앞으로 더욱 심해질 것이다. 이들은 남자 667만 3천 명, 여자 598만 3천 명으로 남녀성비가 111.5:100으로 나타나 기성세대에 비해 성비가 많이 일그러진 집단이다.

이들은 나아가서 풍요의 세대이기도 하다. 자신이 일해서 번 것은 아니지만 일반적인 경제성장에 따른 풍요의 열매를 누리며 자라난 세대이다. 우리 사회의 여러 가지 소비성향은 이들이 만들어가고 있다고 해도 지나친 말이 아니다. 이들로부터 먹고살기 위한 소비가 아니라 즐기고 멋을 내는 '감각적' 소비, 나아가서 남에게 보이기 위한 '현시적 소비'가 제대로 비롯된다. 이 감각적 현시적 소비는 우리 사회 전반의 물질만능주의 성향과 연관된 것이기도 하지만, 그밖에도 대중매체와 또래집단이 충동질하고 서로 영향을 주기도 한다.

청소년들은 또 어른세대와는 다른 가치체계를 추구한다. 어느 여론조사에 나타난 내용만 봐도 이들에게는 돈이 성공의 척도이며, 월급 때문에 직장을 옮기는 일은 당연하며, 혼전순결은 중요하지 않으며, 성관계 경험도 쉽게 털어놓으며, 이십대 남성의 3분의 2와 여성의 6분의 5는 굳이 결혼할 필요없다는 생각을 갖고 있을 정도로 어른세대의 가치체계와는 아주 다르다. 또 직장이나 군대, 학교 그리고 사회에서 한탄 섞인 어른세대들의 푸념이 나올 만큼 이들은 다르고도 새로운 가치체계를 추구할 뿐 아니라 실제로 실천하고 있다.

이를 개념화하면 오늘날의 청소년들은 친애성(親愛性), 안면성(顔面性), 형식성, 서열성, 의존성, 획일성 등 전통가치를 비교적 거부하고 반발하며 합리주의, 다원주의, 개방주의, 개성주의, 감성주의, 경제주의, 여가주의 등 새로운 가치를 추구한다. 다만 전통가치를 상당부분 믿기도 하고 또 그것에 젖어 있으면서도, 정작 행동 차원에서는 거부하고 주저하는 이중적인 모습을 보이기도 한다.

이것만 봐도 청소년들의 특성을 한마디로 규정하는 일은 쉽지 않을 뿐더러 마땅한 일도 아니다. 왜냐하면 이들은 기성세대를 거부하며 그들과는 다른 문화와 가치관을 지닌 집단, 알 수 없는 거부와 반항과 일탈로만 상징되는 집단으로서 좀처럼 한마디로 정의하기 어려운 부정과 긍정이 뒤섞여 있기 때문이다. 그만큼 남들 눈에나 이들 스스로의 눈에나 이들은 모순투성이의 존재로 보일 수밖에 없다. 게다가 이런 모순성 이외에 이들 스스로가 자신들의 존재방식이나 내용으로보다 상징이나 문화로 자신들을 표현하니 파악하기는 더욱 쉽지 않다.

이들은 무엇보다도 새로운 문화의 주역이다. 그 문화조차도 다양하고 복잡해서 자기들끼리도 세분해서 찾고 만들고 누린다.

이들의 문화는 무엇보다도 욕망의 자유로운 분출을 기본으로 한
다. 이들의 문화는 그러면서 어른들에게는 낯선 기호와 암호로
만 여겨지며, 어떤 때는 이미지의 연속으로만 보인다. 그러면서
도 그 공간범위는 넓디넓어 정보통신의 발달과 함께 그 문화를
만들고 나누고 또 즐기는 과정은 범지구적인 회로로 퍼지고 지
구촌 어디서나 비슷한 모습을 보인다. 이러한 '글로벌 X세대'의
대두라고 부르는 새로운 문화현상을 문명의 바탕이 바뀌는 문화
사적인 조짐으로 읽고자 하는 시도마저 있을 정도이다. 어쨌든
이러한 청소년 문화의 몇 가지 특징만 엿보기로 하자.

문화라고 하면 우린 흔히 겉으로 드러난 문화만 본다. 이를테
면 서태지, HOT에 이어 청소년들 사이에 유행하는 God 신드롬
과 같은 신세대의 대중문화 선호경향이나 그들의 튀는 옷차림
같은 것만 본다. 하지만 진정한 문화는 바로 그들의 생활문화이
다. 그렇다면 신세대 생활문화는 대체 어떤가? 그 일반적인 특
성은 황폐한 폭력성과,. 겉멋만 든 현시성, 그러면서도 독자적인
의사소통과 기호와 이미지의 문화 등으로 요약할 수 있다.

황폐하다는 것은 무엇보다도 먼저 이들의 제대로 된 삶이 없
다는 것이다. 우리 사회에는 학생만 있지 청소년은 없다. 입시경
쟁에 찌들어 제대로 삶을 살지 못한다. 교육은 이렇게 우리 청소
년 생활문화를 황폐하게 만든 원흉이다. 한마디로 이들은 화학
농법으로 키운 벼들처럼 키만 웃자라고 정신이나 심리적으로는
이삭이 제대로 여물지 못한 기형아들이다. 그러다보니 삶 자체

도 어른 흉내와 함부로 쏠림, 그리고 제멋대로의 미성숙함이 뒤섞여 있다.

그 단적인 모습을 살펴보자. 이들의 삶은 한마디로 물질적으로는 풍요롭지만 정신적으로는 공허하다. 물질적으로는 그 앞의 어떤 세대보다 풍요롭다. 물론 계층에 따라 크게 다르기는 하다. 강북과 강남, 도시와 농촌, 그리고 같은 지역이라도 집단에 따라 다르다. 이런 이른바 '문화적 자본'의 차이가 물질적 풍요 속의 빈곤, 곧 상대적 박탈감 같은 '상징적 폭력'을 낳기도 한다. 게다가 이런 차이를 감당할 만한 정신의 힘이나 자아의 성숙은 아랑곳 않는 교육풍토 탓에 점점 흉포해지는 직접적 물리적 폭력뿐만 아니라 얼마 전부터 문제가 되고 있는 '왕따' 문화와 같은 서로의 영혼을 멍들게 하는 '구조적 폭력'이 가득하다.

어쨌거나 청소년들에겐 경제위기도 아랑곳하지 않을 만큼 풍요가 익숙한 환경이다. 여기서 이들의 생활문화의 또 다른 특징인 겉멋이 나온다. 옷차림, 머리모양(물들이기), 피어싱, 장신구, 먹을거리 등등 모든 생활영역에서 '티내기'를 서슴지 않는다. 그리고 자기들이 선호하는 장소가 따로 있다. 24시간 편의점, 술집, 찻집, 옷집, 농구장, 방송국, 라이브 콘서트장, 노래방, 비디오방 같은 공간이 그것인데, 이것을 이들은 일종의 배타적 생활구역으로 만들고 지킨다. 이것조차 없는 청소년들은 PC방, 독서실, 학원 그리고 유흥가로 떠돌기도 한다. 밤이면 대학로나 돈암동, 화양동 같은 특정지역을 자신들만의 해방구이며 스스로 만든 '게토'로 삼기도 한다. '레드 존(red zone)'이라는 청소년 출입 금지 구역은 있어도 청소년들끼리 즐길 만한, 아니 도대체 청소년이 갈 만한 구역은 없는 상황에서 긍정적이든 부정적이든 자기들만의 공간을 확보하고 연출하는 것이다.

이러한 어찌 보면 폐쇄적이고 배타적인 공간을 이들은 자기들 고유의 새로운 통신, 의사소통 문화로 연결하고 대화한다. 이른바 디지털 통신방식인 휴대전화 같은 개인 통신수단, 또는 익명성이 보장되는 컴퓨터 통신 등의 은밀하고 내밀한 통로로 서로 교통하고, 그 언어조차 어른들은 알 수 없는 어휘들로 가득한 암호와 기호로 대화와 독백을 뒤섞는다. 그 대화나 독백의 주제는 주로 개인적인 문제나 대중문화에 집중된다. 특히 대중문화와 청소년은 고기와 물 같은 관계를 가진다.

오늘날의 청소년들을 이해하기 위해서는 대중문화에 대한 이해가 필수적이다. 사실 청소년 문화가 따로 있는 것은 아니다. 흔히 매스컴에서 얘기하는 청소년들만의 문화란 없다. 단지 그들의 취향을 부추기고 만들고 또 거기에 빌붙어 장사하는 상업적인 문화가 있을 뿐이다. 어쨌거나 이들이 선호하는 취향의 음악, 춤, 영화, 드라마 같은 것들이 있기는 하다. 그러나 이런 것을 청소년 문화라고 규정할 수 있는 것은 아니다. 단지 그 유형을 한번 알아보자.

우선 음악을 보자. 이들은 음악의 세대라고 해도 지나치지 않을 만큼 음악에 쏠린다. 이제 급격히 팽창한 우리나라 음반시장은 쉽사리 1~2백만 장이 넘는 판매고를 보이기도 하거니와 이들의 대부분이 신세대를 고객으로 한다. 그 전파와 유통의 방식도 독특해서 언더그라운드 같은 알음알음의 확산을 거쳐 '길보드 차트' 같은 비공식 통로를 통해서 미리 '뜨면', 비로소 공식적인 매체와 공간에서 대량으로 확산된다. 또 비단 소비할 뿐 아니라 이른바 '생비자(生費者: prosumer)'로서 생산과 소비가 뒤섞인 문화체험의 공간이 형성된다.

그 음악유형도 매우 다양하다. 아니 다양성의 실험장이다. 레이브, 록(그것도 얼터너티브에서 테크노, 그런지 록 등), 랩, 레게, 알앤비(R&B), 블루스, 재즈 같은 다양한 대중음악의 장르는 물론 라틴 음악, 아프리카 음악 같은 에스노(ethno) 음악, 클래식까지 그 범위가 우선 매우 넓고, 퓨전 곧 그 뒤섞임과 장르의 넘나듦이 자유롭기 그지없다. 그 수요층도 한편으로는 예전에는 고급문화와 대중문화로 갈렸다면 이제는 기성세대 음악과 신세대 음악으로 가를 수 있을 정도로 세대에 따라 나뉘면서, 다른 한편 청소년들 사이의 연령별, 취향별 선호도도 차별화된다.

어쨌든 음악은 곧 이들의 언어며 몸의 표현이다. 춤을 추는 것은 물론 그 가사나 형식이 그렇다. 개전(個電)시대의 헤드폰과 열린 공간에서의 라이브 무대로 넘나드는 음악체험의 유형도 그렇다. 물의를 빚을 만큼 직설적인 성적 내용을 담은 노래에서부터 사회비판적인 내용을 담은 노래까지 인기를 모으는 등 노래의 형식과 내용은 천차만별이다. 이 음악들의 특징을 한마디로 정의할 수는 없다. 단지 그 다양함이 병존할 뿐이다.

또한 이들은 영상세대이다. 활자매체보다는 영상매체를 선호하고 명상하고 논리적인 사고보다는 동화상과 같은 이미지의 연속에 더욱 익숙하다. 이들이 좋아하는 영상은 한마디로 광고영화(CF) 시대의 영상, 빠른 움직임, 줄거리보다는 이미지, 금기조항 없는 자유분방함을 내용으로 한다. 우리나라뿐 아니라 전지구적으로 선풍을 일으키고 있는 왕자웨이나 타란티노, 이와이 순지의 작품들이 대표적이다. 이들은 이런 음악과 영상이 결합된 뮤직 비디오를 좋아한다. 결국 이런 매체의 특성과 관련된 신세대들의 취향은 '참을 수 없는 존재의 가벼움' 또는 '찰나적이고 표피적이고 개별적인 감각주의'라고나 해야 할 것이다

이런 문화취향과 아울러 청소년들의 속성을 가장 적나라하게 드러내주는 것은 아마도 이들의 성에 대한 태도일 것이다. 이들은 청소년들의 글을 모은 어느 자료에 나오듯이, "억압의 주체는 바로 나"라며 성을 "나에게로 가는 나"라고 인식하고 "성은 그 성을 소유한 주체들의 자율성의 표현"이라고 믿는다. 그렇지만 사회 전반에 만연된 성의 이중적 또는 다중적 기준 때문에 이들이 겪는 성문화의 혼란은 뚜렷하다. 이를테면 고등학생은 말할 것도 없고 초등학교 고학년들이 이미 성경험을 고백하고 있다. 이들의 성문화는 아직 음습한 그늘에서 자라는 독버섯처럼 위험하고 아슬아슬하다.

제대로 된 성교육은 받지 못한 채 사춘기 경험의 차단으로 음

성적인 성지식만 습득하여 가뜩이나 왜곡된 어른들의 성문화를 더욱 비틀어서 받아들인다. 특히 대중매체, 환경의 영향으로 파행적인 성문화를 당연한 것으로 받아들이기도 한다. 가장 심각한 것은 이제 비디오 시장과 인터넷 사이트에 범람하는 음란물인데 그 폐해는 상상할 수 없을 정도다. 그러나 이를 나름대로 소화하고 자기들 나름대로 성문화를 만들어가기에는 자신들의 역량도 사회적 상황도 모자란다. 여기에 이들의 성의식의 모순과 성문화의 혼란이 드러난다.

이렇게 겉으로 드러난 배타적이고 튀는 문화, 그리고 안으로는 뒤섞이고 엇걸린 성에 대한 태도를 잇는 이들의 의식구조는 어떤가. 우선 배타적 동류의식이 강하면서도 개별적이고 개인주의적이고 파편화되었다는 평가가 일반적이다. 내면세계에 깊이는 없고 미성숙하다는 지적도 있다. 이들의 의식의 기본내용인 회의, 반발, 저항은 기성세대가 아닌 무엇이지, 자기만의 무엇은 없는 정체를 만든다고도 한다. 밖의 영향에 약하고 안의 줏대는 없으며 정치에 대해 무관심하고 사회의식도 약하다는 평가도 있다.

이들의 이러한 특성은 이들을 "피상적이며 표피적이며 무기력한 감성주의에 빠진 무책임한 이기주의자"라고 낙인찍게 되는 빌미를 주기도 한다. 물론 이런 평가들은 대개 기성세대들의 입장에서 내린 것들이어서 정작 1980년대식의 거대담론의 정치의식은 없으나 생활영역에서의 정치의식, 성에 대한 정치의식은 뚜렷하다는 반론도 만만치는 않다. 그리고 위에 언급한 대로 신세대의 의식구조는 문화사적인 새로운 패러다임으로만 판단할 수 있으므로, '좌뇌적'인 문자세대의 인식행태인 이성적이고 논리적이며 분석적이며 시간적인 잣대로 '우뇌적'인 영상세대의 정서적이며 총합적이고 직관적이며 공간적인 인식형태를 평가하는 것은 무리라는 주장도 있다.

어쨌든 아직 미성숙한 이들의 자연연령을 감안한다고 하더라도 이들의 의식구조는 매우 복합적이고 모순적이다. 이들의 문화, 의식, 정체 등에는 이중성, 다중성, '양가치성(ambivalence)'이 가득하다. 기존의 가치기준으로는 나란히 하기 어려운 이질적인 요소들이 혼합되어 있으며 특히 심리적으로는 불안과 혼란이 눈에 띈다. 이를테면 개인적이고 저만 안다는 도덕적 판단보다는 '자유주의적 개인주의'와 같은 건강할 수도 있는 주관형성의 싹이 엿보이기도 하면서 아직 다른 새로운 인간관계, 자신과의 관계의 대안이 보이지 않으며, 신선하고 발랄한 문화의 모태이기도 하면서 개인적이고 쾌락지향적인 문화를 만들기도 한다.

결국 이들을 이해하려면 그들의 삶 안에 잠재되어 있는 문화적 징후와 상징을 이해해야 한다. 이들을 이해, 인식하기 위해서는 그들만의 기호, 이미지에 대한 이해, 인식 그리고 나름대로의 표현방식에 접근해야 그들의 문화를 엿볼 수 있다.

N세대의 대두

이러한 존재의, 그리고 문화적 특성을 가진 자라나는 세대의 청소년들은 그 인간관계 또한 기성세대와는 전혀 다르게 맺고 가꾸어 나간다. 가장 두드러진 원인으로 바로 정보통신 기술의 발달로 인한 수단과 매체의 변화, 그리고 이것이 가져온 의사소통 문화의 변질을 들 수 있다. 이를테면 삐삐 시대를 거쳐 휴대전화 시대로 접어든 이동통신의 발달이 그렇다. 3천만 가입자라는 세계 수준을 자랑하는 휴대전화의 보급은 우리 통신문화를 바꾸어놓았다. 언제 어디서나 원하는 사람과 이야기할 수 있다는 사실이 그저 편하기만 할 뿐 아니라 사람들끼리의 의사소통, 사람들끼리 만나고 사귀는 문화 자체를 변화시킨다. 이것도 어려운 이야기가 아니라 손쉬운 사례를 통해 살펴보자.

몇 해 전부터 유난히 수업 분위기가 소란스럽다. 대규모 수업이라 그러려니 했는데, 그 이전 학생들에 비해 가만히 있질 못하고 꼼지락대며 무언가 끊임없이 소곤대는 것이다. 다 큰 청년들을 야단칠 수도 없고 해서 유심히 관찰도 하고 물어도 보면서 연구를 했다. 그래도 쉽게 원인이 밝혀지질 않길래 비슷한 경험이 있는 다른 대학선생들과 함께 모여 논의도 했다. 결론은 간단했다. 바로 휴대전화 문화 탓이었다. 몇 해 전부터 입학선물로 대부분 휴대전화를 갖춘 학생들은 이제 언제 어디서고 누구와도 통화할 수 있는 문화에 익숙한 나머지 수업이고 어디서고 생각만 나면 전화하거나 하다못해 옆사람과 이야기한다. 즉각적이고 찰나적인 의사소통 문화가 일반화된 것이다. 그래서 나는 수업시간에 휴대전화도 끄고 사람도 끄라고 부탁을 한다.

뿐만 아니다. 휴대전화의 보급은 젊은이들 연애의 풍속을 바꾸어놓았다. 예전에 머리를 쥐어뜯고 숱한 파지를 내가며 쓰던 연애편지의 시대는 원시시대라고 할 수 있다. 이제는 언제 어디서나 그것도 많은 휴대전화 회사의 상술로 공짜로 직접 이야기를 나눌 수 있다. 그래서 이들은 끊임없이 전화를 걸어 "어디 있어?" 확인하고 "사랑해?" 확인한다. 그러니 만나고 헤어짐도 휴대전화 폴더 여닫기처럼 한다. 또 통신에 익숙해서 온갖 할 말 못할 말 통신공간에서 나누고, 나에게도 자신들 고유의 언어로 이메일이며 하다못해 휴대전화 문자송신으로 건네온다. 이를테면 어젠가는 한 녀석이 문자송신으로 "샘, 넘 덥죠. 쯔업 (……)" 이렇게 시작하는 사연을 1~2분 간격으로 보내기 시작하더니, 답답했던지 이어서 구구한 사연을 이메일로 연결해서 보냈다.

이렇게 전혀 다른 통신문화에 익숙한 이들을 흔히 N세대라고 부른다. 지금까지 그저 잘 모르는 신세대, 청소년들을 옛날 수학문제 풀다 잘 모르는 부분을 X라고 놓듯이 X세대라고 불렀다면, 이제 그 X의 한 특성이 드러난 것이다. 앞서 살펴본 디지털 혁명의 결과 전세계적으로 연결될 뿐 아니라 우리들의 삶 곳곳을 연결해주는 네트워크가 형성된다. 어른들에게는 이것이 정보를 찾거나 파는 수단일지 모르지만 디지털 방식에 익숙한 신세대는 네트워크를 통해, 아니 그 안에서 산다. 이들은 언제 어디서나 네트워크에 연결되어 정보나 지식을 찾고 나눈다. 또 이 네트워크를 기반으로 현실세계와 따로 존재하는 새로운 가상세계를 만든다.

이렇게 자신들의 삶, 가상세계를 만들고 살아가는 신세대, 청소년들을 네트워크 세대, N세대라고 부른다. 이들은 생활 대부분을 네트워크를 통해 한다. 얼마 전 화제를 모았던 인터넷 서바이벌 게임은 이들에게는 게임이 아니라 바로 현실이다. 네트워크를 통해 필요한 정보를 모으고 나누고 공부하며 대부분의 장보기도 여기서 하고 또 놀이도 한다. 친구도 이렇게 만나고 사귀며 또래끼리, 또는 뜻과 마음이 맞는 끼리끼리 집단도 만든다. 쉽게 만나고 헤어지고 나름대로의 암호와 기호로 서로 의사소통을 한다.

이쯤 되면 네트워크를 통한 사이버 공간은 더 이상 기계가 만들어낸 가상공간이 아니다. 이 공간은 청소년들의 삶의 장소요 학습의 장소요 또 사회생활의 장소다. 이렇게 비유하면 더 알기 쉬울까? 공부하는 사람들에게는 책상이 중요하다. 나도 책상 욕심이 있어서 집은 비좁아도 책상만큼은 번듯한 것을 들여놓곤 했다. 책도 쌓아놓고 이것저것 늘어놓아야 공부하는 것 같았기 때문이다. 하지만 컴퓨터를 쓰기 시작한 다음부터 책상은 거의 쓸모가 없다. 지금도 내 연구실에는 구식의 크낙한 책상이 있지만 거의 쓰지 않는다. 그 바로 옆에 있는 컴퓨터 책상에 대부분

앉아 있기 때문이다. 이제 컴퓨터가 책상이 된 것이다. 글씨도 거의 쓰지 않는다. 서명하거나 책 읽다가 몇 자 적어놓는 정도지 글씨 쓰는 대부분의 일은 컴퓨터로 한다. 편지도 마찬가지다.

이렇게 컴퓨터가 책상을 대신하듯이, 사는 공간, 곧 움직이며 일하고 찾고 만나고 하는 공간을 컴퓨터가 대신하는 것이다. 그 컴퓨터로 연결된 네트워크가 곧 삶의 공간이 된 것이다. 게다가 무엇보다도 중요한 것은 바로 이 공간에서 그토록 떠드는 '지식기반사회'의 중추가 되는 경제시장이 열리고 있다. 아직은 전자상거래가 많은 부분을 차지하지는 않지만 그나마도 특히 젊은 세대, N세대들이 활발하게 이를 이용하고 앞으로는 대부분의 상거래도 이 공간을 통해 이루어지게 될 것이다. 또 이 공간에서 흘러다니는 정보를 가공하여 유용한 지식을 만들고, 부가가치를 생산하는 것이 미래산업의 핵심이 될 것이다. 그러니 N세대의 삶의 모습과 방식은 곧 우리 미래의 삶의 모습과 방식이다.

물론 모든 기술발전과 사회변화가 그렇듯이 이러한 삶의 모습과 방식은 이런 데 익숙하지 않은 어른들이나 문외한들에게 걱정과 우려를 갖게 한다. 또 아무리 잘 봐주려 해도 얼른 눈에 띄는 부정적인 측면을 갖고 있는 것도 사실이다. 이를테면 그저 골방에 갇혀 살며 사람도 만나지 않고 모니터만 들여다보고 사는 사람에게 흔히 생길 수 있는 소외현상, 대인기피, 사회성 부족 등이 그렇다. 또 아무리 네트워크를 통해 만나고 사귄다고 하지만 우리처럼 아직 척박한 상황에서는 통신공간에서 생기는 문제인 익명성, 폭력성, 임의성 등의 문제도 생길 수 있다. 게다가 가뜩이나 자기 중심적인 신세대가 이제 완전히 자기 편의적이고 이기적으로 자신의 생활을 꾸미다보니 생길 수 있는 문제도 심각할 것이다. 나아가서 기왕 문제로 지적한 바 있는 즉흥성, 표피성 이런 것들은 어찌할꼬. 어디 그뿐인가. 이렇게 네트워크 안에서 마음대로 움직이는 세대와 그렇지 못하는 어른세대와 점점 골이 깊어갈 터인데, 가뜩이나 심각한 세대갈등에 이런 매체갈등, 생활갈등의 문제는 어떻고.

아직 N세대의 등장은 막 시작되었고, 또 언제나 동전의 양면이 있듯이 이런 걱정을 눅여주는 주장도 만만치 않다. 먼저 인터넷 같은 네트워크 안에서는 아이들이 TV를 보듯이 그저 일방적으로 당하기만 하지는 않는다는 것이다. 흔히 말하는 쌍방향 커뮤니케이션이 가능하다는 것이다. 아니 가능할 정도가 아니라 그것을 전제로 한 공간이 네트워크 공간이다. 그러다보니 오히려 이제까지 갖지 못했던 다양하고도 폭넓은 인성이나 인간관계의 능력을 갖출 수 있다는 것이다.

이를테면 다름에 대한 이해도 많고 다양성을 인정하는 너그러움이 그렇다. 국경, 성차, 나이를 뛰어넘는 커뮤니케이션의 장이 열린 덕분이다. 이렇게 해서 꼭 막히고 획일적인 자아개념이 아니라 다원적인 자아개념이 형성될 수 있다. 또 그만큼 스스로에 대해 자신도 가지고 자긍심도 가질 수 있다. 그러니 자기주장 똑바로 펴게 되고, 많은 다양한 이야기를 듣다보니 비판력도 길러진다.

아무튼 이렇게 N세대가 갖출 수 있는 좋은 특성들이 많은데, 그 몇 가지만 살펴보면 다음과 같다. 먼저 자기 의존적 독립성이다. 어른들처럼 아무 때나 피붙이, 땅붙이, 학교붙이 따져 기대고 줏대 없이 패거리 짓는 것이 아니라, 철저히 자기에게만 기댄 독립심을 가진다는 것이다. 또 머리뿐 아니라 가슴도 열려 있어 다른 생각, 다른 느낌들을 얼마든지 받아들일 수 있는 포용성을 갖출 수 있다. 또 끊임없이 변화하는 환경에 맞게 부단히 주변과 자신을 혁신하고 쉼없이 탐구하는 태도 또한 빼놓을 수 없는 N세대의 특성이라는 것이다.

물론 이것은 가능성이고 또 어느 정도 지금, 여기 시작된 미래에 대한 장밋빛 꿈일 수 있다. 앞서 이야기한 대로 그렇게 되고 안되고는 우리가 할 나름이다. 문제는 이 가능성을 현실로 만들기 위해서는 N세대 자신뿐 아니라, 우리 모두가 함께 애써나가야 한다는 데 있다. 그 시작은 가족, 학교에서부터다. 사실 아이들을 고립시키고 단절시켜 컴광으로 만들고 인터넷 중독증에 빠지게 하는 것은 가정의 문제다. PC방에서 하루 종일, 아니 몇 날 몇 밤을 보내는 아이들은 게임이 재미있어서 그러는 것이 아니다. 가족이나 학교에서 버림받고 홀로 남아 그 외로움과 어려움을 견딜 수 없어 게임에 빠지는 것이다.

그러니 N세대가 그 긍정적인 능력을 발휘하고 못하고는 얼마나 가족이나 학교에서 이를 지원하느냐에 달려 있다. 그저 감시와 통제의 무서운 눈초리만 보내서는 될 일이 아니다. 하다못해 아이들이 제 편인지 아닌지를 가름하는 스타크래프트나 포트리스, 리니지 게임 같은 것을 욕만 할 것이 아니라 부모들도 배워 함께 해보며 대화를 시도하고 그 가능성을 열어주어야 한다. 학교도 마찬가지다. 온갖 정보를 마음대로 주고받는 아이들을 교과서와 시간표에 묶고 가두어 입시경쟁만 시켜서야 그 가능성을 열어주기는커녕 죽이고 말 것이다.

어른들 눈에는 N세대들이 그저 컴퓨터에 매달리고 네트워크 공간에 빠져 놀고먹는 것처럼 보일 것이다. 자신들처럼 피땀 흘려 일하고, 눈에 보이는 공장에서 환경이야 망가지든 말든 펑펑 연기가 솟아야 노력하는 것이고, 그 결실이 맺어지는 것처럼 생각하니 말이다. 하지만 N세대는 다르다. 여기서 놀 뿐 아니라 일하고 생산한다. 앞서 말한 '생비자'의 공간이 이곳이다. 또 미래의 경제가 이 공간에 열린다. 그러니 이들이 이 공간에서 마음껏 놀고 또 일하고 생산할 수 있도록 도와주어야 한다.

아직은 인터넷 게임의 랭킹에서만 세계 수준인 우리 아이들의 능력을, 그런 게임을 만들어 파는 세계 수준의 능력으로 꽃피울 수 있도록 열심히 물 주고 가꾸어주어야 한다. 아니 그럴 필요조차 없는지 모른다. 차라리 이들이 마음껏 놀 수나 있게 참견하지 말아야 한다. 무엇보다도 중요한 것은 공부 열심히 하라고 닦달하지 말고 '냅둬야' 한다. 왜냐하면 이들에겐 이제 네트워크 공간이 곧 학교가 될 것이기 때문이다.

새로운 교육

교육환경의 변화와 그 미래상

새로운 교육이 시작된다

나는 요즈음 기회가 있을 때마다 입에 거품을 물고 교육의 변화를 전도한다. 앞으로 몇 년 안에 교실이 변할 것이라고. 지금처럼 직사각형의 꽉 막힌 공간에 선생님과 아이들은 서로 마주보고 전면 대치전을 벌이고, 칠판에 분필로 가르치는 일은 곧 사라질 것이라고. 사람들은 잘 믿지 않는 눈치다. 하긴 교육처럼 보수적인 인간활동이 그리 쉽사리 변하겠는가. 또 우리처럼 교육을 신주단지 모시듯 하다가 잘못되어 교육이 애물단지로 변한 땅에서, 그러다가 숱한 교육개혁의 노력조차 조령모개라는 웃음거리가 될 정도로 좀처럼 바뀌지 않는 풍토에서 교육이 달라진다고? 하지만 정말 교육은 달라질 것이다. 지금 그 준비는 다 되어 있다. 그 몇 가지 징후만 살펴보자.

이제 웬만한 수준의 기업체 연수원에 가면 멀티미디어 강의실이 완비되었다. 대학들도 한둘씩 만들어가고 있다. 여기서는 비디오, 슬라이드, 컴퓨터 프레젠테이션, OHP, 실물환등기 등을 컴퓨터나 가지고 간 노트북 컴퓨터 하나로 다 통제하며 사용할 수 있을 뿐 아니라, 음향, 조명까지 모두 한꺼번에 조절할 수 있다. 조금 더 나아가면 학습자 모두 컴퓨터에 그 모든 자료를 바로 내려받을 수 있다. 이 기술은 점점 빠른 속도로 발달되고 또 보급되고 있다. 다만 아직 모든 학교에 설치하기에는 재정상의 문제가 따를 뿐이다.

어디 그뿐인가. 학생들은 이제 집집마다 컴퓨터 갖추고, 네트워크에 연결되어 백과사전은 물론이고 갓 나온 문제풀이 방식까지 모두 손쉽게 찾아보고 모을 수 있다. 대학생들은 진작부터 이런 방식으로 함께 숙제도 하고 논문도 써낸다. 사이버 대학이라하여 강의가 시작되어 직접 강의에 참석하지 않아도 얼마든지 비디오 테이프를 통해, 네트워크로 불러낸 동영상 등을 통해 생생한 강의를 재현할 수 있다. 예전에는 '먼 거리 교육(distance education)'이라고 해서 지역적으로 너무 멀리 떨어져 있거나, 띄엄띄엄 사람 사는 곳에서 시도했던 방송이나 매체를 통한 교육이 이제 네트워크의 발달로 거리, 시간과 상관없이 가능해진 것이다.

이것은 교육 전반이라기보다 이른바 학습환경과 관련된 변화일 뿐이다. 그밖에 교육과 관련된 사회, 그리고 세상의 변화는 또 어떻고. 거듭 강조하지만 앞에서 여러모로 살펴본 우리 사는 세상, 그리고 함께 모여 사는 삶인 사회의 변화는 그 안에 살아 가는 한 사람 한 사람의 삶을 바꾸어놓는다. 게다가 이 변화가 예전과는 질적으로 다른 넓고도 깊은 그런 변화임에랴. 그 모든 것을 다 이야기 삼을 수는 없으니 여기서는 교육과 직간접으로 연결된 직업 이야기만 해보자.

우리가 그동안 그토록 교육에 목을 맨 가장 큰 이유는 좋은 직업을 얻기 위해서다. 나는 지금 이렇게 살지만 우리 아이만은 교육을 잘 시켜서 떵떵거리는 번듯한 직업을 갖고 살도록 하려 는 것이다. 그런데 그 직업이라는 것이 달라지고 있다. 먼저 이 미 오래 전에 시작된 변화, 곧 1차 산업, 2차 산업에서 3차 산업 으로 비중이 커지는 것은 당연하다. 그 3차 산업에서도 정보와 지식이 가장 중요한 지식기반산업이 벌써부터 핵심으로 떠오르 고 있다.

그러니 전통적으로 선호했던 직업인 의사나 변호사 등은 이 제 한물간 직업이다. 지금 의사나 변호사 하는 분들에게는 안됐 지만 이것은 다른 선진 산업사회에서 이미 시작된 경향이다. 내 가 공부한 독일만 봐도 의사, 변호사 중에 이렇다할 자리를 잡지 못하고 실업수당으로 근근이 먹고사는 사람들이 한둘이 아니다.

뿐만 아니라 전통적인 직업의 개념도 바뀌고 있다 IMF를 겪 으면서 우리는 구조조정이니 정리해고니 희한한 말들을 처음 듣게 되었지만, 이것은 이미 서구사회에서는 시작된 지 오래다. 천년 만년 갈 것 같은 회사며 공장이 하루아침에 무너지는 것을 우리는 걱정스레 지켜보지만 이것도 당연한 일이다. 이제는 평생직장이란 생각하기 어렵다. 세상이 빨리 변하고 사회의 요구가 바뀌니 한번 배운 것으로 평생 먹고살 수가 없게 되었다. 언제 어디서고 새롭게 시작할 수 있도록 늘 배우고 익히는 말 그대로의 '평생교육'이 중요해진 것이다. 이것을 교육과정 짜고, 시간표 짜고, 교사들 훈련시키고 하는 제도교육, 곧 학교에서 감당할 방법이 없다. 학원도 마찬가지다. 건물에, 시설에 그렇게 부동산 같은, 하드웨어만 갖춘 교육기관으로는 안된다. 이젠 동산 같은 소프트웨어 중심의 교육이 중요하다.

이렇게 바깥에서만 무서운 변화가 일어나고 있는 것은 아니다. 우리 안에서도 일어나고 있다. 흔히 말하는 기초교육을 담당하는 가족이 그렇다. 우리는 사회변화가 빠를수록 우리에게 익숙한 것들은 영원히 변하지 않을 것처럼, 아니 그래야 마땅하다고 착각한다. 하지만 그런 것일수록 먼저 변한다. 이미 우리는 전통적인 가족에서 현대적인 가족문화로의 변화를 겪었다. 그것도 남들보다 몇 배 빠른 속도로 말이다. 그 바람에 고통도 적지 않았다. TV 드라마에 지겹게 나오는 고부갈등만 해도 그렇다. 대개 이 갈등은 전통적인 시어머니의 역할이해와 현대적인 며느리의 역할이해에서 오는, 관계 자체에 프로그램화된 갈등이다.

그런데 그나마의 현대적인 가족개념도 이제 무너지고 있다.

예전에는 가족 안에서 기초적인 사회화, 곧 기본이 되는 생활의 내용을 가르친 다음에 학교에 보냈다. 그리고 학교에서 집으로 돌아와 부족한 부분을 교육받았다. 하지만 지금 이 바쁜 세상, 엄마들도 일하는 것이 당연해진 사회에서 가족이 할 수 있는 몫이 무엇인가? 그뿐인가. 우리 사회도 이제 이혼율이 20%를 넘어 서구형으로 나가고 있다. 그것이 좋고 나쁘고는 두번째 문제고 이렇게 되면 가족의 기능이 약화될 수밖에 없다는 데 문제의 핵심이 있다. 이와 관련해서 재미있는 사례를 하나 이야기하고 넘어가자.

지난해 연구차 유럽에 출장을 갔다. 당연히 내가 공부한 독일에 들러 이런저런 것들 살펴보고 모처럼 그곳 친구들과 어울렸다. 교육공부를 처음부터 시작한 탓에 여러 교육관련 직업을 가진 옛친구들이 나를 핑계삼아 모였다. 옛날 얘기도 하고 요즘 살아가는 이야기도 하다가, 이제 중견교사가 된 친구에게 물었다. 요즘 독일 학교현장에서 제일 문제가 되는 사안은 무엇이냐고. 그랬더니 그 친구 대답이 걸작이었다.

"아, 글쎄, 이혼율이 높아지고 가정의 사회화 기능이 약화되면서 점점 아이들을 학교에 붙잡아놓으라고들 하면서 학교에서 가정의 기능까지 대신하라고 하는데, 우리 교사들은 이혼 안하냐, 우리도 당사자인데 이중부담을 안으라니 죽겠다."

하긴 그 친구녀석도 이혼하고 혼자 아이를 키우는 편부가정의 가장이었으니…… 학교는 이렇게 가정의 역할까지 떠맡아 생활까지 함께하는 자리가 되어가고 있다.

마지막으로 한 가지 더 살펴볼 것이 있다. 예전에는 학교 하면 교육자들이 모여, 바깥세상과는 담을 쌓고 그저 교육만 열심히 하면 되는 장소였다. 하지만 이젠 그럴 수도 없고 그래서도 안된다. 먼저 지금처럼 국가에서 모든 것을 관장하고 지시하며 동시에 보호하고 도와주는 일이 점차 없어질 것이다. 국가의 기능 자체가 줄어들기도 하려니와, 교육과 같은 중요한 살림은 이제 각 지역에서 알아서 하는 것이 대세이기 때문이다.

이때 학교를 자율적으로 운영하려면 학교 혼자 힘으로는 안된다. 지역사회와 품앗이하고, 지역의 자원을 동원해야 한다. 게다가 정보통신의 발달로 온갖 정보와 지식이 학교 밖에서도 얼마든지 넘쳐나는 상황이다. 이 와중에 살아남으려면 학교는 그 문과 창을 활짝 열고 지역의, 사람들의 삶터의 사회문화적인 중심이 되어야 한다. 내가 가끔 주장하듯이 교사들은 이제 교육대학원에 와서 고작 예전에 다 배운 것의 재탕인 교육이론이나 학습론만 배워서는 안된다. 경영 마인드니 매체이해니 하는 새로운 사회에 적응하는 능력을 배우고 익혀야 한다.

자, 그렇다면 이런 새로운 세상에 학교는 어떻게 될까?

한마디로 열리게 된다. 먼저 학교는 이제 더 이상 시험준비를 위해 공부만 죽어라 시키는 '배움터'로 머무를 수 없다. 그런 공부, 학습은 얼마든지 다양한 매체를 통해 할 수 있다. 굳이 학교에 모여 비효율적으로 억지공부를 시킬 필요가 전혀 없다. 각자 컴퓨터와 다양한 매체로, 또는 끼리끼리 모여 네트워크를 통해 공부하다가 궁금하면 선생님과 연결하여 질문하고 도움 받으면 된다. 그렇다고 학교가 없어지거나 그 필요성이 줄지는 않을 것이다. 왜냐하면 바로 가정 사회화의 기능이 약화됨에 따라, 이제 학교에서는 생활과 경험을 배우고 익히고 나누는 일이 무엇보다도 중요해지기 때문이다. 학교는 이렇게 '삶터' '겪음터'로 그 뜻을 새로이 할 것이다.

학교가 이런 기능에서만 열리는 것이 아니다. 학교는 이제 지금까지 꼭 지켜야 할 것으로 여겼던 많은 것을 버리고 그 모습과 내용이 열리게 될 것이다. 이를테면 학교를 꼭 일곱 살에 입학하고, 해마다 학년이 바뀌고 반을 나누고, 또 초등학교 40분, 중학교 45분 하는 교시마다 시간을 나누고 하는 것이 열릴 것이다. 어떻게 생활과 체험을 시간으로 나누어서 배우고 익히고 나눌 수 있는가. 또 올되는 아이 있고 늦되는 아이 있는데 하나같이 나이로 쪼개 한꺼번에 엮을 수 있는가.

날마다 아침 일곱시 삼십분까지 학교에 가야 하는 것도 아니다. 이젠 웬만한 학습은 알아서 할 수 있기에 동시다발적으로도 학습하고, 몰아서도 학습하다가 느슨하게 마음과 뜻 맞는 또래 또는 끼리끼리 모이는 자리가 학교이기 때문이다. 기본적인 과정은 함께해 나가야 하겠지만 지금 대체로 서구에서 하듯이 열다섯 살 정도까지 하면 되고 그 뒤에는 공부를 더하듯 일을 하든 또는 일을 하다가 다시 공부를 하든 그 기회도 열릴 것이다.

학교는 이제 지역사회에도 열리게 된다. 학생들과 교사들만 학교를 차지하고 있는 것이 아니라, 먼저 수업이고 활동이고 전문성이나 관심을 가진 학부모며 지역사람들이 나서서 돕고 또 나누어 일하게 된다. 공예시간에는 지역의 대목수가, 컴퓨터 시간에는 전문성을 가진 학부모가, 매체학습 시간에는 방송국 사람이 와서 도우면 되니까. 또 평생교육을 위해 끊임없이 지역주민을 위한 강좌가 열리고 학교는 어른 아이 할 것 없이 드나드는 장소가 될 것이다. 학교운영도 교장선생님이나 교사들만 하는 것이 아니라 우리 모두의 교육장소이므로 모두가 함께 의논하여 할 수밖에 없다. 아름답고 신나는 학교로 꾸미려고 지역의 모든 자원을 동원하게 될 것이고, 지역은 학교로 학교는 지역으로 서로를 열어 나가게 될 것이다.

이쯤 되면 교사의 몫도 달라진다. 지금까지처럼 일방적으로 공부를 가르치고, 생활을 지도하는 노릇은 점차 줄어들 수밖에 없다. 교육의 전문성은 이제 공부감시나, 성적독려 차원이 아니라 좀더 너르고 깊은 자리에서 발휘된다. 이제 교사는 학습환경 마련, 분위기 조성에서부터 학습조력, 생활상담 같은 몫을 하며 놀이친구, 삶의 동반자 노릇을 하게 될 것이다. 그러다 보면 스승의 날 굳이 억지춘향으로 쑥스럽게 받는 것이 아니라, 날마다 축제와 같은 신나고 멋진 삶 한복판에서 그 몫을 다하게 될 것이다. 누구에게나 사랑받는 전문적인 직업인으로 거듭난 교사는 다시 아이들이 가장 되고 싶은 사람이 될 것이다.

작은 시작

이렇게 갖은 상상력을 동원하여 그럴듯한 미래의 학교모습을 그리다보니 한편 가슴이 한껏 부풀다가도 지금, 여기의 교육현실을 생각하니 땅이 꺼질 듯 한숨이 나온다. 하지만 이런 변화는 그 가능성에서, 또 그 가능성을 만들고 있는 환경에서 본다면 당장이라도 실현될 것 같은 그런 구체적인 이상향이다. 문제는 그 물꼬를 누가 어떻게 열어주느냐이다. 그런가 하면 이미 그 살벌하고 황량한 우리 학교현장에서도 그 가능성이 피어날 꽃봉오리가 여기저기 맺히고 있다. 다만 문제는 그 꽃봉오리를 우리가 어떻게 가꾸고 또 지켜 나가느냐이다. 예감은 가득하다. 또 그 예감의 향내도 피어난다. 이를테면 다음과 같은 것들이다.

이번엔 따로 내가 이제 거의 바닥난 상상력을 억지로 동원할 것도 없이 다른 상상력을 빌려보자. 얼마 전 어느 모임에 갔더니 내가 잘 아는 한 선생님이 다음과 같이 아주 구체적으로 그 가능성이 꽃핀 교실과 학교의 모습을 그려 보였다.

1월 초순경에는 이 학교 교사 모두가 참가하는 2박3일의 연수가 열렸다. 이 자리에는 교사 개인의 교육활동 사례 발표와 동 학년 또는 교과별, 학교업무 분장별 교육활동 사례 발표에 이어 평가회가 열렸다. 물론 지난해 학년 초에 수립한 학교운영 목표에 따른 활동평가도 있었고, 특히 학생들의 교육활동이 얼마나 교육적이었고 성과가 있었는지에 대한 토론이 있었다.

1~2월에는 개별 혹은 동 학년이나 교과별, 업무별 지난해 평가를 토대로 새 학년도 교육계획 수립과 교육과정 마련을 위한 준비가 있었고, 2월 중순경 다시 전체 교사의 연수를 통해서 새 학년도 학교, 학년, 교과, 업무별 교육활동을 확인하고 실천을 위한 모든 준비를 했다. 3월 새 학기가 시작되면서 이 학교교사들의 주된 관심사는 학생과 교육과정이고 이를 준비, 실천하는 교사간의 주 1~2회의 연수, 토론이다. 교사들은 수업이 끝나면 모든 활동이 주로 학생의 문제, 교육과정 운영에 대한 문제말고는 별다른 일이 없다.

이미 교사, 학부모, 지역사회의 의견을 들어 학교 자체로 마련한 교육과정이 있는데, 이 학교의 특색은 교과별 교육과정이 아닌 다양한 수준의 통합 교육과정과 실천활동 중심의 교육과정을 운영하는 데 있다. 이 모든 것은 교사의 자발적인 참여로 이루어지며 학교나 교육청에서 어떠한 지시나 간섭은 없다.

학교에는 이 활동에 알맞은 시설이 갖추어져 있고, 스쿨버스가 2대가 있어 학습활동에 따라 필요하면 언제든지 들이나 강, 지역 시설로 이동하여 학습활동이 전개된다. 지역사회의 모든 기관의 강당, 회의실, 전시실 등 각종 시설은 언제든지 교실로 활용되고 있다.

이 학교는 특별하게 교과서가 있는 것도 아니고 학습활동은 이 학교 교사들이 제작한 자료나 책으로 이루어진다. 교사들은 그동안 꾸준하게 마련한 자기 나름대로의 창의적인 학습지도안을 갖고 있고, 이를 바탕으로 해마다 실천활동에서 생기는 문제점이나 자신의 연구결과, 동 학년 또는 교과 협의회 활동을 통해 보완한 내용들이 포트폴리오로 정리되어 있다.

이 학교 교사활동의 특징은 개별 교과에 대한 관심에서 다른 교과와의 관련성이나 통합적인 안목을 갖기 위해 다양한 학문을 접할 수 있는 연수나 집단의 활동을 전개한다는 점이다.

학교장의 활동은 교사들의 개별, 집단활동을 적극 지원하기 위한 교내외 활동이 주를 이루며, 교사들의 근무여건이나 복지, 학생들의 교육환경, 교육과정 운영에 필요한 각종 지원을 마련하기 위해 밤낮으로 동분서주하고 있다.

이 지역에는 이렇게 특색 있는 학교들이 많아서 학부모들은 어느 학교로 자녀를 보내야 할지 그것이 고민이지만, 학생들은 자기 적성에 따라 자유롭게 학교를 선택하여 만족스럽게 학습활동을 한다.

이것이 다만 꿈인가? 누군가 말했듯이 이런 꿈은 혼자만 끙끙대며 꾸면 개꿈이기 쉽지만, 여럿이 함께 애타게 꿈꾸면 현실이 될 수도 있다. 우리는 하도 조령모개 하는 개혁에 속고 변화에 울어 좀처럼 새로운 제도를 받아들이려고도 또 기대하지도 않지만, 사실은 지금 나와 있는 제도만 해도 제대로만 실현된다면 이런 꿈은 차츰 현실이 될 수도 있다. 그 몇 가지 구체적이고 대표적인 징후들만 둘러보자.

입시제도의 변화

지난 1980년대 그토록 목놓아 외치던 '팔육, 팔팔' 올림픽 타령이 이제 2002년 월드컵 타령으로 바뀌더니 덜컥 그 2002년이 찾아왔다. 2002년 하면 흔히 떠올리듯이 올해는 꼭 월드컵 축구대회가 열리기 때문에 중요한 것이 아니다. 2002년은 다른 한편 우리 교육에도 아주 뜻깊은 해가 될 것이다. 국민의 정부로 바뀌고 나서 거듭 교육개혁의 깃발을 올리고 야심찬 계획들을 내놓으면서 그 이름을 '교육비전 2002'라고 이름 붙인 것도 결코 우연이 아니다.

그 교육개혁의 핵심과제는 동전의 양면과 같은 두 가지며 결국은 하나이다. 곧 '대학입시 제도개혁'과, '학교교육 정상화'다. 그 두 가지가 서로 맞물려 얼마나 비인간적이며 반교육적인 세상과 삶과 사람을 만들고 있나에 대해서는 앞서 구구절절이 살펴보았다. 그런데 바로 그 핵심과제와 관련해서 나름대로 전기가 되는 해가 바로 2002년이다. 일단 2003년부터 고등학교 졸업생 수가 대학(전문대학 포함) 입학정원보다 적어지기 시작한다. 이것은 물론 단순한 계산치이고, 또 설령 그렇다고 해도 지금의 서열화된 대학판도를 볼 때 경쟁이 없어지는 것은 결코 아니다. 하지만 아무튼 아주 상징적인, 그리고 잘만 하면 우리 교육의 오랜 지병을 고칠 수 있는 절호의 기회인 것은 사실이다.

그러다보니 올해부터 적용되는, 그러니까 이번에 그에 따라

치러지는 '새로운' 대학입시 제도는 기대에 비해 혼란이 크다. 하지만 언제나 혼란 없는 변화는 없다. 부작용과 당사자들의 '또 바뀐다고?' 하는 불만은 크지만 사실 올해부터 많은 것들이 달라지는 것은 사실이다. 이제 입학시험이라는 말이 더 이상 정확하지 않다. 오히려 '전형제도'라고 해야 한다. 왜냐하면 공식적인 시험으로 수능시험이 남기는 하지만 그 석차나 총점 따위는 반영하지 않기 때문에 의미가 크지 않다. 영역을 넓히고 총점 방식은 없애고 등급을 마련하여 참고자료, 기본자료로만 사용할 수 있게 되었기 때문이다. 이는 차츰 더욱 강화될 것이다.

아마 부모세대 중에 대학입학 예비고사를 치른 세대들은 그 의미를 금세 알아들을 것이다. 점수도 의미 없고, 그저 합격, 불합격 정도의 의미를 가졌던 예비고사처럼 수능시험은 그런 기초자료로만 사용될 것이다. 그런데 여전히 점수나 등수를 공개하지 않는다고 아우성을 친다. 당장은 불편하다. 하지만 이렇게 한동안 버텨야 한다. 그래야 그나마 조금씩 나아질 것이다. 또 다양한 전형방식이 도입되고 있다. 이를테면 수능시험 성적, 학생생활기록부, 논술, 면접, 그 밖의 특기 및 추천 등 다양한 전형방식이 종합적으로 적용된다. 그 중에서도 논술과 면접 등 개인의 특성과 개성을 살릴 수 있는 항목들이 비중이 커진다. 생활기록부는 물론이고 다양한 수상경력, 봉사활동 등도 중요한 항목이 된다.

그밖에 특차모집은 폐지되고 수시모집은 연중 실시하되 고3

1학기에 뽑는 조기선발도 정원의 일정비율 안에서 허용된다. 하루 한날 입시에서 학생들의 선택권을 넓혀주기는 했지만 대학 쪽에서 보면 너무 헛수고가 심했고, 또 결국은 학생과 학부모들을 혼란시켰던 복수지원제는 그대로 두되 지금의 문제점을 보완할 수 있도록 종합관리 시스템을 도입하게 될 것이다. 추천입학도 확대하여 교장뿐 아니라 담임, 종교 지도자 등 사회 명망가들의 추천으로도 입학이 가능해졌다.

물론 나도 명색이 전문가인데, 이런 바뀐 제도가 또한 얼마나 문제도 많고 특히 수험생들이나 학부모들에게 혼란을 주는지 모르는 바는 아니다. 하지만 일단 이런 변화는 앞에 길게 얘기한 상황과 관련하여 불가피한 것이다. 다만 문제는 이런 변화를 어떻게 제대로 잘 자리잡게 하느냐이다. 그렇다면 이런 변화가 왜 꼭 필요한가? 바로 이런 삶이 가능하도록 하기 위해서다.

도시 중산층에서 자라고 어려서부터 공부도 잘하고 예절도 바른 모범생이었던 ㄱ은 중학교 들어가면서 생각이 바뀌었다. 그래서 학교도 잘 가지 않고 친구들과 어울려 여행 다니고 놀기에 열중했다. 고등학교 갈 때쯤 다양해진 고등학교 유형에 따라 교과과정에 답사여행이니 공동체 생활 같은 것이 강조된 특성화 학교를 찾아 진학했다. 고등학교 1학년까지 이른바 국민공통 교육과정을 이수하고는 그나마도 싫어 그만두고, 그동안 쌓아온 여행과 외국어, 그리고 흥미 있는 집단생활 등의 경험으로 일찍 여행사에 취직하여 일을 했다. 몇 년 동안 실전경력을 바탕으로 일단 전문대 관광학과에 진학했다가, 그저 주어진 관광자원만 둘러보는 것이 아니라 그 뒤에 감추어진 문화적인 배경에 관심을 가져 4년제 대학 문화인류학과로 편입하고 공부를 계속하여 아랍 문화권 전문가가 되었다.

부모님이 함께 장사를 하셔서 늘 어려서부터 혼자 놀고, 특히 비디오며 만화와 함께 자란 ㄴ은 고등학교를 만화 고등학교를 선택하여 국제 애니메이션 콘테스트에 입상하였다. 한동안 학교를 떠나 직접 만화산업에서 일을 배운 그는 특별전형으로 영상 애니메이션과에 무시험 입학하고 재주를 드러내 국제적인 인력으로 성장했다.

외국에서 어린 시절을 보낸 ㄷ은 처음에는 우리나라 학교생활에 적응하지 못하여 고생했다. 그렇지만 외국에서 살면서 익힌 사회성을 바탕으로 친구들 사귀고 함께 동아리 활동하는 것에 노력을 기울여 고등학교 동안 반장, 동아리 회장 등 리더십을 충분히 발휘했다. TOEIC 점수와 이 활동을 바탕으로 손쉽게 대학에 입학했고, 마음껏 다양한 인문사회과학을 공부한 후 국제기구에 취직하여 자신뿐 아니라 나라의 명예를 드높였다.

어려서부터 자기보다 어린아이들 돌보기를 좋아했던 남자아이 ㄹ은 중학교 때부터 몸이 불편하거나 어려움을 겪는 아이들을 돌보는 봉사활동에 열심이었다. 고등학교 때 성적이 좋지 않았지만 이 활동을 인정받아 아동관련 학과에 입학했다. 남자가 드문 이 과에서 그는 두각을 나타내어 교수가 되었다.

어려서부터 공작을 좋아했던 여자아이 ㅁ은 공부도 잘했지만 적성을 살려 공업 고등학교에 진학했다. 워낙 재주가 뛰어나 여러 대회에서 상을 받아 공대에 무시험 진학했고, 나중에 미술대학에 편입해 다녀 세계적인 공업 디자이너가 되었다.

중학교 때부터 공부에는 마음이 없고 노래며 춤에 빠졌던 ㅂ, ㅅ은 나란히 학교를 그만두고 언더그라운드 가수와 백댄서의 길로 나섰다. 하지만 경쟁도 심하고 이렇다할 뒷배경이 없던 이들은 뒤늦게나마 공부를 하여 장학금으로 외국에서 대중음악, 예술을 전공했다. 실전에서 익힌 경험과 노력으로 국내에서는 중학교 중퇴 학력의 이들이 나중에 관련 학과의 교수들이 되었다.

학교교육 정상화

하도 문제가 많다보니 모든 교육개혁은 이렇게 입시제도를 바꾸는 일부터 시작이다. 동시에 그동안 낙후되어 열악하기 짝이 없는 각급 학교의 교육상황을 개선하는 데 초점을 맞출 수밖에 없다. 그동안 너무 오래 국정 우선순위에서도 밀리고, 정 안되면 학부모들의 주머니를 털어 사교육 시장에서 메우고 한 탓에 우리 교육은 손볼 곳이 한두 군데가 아니다. 학교시설, 교실환경, 학급당 인원수, 교원처우, 교육과정, 학생급식……

이 모든 것을 한꺼번에 해결할 수도, 또 그래서도 안되겠지만 급한 대로 앞에서 살펴본 입시제도 개혁으로 트인 교육 정상화의 물꼬를 더 열고 교육다운 교육을 할 수 있도록 하는 바탕을 마련해 나가는 것이 중요하다. 다만 이것도 지난해 그랬듯이 학급당 인원수 줄이는 것이 급하다고 한꺼번에 교실 짓고 하다보면 거듭 졸속과 무리가 따르게 마련이다. 그래서 사실 가장 문제도 많고 어려운 점부터 지적해보자. 그것은 다름아닌 평가제도이다.

얼마 전부터 학교현장에서는 이른바 수행평가의 도입을 놓고 이러쿵저러쿵 말이 많다. 아직 환경이 조성되어 있지 않은데 성급하게 도입하여 문제가 많다는 볼멘 소리와 함께, 사회 전반에 뭐든지 점수로 매겨 줄을 세워온 관행에 버릇이 든 나머지 부모들도 아이들도 쉽게 수행평가를 받아들이지 않기 때문이다. 하지만 이 평가제도는 우리 교육의 두 가지 핵심고리이자 난제라고 할 수 있는 대학입학 시험제도의 문제점과 파행적인 학교교육의 문제점을 해결하려면 반드시 필요하다. 입시를 바꾸려면 평가방식도 달라져야 하기 때문이다.

그 내용은 간단하다. 학교에서 시험을 줄이고 또 수행평가, 곧 시험의 결과뿐 아니라 공부과정 등을 종합적으로 평가하는 것이다. 더 이상 지식, 그것도 주어진 지식의 암기가 아니라 이해도, 또 지덕체의 종합적인 교육과정을 학교교육에서 되살아나도록 하겠다는 뜻이다.

우리 교육에서 가장 큰 문제 중의 하나가 바로 평가방식이며,

그 방식에 깃들인 편법, 편의주의다. 우리 속담에 아주 비교육적인 속담이 있는데 '모로 가도 서울만 가면 된다'와 '가다가 못 가면 아니 감만 못하니라'다. 목표를 달성하기 위해서는 어떤 수단을 써도 좋고, 목표를 달성하지 못하면 그 과정은 모두 헛것이라는 뜻이다. 그러니 무슨 수를 써서라도 성적을 올리고, 갖은 방법을 동원해서 일류대학 입학만 하면 된다는 한탕주의, 결과지상주의가 교육을 망치고 사람도 망친 것이다. 그렇지만 교육이 어디 그런가. 사실 교육은 '제대로 가면 서울 못 가도 된다' '가다가 못 가도 간 만큼 남는다'식으로 해야 한다. 바로 이것이 수행평가의 본질이다.

물론 언제나 그렇듯이 이것이 도입되면서 학교현장에서는 일대혼란이 일어났다. 교사들은 늘어난 일에 정신이 없고, 학부모와 학생들은 무얼 어째야 하는지 몰라 우왕좌왕한다. 또 아직 사회 전반에 이런 평가방식이 일반화되어 있지도 않고, 인식도 불충분하니 우려도 많다. 하기는 아직 수능시험 점수가 낮은 학생이 논술을 잘 치러 합격한다 해도 납득하지 못하는 객관식 찍기를 숭상하는 점수 지상주의가 지배적이니 말이다. 게다가 수행평가를 하려면 전제가 되어야 하는 학급당 학생수라든가 교사들의 준비 등이 제대로 갖추어지지 않은 상태에서 갑자기 도입하려니 문제가 있는 것은 당연하다. 하지만 모든 변화에는 혼란이 따른다. 그 혼란을 이겨내야 변화가 제대로 일어난다.

2001년도 수능시험을 놓고 이러쿵저러쿵 말이 많았다. 난이도 조정에 실패해서 점수폭락 사태가 일어났고 입시지도에 대혼란이 빚어졌다. 그러면서 누구누구의 개혁정책의 결과가 이렇다고 사람들은 또 누군가에 책임을 전가하고 손가락질을 했다. 하지만 꼼꼼히 따져보면 이것은 우리 모두의 책임이다. 바로 이런 사태 따위는 벌어지지 않도록 수행평가를 도입하고 이를 정착시키고자 한 것이다.

하지만 문제는 이런 과정 중심의 평가가 용납되지 않는 사회 전반의 풍토다. 학부모마다 제 아이 중심으로 이기적으로 생각하고 판단하니, 이를 객관적으로 가늠하는 잣대는 일등부터 꼴찌까지 한 줄로 세우는 점수 위주의 평가밖에는 없다는 슬픈 결론에 도달하게 된다. 문제의 핵심은 놓치고 현상만 보니 그 해결이 어려운 것은 당연하다. 그런 뜻에서 나는 어떤 어려움이 있더라도 이 평가방식만큼은 정착되어야 한다고 믿는다. 바로 내 경험에서 우러난 믿음이다.

중학교 입학시험에 실패하고 재수했던 나는 그 이후 엄청난 시험공포에 시달렸다. 그러다보니 늘 평소 실력보다는 시험에 약했다. 시험 때만 되면 불안하고 초조해지는 정도가 아니라 몸에도 이상이 나타났다. 손에 땀이 흥건하게 괴고 입술이 바짝바짝 타며 어떤 때는 설사에 시달리기도 했으니 말이다. 그러다가 고등학교 입학시험을 치르게 되었다. 중학교 입학시험에서 실패한 경험이 아프게 떠올랐다. 담임선생께 읍소에 읍소를 거듭하여 '너 안되면 내가 손에 장을 지진다'는 다짐을 받고도 더 낮추어서 원서를 냈다.

그러나 정작 시험 당일, 첫 시험시간이었다. 답안지를 받고 막 쓰려는 순간 손에 마비가 오는 것이 아닌가! 나는 손을 주무르면서 내가 아는 온갖 신, 아니 악마에게까지 기도했다. '시험에 붙게 해달라는 것이 아니다. 그저 손만 풀려 답안만 쓰게 해다오.' 이렇게 말이다. 기도가 통했던지 한참 뒤에야 손이 풀려 시험을 무사히 치르고 또 합격했다. 하지만 그 뒤로도 시험이라면 곧잘 이런 증상이 나타나곤 했다. 게다가 팔자소관으로 유학까지 가서 남의 말로 시험을 치르려니 오죽했겠는가. 하지만 유학 시절 말 그대로 내 평소 노력하고 공부한 결과를 재는 평가방식은 내게 구원이었다.

박사논문을 쓰고 마지막 구술시험 때였다. 나를 7년 넘게 친 아버지처럼 돌봐주신 지도교수에게 전공 구술시험을 치르려고 문을 두드렸다. 문을 열고 들어간 나는 눈이 휘둥그래졌다. 내 사정, 특히 시험공포를 익히 아는 지도교수가 얼마나 각별한 배려를 해주었든지! 부심들을 내 뒤로 배치시키고 조명을 낮게 하고 촛불을 밝혀놓았는가 하면 포도주 한 병까지 준비한 것이다. 그리고는 "내가 당신을 시험 보이려는 게 아니다. 우리 함께 지난 몇 년간 공부한 내용을 한번 정리하고 토론하려 한다"면서 부드럽게 말문을 열어주었다.

내 생애에서 가장 두려움 없이, 그러다보니 당연히 가장 잘 본 시험이었다. 나는 독일 친구들도 받기 어려운 최고점수를 받았다. 문을 닫고 나오며, 이제 시험에 대한 두려움을 모두 이겼다, 생각하니 기뻤다. 그런데 그것이 내가 치른 마지막 시험이었으니…….

이제 내가 거꾸로 학생들에게 시험을 치르게 하는 처지가 되어서도 나는 내 아픈 과거를 잊지 않았다. 그래서 나는 어떻게 하면 학생들에게 '시험에 들게 하지 않는 시험'을 치르게 할까, 고민하고 고민한다. 우선 가능하면 시험을 보지 않는다. 보고서나 발표, 토론 이런 것들로 자연스레 수행평가하고, 굳이 필요하다면 한번쯤만 이른바 '열린 시험'을 본다. 흔히 말하는 오픈 북 테스트는 책들만 가지고 들어와 뒤적거리다가 제대로 쓰지도 못하는 것이라면, 이 열린 시험은 모든 자료, 노트, 심지어 도움 받고 싶은 사람까지 함께 들어와도 된다. 시험의 주제도 웬만큼 일러준다. 다만 시험 당일 그 주제와 자신의 삶, 경험을 엮어 쓰도록 한다. 이것이 내 시험과 평가방식이다.

바로 이런 이유에서 수행평가를 도입하자는 것이다. 이렇게 평가방식을 바꾸고 시험을 바꾸어야만 열린 사람을 만들 수 있다. 점수기계, 시험기계가 아닌 열리고 트인 사람을 만들 수 있다. 그런 사람이야말로 한때 유행했던 말처럼 '신지식인' 아니 새로운 시대에 적합한 미래 지향적 인재가 될 수 있다. 지금과 같은 방식으로는 안된다.

새로운 시대에 적합한 미래 지향적 인재란 한마디로 창의적인 인간이다. 창의력이란 엉뚱한 생각이다. 여기에서 저기까지

가는 데 주어진 길로 누가 빨리 가느냐가 문제가 아니다. 새로운 길을 개척하는 것이 창의력이다. 이 창의력은 바로 수행평가와 같은 과정에서 얻을 수 있지 지금과 같은 시험평가에서는 결코 얻을 수 없다. 또 이런 인재는 공동체 정신을 가져야 한다. EQ가 높아서 남의 느낌과 마음을 읽을 줄 알아야 한다. 그러다보니 많은 사람들이 공감하고 공유할 수 있는 물건이나 생각을 만들어내게 된다.

시험평가로는 독불장군, 그리고 얌체들밖에는 만들어낼 수 없다. 일등 아니면 열등이니 남의 느낌이며 마음은 아랑곳 않는다. 수행평가 방식으로 서로 돕고 나누며 각기 제 길을 찾게 하면 신지식인을 억지로 만들지 않아도, 우리 교육현장에서 새로운 미래 지향적 인재가 자연스럽게 자라나게 될 것이다. 이것이야말로 앞날의 주인공인 자라나는 세대에게 미래를 준비시켜주는 가장 중요하고 핵심적인 교육적 노력이 아닐 수 없다.

교육개혁의 앞날

뿌리 갈고 체질 바꾸기

교육을 없애자(?!)

정부가 바뀔 때마다 교육개혁을 우선과제로 삼고 많은 정책들을 펴왔다. 교육에 시달릴 대로 시달린 우리는 무언가 획기적인 개혁을 기대했고, 특히 모두들 고통스러워하는 교육의 개혁을 기다렸다. 그런데 '혹시나'가 '역시나'로 바뀐 경험 또한 한두 번이 아니다.

그러면 도대체 무얼 어떻게 해야 한단 말인가. 처방은 있다. 지금까지 숱한 교육개혁안이 나왔고, 결의대회도 이루 셀 수 없이 많았고, 갖은 묘안도 나왔다. 촌지를 없애자, 과외를 없애자, 보충수업을 없애자, 자율학습을 없애자, 상대평가를 없애자, 없애야 할 것만 해도 수두룩하다. 하지만 정작 없애야 할 것은 이런 것들이 아니다. 불가에서 성불하려면 "부모를 만나면 부모를 죽이고, 부처를 만나면 부처를 죽이라"고 말하듯이 우리 교육과 관련된 모든 생각과 마음을 없애면 된다. 그러고 새로 시작하는 것이다. 한동안 하도 학교교육의 폐해가 많다보니 '학교에서 벗어나자'는 주장이 일기도 했다.

그러다가 요즈음은 '우리 삶을 학교에서 벗어나게 하자'는 주장으로까지 발전했다. 대체로 이것을 '탈(脫)학교론'이라고 하지만, 나는 언젠가 어느 자리에서 그것으로 모자라니 '멸(滅)학교론'을 주장한 적이 있다. 이 말이 너무 살벌하다면 어느 철학자가 했듯이 모든 것을 의심하고 또 의심하고 하다보니 그 의심하는 나는 의심할 여지없이 있더라는 식으로, 방법론적인 회의로라도 한번 없앨 것을 없애보면 어떨까?

그런 뜻에서 우리 교육에서 없애야 할 것들을 열 가지만 추려보자. 물론 이것은 하루아침에 없앨 수도 없거니와 없애야 할 것 그 자체라기보다는 문제의 핵심을 꿰뚫어보기 위한 상징적인 수사법임을 미리 밝혀둔다.

하나, 교육부를 없애야 한다

오늘날 우리가 살고 있는 세상은 문명전환의 징후가 가득한 세상이다. 이를테면 현대사회를 낳았던 산업시대가 끝나가고 정보와 지식의 시대가 시작되었다. 이에 따라 국민국가의 이념, 중앙집중식 행정, 거대한 구조와 제도 같은 현대사회의 원리와 조직, 운영방식 등은 낡은 것이 되고 있다. 그런데 우리는 아직도 현대사회, 아니 게다가 전근대적인 사회의 원리, 조직과 운영방식을 고집한다. 그 중에서도 교육부로 상징되는 국가 주도의 공교육 중심주의, 거대한 구조와 조직을 통한 교육행정 및 제도운용 체계가 그렇다. 이렇게 덩치만 크고 효율은 없는 체계로는 21세기에 필요한 다원화되고 다양성이 살아 숨쉬는 교육문화를 만들 수도 또 이끌어갈 수도 없다. 적어도 중앙의 교육부를 없애고 지역으로 또는 단위학교 등의 교육현장으로 모든 권한과 책임을 넘겨주어야 한다.

둘, 학교를 없애야 한다

장담하거니와 이제 머지 않아 전통적인 의미의 학교나 교실은 역사적 유물이 될 것이다. 무엇보다도 먼저 정보통신의 발달로 교실의 모습이 달라질 것이다. 칠판도 교과서도 없어지고 다양한 정보통신 매체로 지식교육을 하게 될 것이다. 이렇게 되면 교사의 역할과 기능도 달라진다. 이제 가르치는 일이 주업이 아니라 학생들과 생활하는 일이 주업이 될 것이다. 또 학교조직도 달라질 것이다. 명령하는 교장, 감시하는 교감의 역할도 필요없어질 것이다. 대신 수평적이며 창의적인 네트워크로 역동적으로 연결된 인간관계망을 축으로 한 조직이 생길 것이다. 이것을 오늘날의 위압적이고 감시와 처벌기능 위주로 세워진 학교건물, 권위적이고 분업적인 학교운영 체계가 감당할 수 있을까? 낡은 학교는 없애고, 새로운 학교 아니 이름도 달라진 학교를 만들어야 한다.

셋, 교사를 없애야 한다

교사란 가르치는 사람을 뜻한다. 이제 가르치는 사람이 교육에서 할 역할은 많지 않다. 지식은 다양한 매체를 통해 더 쉽게 얻을 수 있기 때문이다. 그래서 교사는 가르치는 사람이 아니라 학생들과 더불어 생활하는 사람, 학습을 도와주는 사람, 스스로 공부하는 사람으로 그 역할이 달라지고 있다. 그런 만큼 그 이름도 달라져야 한다. 또 교사상도 달라져야 한다. '사표(辭表)'낸지 오래인 '사표(師表)' 운운하며 죽어가는 스승의 날이나 기리는 전근대적인 교사상과 다른 한편 현대사회의 직업기능인, 그것도 대접도 제대로 해주지 않는 교사상 모두 극복하고 당당히 오늘날의 삶을 자라나는 세대와 함께 이끌어가는 전문인으로서의 교사상을 정립해야 한다.

넷, 학부모를 없애야 한다

우리 학부모들은 한편 잘못된 교육제도의 희생자이자 자녀들의 공부 감시꾼으로서 파행적인 교육관행에 물든 가해자이다. 가뜩이나 산업화 1,2세대로 핵가족에서 자란 이들이 거듭 핵가족을 꾸며 자녀를 키우다보니 이들은 부모노릇을 배운 적이 없다. 그러니 줏대 있게 더불어 키우는 것이 아니라 제 자식만 잘되라고 갖은 불법과 비행도 마다하지 않는 것이다. 이제 제 자식만을 챙기고 남보다 앞서게 하려고 기를 쓰는 학부모를 없애야 한다. 이들을 공동체적 재사회화를 통해 내 자식이 귀하면 남의 자식도 귀한 줄 알게 하고 함께 더불어 살아가는 존재로 거듭나게 해야 한다. 예를 들면 학교 운영위원회에도 제 자식이 다니는 학교가 아니라도 그 운영에 참여할 수 있는 제도를 만들고, 모든 자식이 내 자식이 될 수 있는 교육문화를 만들어가야 한다.

다섯, 학생을 없애야 한다

아마 1990년대가 낳은 가장 뛰어난 대중문화의 상징이며 또 교육에 대한 가장 처절한 비판가인 서태지의 노랫말처럼 아직도 매일 아침 일곱시 삼십분이면 9백만 명의 아이들이 학생이라는 이유만으로 교실에 갇혀 제 삶을 빼앗기고 있다. 그래서 우리 사회에는 학생만 있지 청소년은 없다. 아이들은 그저 공부만 잘하면 되고 학교에는 학습활동만 있을 뿐이고 정작 이들의 삶은 없다. 이들은 미래를 준비할 뿐 아니라 지금, 여기에서 자신들의 삶을 살아가는 주체이다. 이제 학생이라는 신분을 없애고 그 나이에 알맞은 삶을 살아가는 주체로 거듭나게 해야 한다.

여섯, 공부를 없애야 한다

앞서 말한 대로 학습활동만 있고 생활은 없는 학교, 또는 학생의 삶을 되살리려면 바로 그 학습활동을 바꾸어야 한다. 그러니까 공부만 하는 학습활동을 없애야 한다. 죽은 글자나 머리에 잔뜩 집어넣고 누가누가 빨리 외우나 하는 공부 따위는 이제 필요도 없고 해서도 안된다. 지금까지 장사나 벼슬의 수단으로 공부 잘하는 아이들이 나중에 나라를 망친 것이다. 이번엔 강산에의 노랫말처럼 '공부해서 남 주자'라는 구호 아래 공부를 하되 스스로를 키우는 공부, 남을 주는 공부로 공부를 바꾸어야 한다. 또 머리뿐 아니라 가슴과 손발이 함께 자라는 그런 공부로 바꾸고 지금의 공부는 없애야 한다.

일곱, 시험을 없애야 한다

아직도 많은 사람들은 가장 끔직한 악몽을 꿀 때면 내일 시험인데 공부 제대로 못한 꿈을 꾼다고 한다. 그만큼 시험은 우리 사회의 악몽이다. 어려서부터 다 커서까지 이 시험 때문에 우리는 시험에 들곤 한다. 앞서 공부를 없애고 진정한 삶의 학습으로 바꾸자고 했는데 그 시금석이 바로 시험을 없애는 일이다. 입학시험은 말할 것도 없고 모든 교육과정에서 지금까지와 같은 시험지에 붓방아를 찧으며 답안을 작성하는 시험은 없애야 한다. 그 대신 머리의 지식뿐 아니라 마음과 실천을 가늠할 수 있는 다양하고 인간적인 시험을, 아니 시험 같지 않은 배움의 과정에 대한 확인과 학습활동에 대한 교류와 점검을 하는 새로운 제도와 문화를 만들어야 한다.

여덟, 교육학을 없애야 한다

나 자신 교육학을 공부하고 가르치고 있지만 이 공부의 폐해가 여간 큰 것이 아니다. 학자들은 진선진미한 말만 떠들며 교육이 이렇게 저렇게 잘못되었다고 지적하며 존재이유를 찾는다. 그러면서 대무분 남의 나라의 현란한 이론과 원리를 수입하여 권위를 세운다. 그런가 하면 교육행정이다, 교육심리다, 교육공학이다, 교육과정이다, 사회교육이다, 교육사회학이다 하면서 정작 온전한 인간인 교육주체들을 가르고 나누어 제각각 서랍에 가두어 연구한다. 다양한 시대의 변화나 교육주체인 학생들의 삶은 아랑곳않고 이념과 철학, 효과와 성과에만 혈안이다. 이제 교육학이란 학문영역조차도 열고 틔워 진정한 종합적이고 문화적인 연구와 실천의 장이 되도록 스스로 거듭나야 한다.

아홉, 폭력을 없애야 한다

우리 교육은 말 그대로 폭력으로 가득 차 있다. 지금은 제도적으로는 없어졌지만 무시무시했던 체벌, 그 대신 도입된 벌점제같이 교사들이 학생들에게 가하는 폭력, 아이들끼리 행하는 폭력, 그리고 최근 말썽이 되고 있는 '왕따' 같은 폭력 등이 그렇다. 우리 교육은 한마디로 구조적 폭력이라고까지 할 수 있을 만큼 폭력이 난무한다. 이를 없애고 조화롭고 평화로운 만남과 사귐의 장으로 교육을 바꾸어야 한다. 하지만 이를 위해서는 무엇보다도 먼저 우리 사회 전반에 가득한 폭력성을 없애는 것이 중요하다. 길거리부터 국회에 이르기까지 우리 삶터는 온통 폭력성이 넘쳐난다. 이것부터 바로잡으면서 교육 안에 깃들인 폭력을 함께 없애 나가야 할 것이다.

열, 교육을 없애야 한다

결국 이 모든 것은 그동안 우리가 교육이라는 이름으로 저지른 죄악의 결과이다. 이를 없애려면 마지막 남은 우리의 전제, 곧 교육에 대한 고정관념과 교육에 대한 편견을 버려야 한다. 특히 어른세대가 다 너희들 잘되라고 그런다, 너희들 위해 그런다면서 자기자신에 대한 교육은 게을리 하는 바담풍 하는 자세부터 버려야 한다. 그리고 자라나는 세대를 자신들의 눈높이에서 볼 것이 아니라 그들의 눈높이에 맞춰 보아야 한다. 아니 눈높이뿐 아니라 존재의 높이를 그들에 맞추어야 한다. 그러면서 스스로 새로 자라고 크는 마음으로 함께 처음부터 새로 시작해야 한다. 진정한 교육을……

넷째마당

미래교육, 대안교육

미래를 예감하는 교육다운 교육

교육의 앞날, 아이들의 앞날

미래교육

교육다운 교육의 꿈과 길

앞에서도 누누이 얘기했지만 교육을 교육답게 만들어 사람다운 세상에서 우리 아이들이 자랄 수 있게 하려면 무엇보다도 먼저 어른들부터 스스로의 삶을 반성하고, 앞날의 주인공인 아이들의 지금, 여기의 삶을 제대로 살피고 이들과 제대로 만나고 사귀는 노력을 기울여야 한다. 무엇보다도 중요한 것은 어려운 상황에서도 건강하게 자라는 아이들 스스로의 생각을 진지하게 귀담아듣는 일이다.

분명히 그들도 독립된 인격체로서 나름대로의 생각과 삶이 있을 디인데 그것을 스스로 내세우고 펼칠 자리는, 학교고 가정이고 교육현장 어디에도 없으니 말이다. 이것을 담아주는 것이 바로 대안교육이다. 우리 이제 이럴 게 아니라 건강한 아이들의 소리를 그대로 한번 들어보면 어떨까? 그래서 그들끼리 그들 나름대로 서로 깨우치며 배우고 익히는 환경을 만들어주어 가르치고 기르려고만 들 일이 아니라 따뜻한 눈으로 저들의 꾸밈 없고 힘찬 성장을 지켜보며 우리 스스로를 일깨워 함께 배워보면 어떨까? 이것이 바로 대안교육의 현장이다. 이런 현장을 만들게 되어 새롭게 자라는 아이들의 이야기를 상상의 세계에서라도 귀담아들어보도록 하자.

먼저 어른들 흉을 좀 봐야겠다. 우리들은 이른바 산업화 세대로서 어른들이 걸핏하면 들먹이듯이 윗세대들이 피땀 흘려 일한 덕택으로 보릿고개도 모르고 자랐다. 하지만 부모들은 우리에게 외식이나 시켜주며 배터지게 먹여줄 줄만 알았지 마음의 보릿고개가 있다는 것은 몰라준다. 부모들이 조국 근대환지 뭔지를 걸핏하면 내걸고 팔꿈치를 휘두르며 중간에 쓰러진 남들의 등을 밟고 매진하면서, 오로지 너희들의 앞날을 위해 이런다고 다그칠 때마다 우리들은 배는 불렀지만 사람다운 정에 몹시 주렸고 살벌한 싸움터만 같은 삶이 서글프기만 하다.

어른들은 게다가 우리들을 일찌감치 또 다른 싸움터로 내몰지 않았는가. 우리를 교육시킨답시고, 자기들도 받아먹기 어려운 딱딱하고 죽은 글자들을 학교도 모자라 우리 삶이 무슨 수출공장이나 되는지 종일 잔업을 시켜가며 우겨넣고, 거기다가 전인교육이라나 뭐라나 귀신 씨나락 까먹는 소릴 해가며 피아노다

속셈이다 미술이다 무용이다 해서 오후마다 봉고차에 실려다니며 고된 훈련을 받게 한다. 그뿐인가. 영어가 중요하다고, 우리말 제대로 하기 전부터 우리 혀를 꼬부라뜨리더니 발음이 잘 안된다고 우리 혀뿌리 끝을 자르는 수술까지 시켰다.

이 정도만 해도 어른들 말대로 '우리를 위해서 그런다'는 뜻으로 참을 수 있다. 하지만 정말 참을 수 없는 것은 이런 일이다. 이를테면 자기들은 월급 액수나 차지하고 있는 자리에 따라 차별대접 받는 것을 그렇게 서러워하면서도, 우리들 성적표의 숫자에 부모 자식 사랑의 기준을 두고 모든 친구들은 경쟁자로 만들어 서로 다투고 싸우게 한다. 모두 우리를 위해서라는 빌미로 아빠는 새벽부터 밤중까지 밖으로만 싸돌아 얼굴 보기도 어렵고, 엄마는 치맛바람으로 서슬이 퍼러면서도 우리들이 머리가 커가며 끙끙 앓는 걱정거리를 언제 한번 귀담아들어주지도 않는다. 그저 공부만 잘해라, 무엇도 해주고 무엇도 사주마, 입에 발린 소리만 하곤 한다.

조금 자라 우리가 벗을 원하고 또 사랑을 느끼게 될 때 그들은 우리를 야단치고 갈라놓고, 후에 결혼시장에서 비싼 상품이 되도록 성적과 학교라는 포장의 품질만 높이라고 윽박지른다. 자기들은 바쁘다고 그리 멀리 떨어져 계시지도 않은 할머니 할아버지를 자주 찾아뵙기는커녕 전화 한번 하는 것도 서로 당신이 해라 나두더니, 나이가 들면서 우리에겐 자기들이 우리를 어떻게 키웠는지 아느냐 눈물로 호소하고 권위로 위협하며 잘 모시기를 강요한다. 우리가 드디어 이런 사슬에서 벗어나 나름대로 세상을 만들고 우리 삶을 꾸미려 하자 그들은 우리를 시샘하여 사사건건 감 놓아라, 배 놓아라 간섭하면서 우리들의 일을 방해하고 자신들의 처지를 한탄하고 세상이 왜 이 모양이 됐느냐고 난리를 친다.

좀 심했나? 물론 우리가 부모들을 이렇게 손가락질하고 비판하는 건 그들이 미워서가 아니다. 우리는 그들을 이해할 수 있다. 다만 그들의 삶이 너무 이중적이고 위선적이었던 것이 안타깝고 불쌍하기까지 하다. 우리가 이런 뒤틀리고 그릇된 그들의 삶과 교육에도 불구하고 이만큼 우리 나름대로의 생각과 사랑과 삶을 이룬 것은 우리가 잘나서만은 아니라는 것은 잘 알고 있다. 그렇다고 우리가 우리 부모들이 늘 주장하는 대로 그들의 희생 덕택에 이만큼 된 것은 결코 아니다. 차라리 그들의 뒤틀린 삶, 그릇된 교육을 더는 견딜 수 아니 참을 수 없어서, 온갖 어려움을 무릅쓰고 우리끼리 찾아보고 만들고 꾸민 것이다. 우린 그 결과를 자랑스럽게 생각하진 않지만 적어도 아주 소중하게 여긴다. 그렇다고 우리 다음 세대에게 우리 것이 소중하니 너희는 이래라저래라 시키고 우리 방식을 강요하지는 않을 것이다. 그저 담담하게 얘기해주고 보여줄 뿐이다.

그럼 우리의 생각과 삶과 사랑이 우리 부모들의 그것과 어떻게 다른지 몇 가지만 얘기해보자. 먼저 우리는 이른바 핵가족 세대여서 형제자매가 적거나 없어서 어른들 주장대로라면 자기들만 알아 버릇없게 자랐지만 그러기에 더욱 스스로 나서서 많은 벗들을 사귀고 그들을 형제자매로 삼는다. 우린 일찍부터 함께 모여 노는 공간에서 엄마보다는 친구들과 더 오래 시간을 보냈으니까 말이다.

친구들 사이에서 누구 아빠는 뭘 하고 누구네 집엔 무엇이 있고 하는 것은 별 의미가 없다. 그저 나와 뜻이 통하고 어울리는 내 형제 자매이며 벗인 친구 그대로 소중하다. 또 우리끼리 놀며 엄마는 집에서, 아빠는 직장에서 하는 어른들의 그 잘난 남녀구분이 싫어서 놀 때 서로 엄마 아빠 노릇을 바꿔서도 해보곤 했더니, "사내녀석이 왜 울어" "계집애가 왜 그리 거칠어" 하는 따위의 차별은 알지 못한다. 이렇게 집보다는 밖에서 친구들과 함께 놀고 어울리는 시간이 많다보니 옛날 아빠들이 주로 찾던, 어느 고장 어느 학교 출신이냐, 집안이 어떠냐 하는 구분 따위는 시답지 않은 구시대의 유물로 여긴다.

우리는 그래서 자아가 강하다. 간혹 그게 지나쳐서 어른들은 되바라졌다는 등 흉보기도 하지만 덕분에 주관이 뚜렷해서 그들처럼 아무 데나 휩쓸리고 자기자신은 자취도 없이 무슨 소속집단에나 기대서 큰소리치고 남을 밀어내는 비굴한 짓은 하지 않는다. 그건 우리들의 사랑 이야기에도 마찬가지여서 사랑을 무슨 결혼이라는 계약관계에 기준해서 재거나, 이중도덕을 내세워 속으로는 마구잡이로 이래야 된다 찧고 까부는 서툰 짓은 않는다. 차별을 모르니 여성과 남성은 대등할 뿐 아니라 서로의 신중

하고 자발적인 의사로 사랑의 과정도 결과도 함께 만들어 나가 니까 말이다. 그러니 가족도 무슨 온갖 무기를 동원하고 일사불 란한 위계질서에 따라 지켜야 하는 높은 성곽이 아니라 서로 존 중하고 각자의 벗들을 모두 가족처럼 여기는 열린 공간이다. 이 를테면 엄마 아빠도 우리의 새로운 삶, 생각을 받아들이려고 애 쓰기만 하면 우리 친구로 함께할 수 있다.

우리에게도 이제 자식들이 있지만 우리는 그들을 일방적으로 가르치고 기르려고 하지는 않는다. 그렇다고 내버려두는 것은 아니다. 그들의 자유로운, 그리고 자발적인 성장을 지켜보면서 그런 환경을 만들어주고 함께 얘기하고 나누면서 서로 깨우치는 과정을 이루려고 애쓴다. 그리고 그들이 우리를 어떻게 생각하 든 크게 상관하지 않는다. 우리는 우리 삶을 나름대로 그렇지만 진지하고 치열하게 살아왔고 살고 있으며 앞으로도 그럴 것이 고, 그들은 그들대로 자신들의 삶을 만들어갈 테니 말이다. 그저 서로가 서로를 존중하며 의사소통 하는 열린 자리가 닫히지 않 도록 서로 노력할 뿐이다.

이렇게 꿈속에서처럼 아이들의 이야기를 듣다보니 잠에서 깨 어 교육현실을 볼수록 너무 한심하고 끔찍하다. 하지만 지금, 여 기의 열악한 사정에도 불구하고 아이들의 삶을 눈여겨보고 그들 의 이야기를 조금만 진지하게 들어보면, 이것은 어렵지 않게 조 금씩이라도 실현될 수 있는 꿈이라는 것을 나는 안다. 또 믿는 다. 결국 이 꿈을 제대로 된 교육의 길로 만들어야 교육다운 교육이 미래에 열리지 않을까? 이를테면 남의 나라였지만 어느 실험학교에서 있었던 일과 같은 길 말이다.

크리스마스 때마다 반복되는 진부한 산타클로스 놀이에 지친 선생님들은 오랜 회의 끝에 재미있는 크리스마스 잔치를 마련했다. 조촐한 잔칫상을 마련해놓은 교실 문을 천국으로 들어가는 문으로 꾸며놓고 교장이 천국문을 지키는 천사가 되어 아이들에게 무슨 천국에 들어갈 만한 착한 일을 했냐고 묻는 연극을 하기로 한 것이다. 처음에는 "엄마 심부름을 잘했어요" "아빠 일을 도왔어요" "동생과 잘 놀아주었어요" 하는 상투적인 대답이 나오다가 점점 재미난 이야기들이 나와서 분위기가 점점 고조되었는데, 그 중 맨 끝에 나온 아이의 대답이 압권이었다. 어떤 착한 일을 했냐고 묻는 교장에게 아이는 대답도 않고 선뜻 문 안으로 들어서더란다. 교장이 놀라 "무슨 착한 일을 했는지 말하라니까" 하고 채근을 하자, 이 녀석은 뒤도 돌아보지 않고 천연덕스럽게 대답하더란다. "아, 여기 새로 왔군요? 내가 이 집 주인이에요!"

더도 덜도 말고 이렇게만 아이들이 제 삶과 생각과 사랑을 펴며 살 수 있는 교육을 마련해주면 얼마나 좋을까? 그렇다고 이런 내 바람은 먼 나라에서나 또는 먼 훗날에나 이루어질 꿈만은 아니다. 우리가 지금이라도 스스로의 눈과 귀, 그리고 가슴을 열어 병든 교육 속에서도 건강하게 자라나는 아이들의 생각과 사랑을 보고 듣고 느껴 그들 나름대로의 삶을 펼치게만 해줄 수 있다면 내 바람은 지금이라도 조금씩 현실이 되리라 믿는다. 그런 현실에서 더욱 튼실하고 올곧게 자란 건강한 아이들은 뒷날 자신들에 대한 내 철지난 객설을, 옛적 만해 선생이 후세의 독자들에게 그토록 바랐듯이 온갖 꽃이 무성한 봄날에 마른 국화를 코에 대는 것처럼 웃으며 너그럽게 용서하지 않을까?

이렇게 어른들이 자라는 만큼 아이들은 자란다. 교육은 곧 아이들을 키우면서 어른들 스스로 자라는 일이다. 그것이 잘 되질 않아 아이들이 어른들을 가르치는 세상 꼴이 되니 교육이 제대로 될 리가 없다. 아이들 탓, 세상 탓 하기보다는 스스로부터 바로잡아야 한다. 바로 그런 마음에서 이런 시를 뇌어보면 어떨까?

> 억압과 굴종에 대한 미움으로 우리 모습은 흉하게 일그러졌고,
> 불의에 항거해 분노하다가 우리 목소리는 쉬어버렸다.
> 다정하고 안온한 세상을 위해 바탕을 다지려던 우리 스스로는
> 그러지 못하고 강퍅하기만 했다.
> 그러나 사람이 사람을 도와가며 사는 평화로운 시대에 자라는
> 너희들은
> 우리를 생각할 때 너그러이 용서하려무나.
> ─베르톨트 브레히트, 「자라나는 세대에게」

이런 어른들의 새로운 마음가짐에서 새로운 교육은 시작된다. 곧 새롭고 다른, 아니 교육다운 교육은 바로 우리 안에서부터 시작된다. 이와 관련해서 한마디만 더 하고 넘어가자.

산업화 시대에는 이런 얘기가 통했다. "아이들이 배고프다고 징징대더라도 물고기를 잡아주면 안된다. 제 먹을 것 스스로 마련하는 일을 배울 수가 없기 때문이다. 아이들에게 물고기 잡는 법을 가르쳐야 한다." 하지만 정보화 시대에 들어서면 이것만으로는 모자라다. 오늘날 우리가 해야 하는 교육은 『어린 왕자』로 유명한 생텍쥐페리의 다음 말과 같은 교육이다.

배가 필요하다면 사람들에게 배를 만드는 법을 가르쳐주기만 해서는 안된다. 그 배로만 바다로 나가려고 하기 때문이다. 아이들에게 바다를 미치도록 그리워하게만 하라. 그러면 어떻게 해서든 바다로 나갈 것이다.

그렇다. 요컨대 세상에 대한, 사람에 대한 미칠 듯한 그리움, 타는 듯한 목마름을 가지게 하면 된다.

다름과 새로움

대안교육이란 무엇인가?

왜 대안교육인가?

지금, 여기의 교육은 한마디로 엉망진창이다. 학교는 무너지고, 아이들은 서로 왕따하며 앞날의 준비는커녕 오늘의 삶조차 빼앗긴 채 살아가고 있으니 말이다. 하기는 우리 교육이 이 모양이 꼴이 된 것은 어제오늘 일이 아니다. 우리는 근대교육이라는 남들이 만든 제도의 옷을 반강제로 얻어입고 억지춘향의 교육을 백년 넘게 해오면서 이미 그 제도의 모자람과 그릇됨을 쌓고 또 쌓아왔다. 특히 뒤늦게 세계무대에 끌려나와 서둘러 산업화하고 경제를 성장시켜보겠다고 앞뒤고 옆이고 돌아보지 않고 내달아오면서 더욱 그 모자람과 그릇됨을 더하게만 했다.

한편으로는 아무 것도 가진 것 없는 나라에서 사람만이 밑천이라고 기를 쓰고 교육에 목을 매달고 교육을 신주단지처럼 모셨지만, 다른 한편으로는 교육과 사람을 섬기기는커녕 어떻게 해서든 교육을 돈벌이나 사람 억누르는 데 써먹어보려는 반교육적이고 비인간적인 짓을 서슴지 않았다. 그 바람에 가뜩이나 모자라고 그릇된 교육제도가 이리 치이고 저리 흔들려 이 모양 이 꼴이 된 것이다.

게다가 이제 세상은 하루가 다르게 변해 세계화다 정보화다 지식기반사회다 하며 문명전환의 큰 물결이 밀어닥치고 새로운 삶과 사람을 요구한다. 하지만 우리 교육은 이런 새로운 시대적 요청에 능동적으로 응답할 꿈조차 꾸지 못한다. 말 그대로 우리는 이런 모자라고 그릇된 제도로 국제경쟁력을 갖춘 인력양성이라는 게도, 본질적인 과제인 인성형성이라는 구력도 놓치고 있는 것이다.

그저 제도 자체가 절대적인 것으로 군림하여 그것이 사람을 위해 만들어진 것이라는 사실조차 잊은 채 사람을 못살게 구는 것이다. 이렇게 신주단지처럼 모시다가 그만 어쩌지도 못하는 애물단지가 되어버린 것이 바로 우리 교육이다.

사정이 이렇다보니 교육을 바로잡아보겠다고 나선 것 또한 어제오늘 일이 아니다. 이런 제도의 모자람과 그릇됨을 고치려고 그동안 숱하게 많은 크고 작은 교육개혁을 해왔으나 한번도 제대로 뭔가를 뜯어고쳐 교육을 바로 세우지는 못했다. 오히려 그 개혁이 문제를 낳고 사정을 더 나쁘게 하여 가뜩이나 깊은 교육의 병을 더치게 했다.

무엇보다도 그 제도의 모자람과 그릇됨을 뿌리부터 뜯어고치려는 뚜렷한 뜻과 앞날을 멀리 내다보는 눈이 없었기 때문이다. 이제 우리 교육은 단순히 몇 가지 제도를 바꾸고 새로운 제도를 만들고 해서 고쳐질 만큼 병이 간단하질 않다. 오로지 환골탈태의 뿌리를 갈고 체질을 바꾸는 치료만이 죽어가는, 아이들을 죽음으로 몰아넣는 교육을 되살릴 수 있다. 요컨대 교육을 보는 눈을 새롭게 떠야 한다.

그렇다고 교육과 같은 사람이 사람답게 되는, 가장 오래된 사람이 함께 모여 사는 일을 전혀 새롭게 하자는 뜻은 아니다. 그렇게 할 수도 또 그럴 필요도 없다. 오히려 그렇게 오랜 일이기에 그 일의 뜻에 걸맞은 그 일다운 것으로 교육의 참뜻을 새기고, 해묵은 교육에 찌든 존재의 매무새를 가다듬어 새롭게 시작해야 한다는 것이다.

그것은 한마디로 교육다운 교육, 사람다운 교육을 되찾고 되살리는 일이다. 그러면서 교육의 가장 바탕이 되는 뜻만 거듭 새기고 그밖의 것들, 특히 껍데기는 버려야 한다. 만일 제도가 모자라 그렇다면 바꾸기만 할 것이 아니라 없애기도 하고 새로운 제도를 만들어야 한다. 대안교육은 바로 여기서 비롯된다.

대안교육이란 무엇인가?

그동안 구구하게 늘어놓은 지금, 여기 우리 교육의 헝클어지고 흐트러진 안팎 사정이 바로 대안교육의 필요성이다. 더는 이렇게 교육해서는 안되겠다는 데는 모처럼 국민적인 합의 같은 것이 생긴 지 오래다. 또 그러다보니 진작부터 이런 잘못되고 그릇된 교육말고 다른 교육은 없을까, 많은 사람들이 찾고 또 꾀해오기도 했다. 그런데 흔히 대안교육 하면 전혀 새롭고 그럴듯한 교육을 떠올린다. 아니면 학교 같은 제도와는 담을 쌓은 고립된 실험을 생각하기도 한다. 하지만 대안교육은 꼭 이런 것만은 아니다.

대안교육은 한마디로 교육을 교육답게 만들자는 노력이다. 우리 대안교육운동의 큰 어른이신 충남 홍성의 풀무 학교 홍순명 교장 선생께서는 그래서 "우리는 대안교육을 하고자 한 게 아니라 '정상적'인 교육을 하고자 했을 뿐이다"라고 대안교육의 노력을 한마디로 규정하기도 했다. 바로 그렇다. 교육과 같은 본질적인 인간활동에는 기실 하늘 아래 새것 없고, 땅위에 새것 없다. 다만 얼마나 그 본질에 충실하고 교육에 대한 노력을 얼마만큼 정성을 들여 하느냐에 교육다움은 달린 것이다. 다만 얼마나 이런 본질에 가깝도록 교육을 제도라는 우리 눈과 정신을 흐리게 하는 껍데기를 벗기고 넘어 보느냐에 달린 것이다. 이것이 바로 대안교육의 비롯이다.

　모순이 가장 첨예한 곳에서 그 모순을 극복하려는 애씀도 가장 치열하다고들 한다. 그런데 이상하게도 우리 제도교육은 그 모순이 첨예할 뿐 아니라 쌓일 대로 쌓여 교육대중의 고통스런 원성이 하늘을 찌르는데도 좀처럼 이렇다할 대안교육의 노력이 눈에 띄질 않았다. 한편으로는 워낙 중앙에서 그러쥔 교육의 행정이나 운용체계가 경직되어 있어서 그렇고, 다른 한편 사람들의 의식이 이제는 마비되다시피 하여 교육이라면 으레 그런 것으로 여기고 참고 견디게끔 그릇되어서도 그렇다.

　하지만 이젠 도저히 이대로는 살 수 없다는 소리가 모아지고 손발을 모두어 그 봇물을 트게 되었다. 지금처럼 떠들썩하게 알려지기로는 지난 2~3년 사이지만 벌써 그 이전 수십 년 동안 크고 작은 여러 현장의 애씀이 이어져왔다. 그러던 것이 지난 10년 사이, 특히 시민운동, 밑으로부터의 개혁운동의 물꼬가 트이면서 부쩍 자라고, 또 사람들의 관심도 쏟아지게 된 것이다.

　이를테면 잘 알려진 거창 고등학교나 풀무 학교, 또는 영산의 성지 학교 정도의 색다른 학교유형 정도로만 알던 대안교육 현장만 해도 다양한 형태와 내용으로 만들어져 그 수만도 현장이 수십 곳, 준비하거나 실천하는 집단만 수백을 헤아린다. 생태주의, 공동체 건설, 어린이 자치공동체 같은 급진적인 이념부터 소박한 일탈 청소년 삶터까지, 정규학교형부터 생활현장의 모형까지 지극히 다원적인 현장들이 만들어지고 또 돌아가고 있다. 특히 1999년부터는 '특성화 학교'라는 이름으로 정규학교형 대안

고등학교들이 11군데나 문을 열어 그야말로 제도권 안으로까지 들어서게 되었다.

이런 현장에서 진행되고 있는 교육의 모습을 정규학교들을 중심으로 대강 살펴보자. 한쪽(푸른 꿈, 한빛, 간디학교 등)에서는 말 그대로 참교육, 제대로 된 사람교육을 하고자 애쓴다. 이를테면 입시위주 교육에서 형식으로 전락한 인성교육, 예능교육을 고3까지 착실하게 하거나, 머리뿐 아니라 가슴, 또 손발을 동원한 교육에 힘을 쏟는다. 그러니까 생태주의적, 공동체적, 전인적인 교육을 하고 있는 것이다. 그것은 다름아닌 유기농법 교육이다. 왜 그 청둥오리 유기농법 같은 교육이 그것이다. 청둥오리를 논에 풀어 풀 뽑고 해충 없애고 또 땅을 기름지게 하면서 오리의 부드러운 깃털로 벼를 쓰다듬어 그 성장을 촉진해주어 튼실한 낟알을 여물게 하듯이 교육하는 것이다.

지금 우리가 흔히 하고 있는 입시위주의 양적 성장위주의 교육은 화학농법으로 키운 벼처럼 수확량은 많을지 모르지만 땅은 못쓰게 만들고 그 낟알도 크기만 컸지 사람 건강에 도움이 되지 못하는 그런 껍데기 교육일 뿐이라는 것이다. 그래서 가장 정상적인 교육을 무공해 농산물 재배하듯이 되살리자는 교육이 그것이다.

그런가 하면 다른 쪽(성지, 원경, 화랑 고등학교 등)에서는 제도교육이 내다버린 아이들을 모이다 훌륭하게 키워내는 교육을 하고 있다. 가출이다, 교출(校出)이다 해서 버려지고 버림받은 밤송이 같은 아이들을 품어 정성으로 가꾸니 오히려 일반 학교에서 기를 쓰고 길러낸 아이들보다 나은 사람들을 만들어내고 있다. 이들 학교에서 특별히 새로운 교육기법을 개발해서 쓰고 있는 것은 없다. 오로지 사람을 사람답게 사람대접 하고, 있는 그대로 받아들이며 기본적인 사람됨의 가치를 지극정성으로 실천하는 가장 바탕이 되는 교육다운 교육을 하고 있을 뿐이다. 요즈음처럼 청소년 문제가 심각하고, 가출이나 교출을 넘어 등교거부, 학교거부 현상이 늘고 있는 상황을 생각하면 이런 교육의 자리는 얼마나 소중한지 모른다.

그밖에도 다양한 현장이 있지만 이런 현장들을 아우르는 두 가지 눈에 띄는 특성만 살펴보면 다음과 같다. 첫째, 이들 현장은 예외 없이 작은 학교, 작은 현장이다. 우리 교육의 가장 큰 폐해는 뭐니뭐니 해도 사회 전반에 널리 퍼진 '더 크게, 더 많이, 더 빨리'라는 산업화 시대의 성장 이데올로기다. 하지만 이것은 얼마나 비교육적이고, 반인간적인가. 콩나물 시루처럼 빽빽한 교실에서는 아무리 용빼는 재주 있는 교사라도 제대로 된 교육을 해낼 재간이 없다.

그래서 모든 대안학교 그리고 대안교육운동의 현장은 작다. 작은 것은 아름다울 뿐 아니라 좋은 것이다. 작고 느리고 모든 것을 배려하는 교육이 대안교육이기 때문이다. 또 다른 눈에 띄는 특성은 모두가 중심이라는 점이다. 대안학교나 대안교육 현장에서는 누구도 따돌림받거나 구경하는 것이 아니라, 누구나 주인이고 모든 교육활동에 가운데 선다. 사람 모두 서로를 섬기고 모시는 교육, 이것이 바로 대안교육이다.

어떤 대안교육인가?

그렇다면 다른 나라 사정은 어떨까? 많은 사람들이 궁금해한다. 영국이나 독일 같으면 제도교육도 어느 정도 인간적이고 또 그 내용도 괜찮을 터인데 왜 대안교육운동이 활발한지에 대해서 말이다. 기실 제도화된 교육, 학교교육은 정도의 차이는 있지만 그 자체로 그만큼 문제가 있게 마련이다. 그러다보니 언제나 교육의 참뜻, 본디 몫을 되찾고 되살리려는 교육적 노력은 어디서나 일어나게 되어 있다. 이것은 역사를 통해 봐도 마찬가지다.

언제나 제도로서의 교육이 틀을 잡고 굳어지려고 할 때 교육을 교육답게 하고 사람다운 교육을 열어보려는 애씀이 있곤 했다. 우리가 잘 아는 많은 교육사상들부터가 기존의 교육의 위기를 절감하고 새로운 교육으로 새로운 사람, 세상을 열어보려는 노력에서 나온 것이다.

우리가 대안교육의 본보기처럼 섬기는 영국의 서머힐, 독일의 발도로프 학교 또는 자유대안학교 등은 모두 이런 교육다운 교육, 사람다운 교육을 펼치고자 만든 교육의 자리이다. 다만 이런 학교들은 그 연륜이 오래 되고 하여 우리보다 자리가 잡혔을 뿐이다. 이들은 앞에서 살펴본 작은 학교, 학부모를 비롯한 교육주체의 참여, 생태주의나 공동체 지향, 가르침보다는 배움 중심의 일반적인 대안교육의 이념, 특성을 갖추었으되 그 주어진 여건에 따라 강조점은 달리하면서 나름대로의 본보기를 만들어온 것이다. 긴말할 것 없이 내가 구경한 독일의 어느 대안학교 현장의 모습 한 자락을 통해 그 전체 모습을 미루어 짐작해보자.

월요일 아침 내가 들른 자유대안학교에는 아이들을 줄지어 세우고 훈화말씀 하는 조회가 아닌 주례회동이 열렸다. 부모들은 음식을 싸가지고 와 아이들과 함께 모여 앉고 교사를 비롯한 학교측에서는 음료 등을 준비해 함께 아침을 먹으며 한 주 동안의 교육활동에 대해 서로 의논하고 의견을 나누는 것이 아닌가. 그 자리는 살아 있었고 삶이 있었다. 7~8세쯤의 아이들은 당당하게 자신들의 의견을 내었고 교사와 부모는 귀담아들었다. 실제로 큰 틀만 제시한 교육과정 덕분에 아이들의 의견이 충분히 반영될 수 있는 여지가 있었다.

문득 우리나라 경북지역에서 초등학교 교사들과 교육대학 학생들이 한때 열심히 만들었던 '어린이 자치공동체' 운동으로서의 대안학교운동인 '민들레 만들래'의 현장이 떠올랐다. 지금은 중단되었고 또 방학 중 캠프와 같은 형태로 머물렀지만 그들의 경험으로는 초등학생들도 말 그대로 자치적인 교육현장을 스스로 만들 잠재력을 충분히 갖추었다고 한다. 바로 이런 아이들에 대한 믿음, 사람에 대한 믿음, 그리고 삶 한복판에서 벌어지는 교육, 사람을 죽이는 것이 아니라 살리는 되살림의 교육이 대안학교가 꿈꾸고 또 그 길을 닦아나가는 교육인 것이다.

그날 초등학교 고학년의 수업주제로 정해진 '물체의 낙하'라는 것을 놓고 많은 토론이 있었다. 어떻게 하면 지루하고 답답한 칠판과 분필로 하는 수업이 아니라, 실제 생활과 연관된 수업을 해보나 하는 교사들의 고민과 아이들의 요구가 강하게 나온 것이다. 한동안 격론을 벌이더니 아이들 쪽에서 실제로 물체를 떨어뜨려보는 실험을 하자고 제안을 한 것이다. 수업 내내 아이들은 온갖 물체를 가져다가 3층 건물 옥상에 올라가 마치 자기들이 갈릴레오나 된 듯이 물체를 떨어뜨리며 즐겁게 놀았다.

그런데 내가 떠나고 난 다음날 사건이 벌어졌다. 나중에 들으니 재미들린 아이들이 결국 자기들도 물체이니 스스로 떨어져보겠다고 나선 것이다. 안전문제도 있고 해서 교사들끼리 오랜 회의를 했다. 그러던 끝에 아이들의 요구를 받아들이기로 하고 여러 가지로 수소문하여 지역의 의용소방대에 연락을 해 안전장치들을 지원받았다. 그래서는 수업 내내 아이들 스스로 처음에는 맨몸으로 나중에는 우산이며 이불 등 온갖 물건들을 이용하여 3층 옥상에서 뛰어내리는 신나고 즐거운 시간을 가졌다. 이런 실험 후에 물체낙하의 공식이나 계산을 배우니 그 내용이 어찌 몸과 마음 깊숙이 받아들여지지 않겠는가.

기왕 이야기 나온 김에 앞에 소개한 자유대안학교의 교육이념, 아니 교육의 원칙을 알아보자. 여기에는 대안학교 그리고 대안교육 현장의 본보기가 될 만한 교육 안팎에 대한 깊은 생각이 담겨 있기 때문이다. 대안학교란 무엇보다도 배움뿐 아니라 삶의 터전이며, 다름 곧 다양성과 함께 사는 연습터며, 공동체적인 더불어 사는 삶터이며, 사람의 머리뿐 아니라 손발, 가슴을 고루 자라게 하는 온전한 사람의 살림터이며, 작은 세계와 큰 세계의 다리가 되는 겪음터인 동시에, 살아 있는 배움터로서의 학교를 말한다. 이러한 자유대안학교의 교육이념은 다음과 같은 대안학교의 기본원칙들로 실천에 녹아 있다.

① 자유

수업참여의 자유, 학교공포로부터의 자유, 활동으로부터의 자유(아무것도 하지 않을 권리), 스스로를 지킬 수 있는 자유, 어른들을 위한 자유, 모두의 합의에 의한 자유의 제한

② 연대감/공동체성

부모참여, 연대에 바탕한 평가원칙, 열린 학습집단의 연대, 공동체 그러나 이상향이나 도피처는 아님

③ 개인성

독자적인 학습과정의 권리, 다른 사람들과 다르게 살 권리

④ 일상의 민주주의

　이런 대안교육의 뜻, 모습은 멀리 영국의 서머힐에서 가까이 일본의 도쿄슈레에 이르기까지 다양한 형태로 찾아볼 수 있다. 어디 그뿐인가. 영국, 미국을 중심으로 이제는 아예 집을 학교로 삼고자 하는 이른바 '홈스쿨링(home schooling)' 운동이 활발히 벌어지고 있다. 하지만 요즈음 들어 활발하게 벌어지는 대안교육 운동과 관련하여 한 가지 분명히 해둘 것이 있다. 대안교육운동에서는 이런 구체적인 교육현장의 교육실천 못지 않게 이와 관련된 제도화된 교육, 학교에 대한 철저한 비판적인 성찰이 중요하다.

　이런 운동의 선구자라고 할 수 있는 이반 일리치는 '학교사회로부터의 탈출', 곧 학교라는 틀을 벗어나 사회 전반에 교육을 실천하자는 '탈(脫)학교'의 뜻을 처음 편 사람이다. 얼마 전 홈스쿨링 운동을 하는 사람들과 모여 함께 펴낸 책에서 일리치는 우리 삶 자체를 학교에서 벗어나도록 애써야 한다는 주장을 하고 있다. 바로 그렇다. 결국 대안교육운동은 제도의 문제일 뿐 아니라 가치, 삶의 문제인 것이다. 이런 뜻에서 다른 나라에서나 우리나라에서나 교육을 교육답게 하고, 사람을 섬기며, 삶을 되살리려는, 어찌 보면 새로울 것도 없는 가치를 좇는 비슷한 일들이 벌어지게 되는 것이다.

우리 대안교육, 어디까지 왔나

우리 대안교육운동은 하지만 이제 겨우 걸음마 단계에 있다. 공부도 모자라고 힘도 너무 없다. 특히 하늘까지 찌르는 교육에 대한 대중의 원성에 비해 그 실험의 자리가 너무 좁고, 그 자리에서 만들어내는 새로운 교육, 참다운 교육실천의 영향도 너무 작다. 그러니 해야 할 일 투성이다. 공부도 열심히 해 뜻을 바로 세우고, 이런저런 뒷받침도 해야 하고, 여기저기 흩어진 힘도 모두어야 한다. 하지만 우리처럼 기존의 학교말고는 별다른 대안이 없는 데서는 무엇보다도 먼저 그 현장을 많이 만들어야 한다. 2001년만 해도 학교를 벗어난 아이들이 초중등 해서 7만 명이 넘는다. 그런데 그 많은 수요에 비해 현장은 턱없이 부족하다.

하지만 수만 많이, 양만 늘린다고 다가 아니다. 문제는 현장을 만들되, 그것도 여러 지역에서 다양한 모습으로 만드는 것이다. 그러면서 제일 중요한 지역의 특성을 살리는 과제를 감당해야 한다. 이를테면 지역과 학교의 품앗이라는 이름으로 지역과 학교가 서로 돕고 자극을 주며 녹아든 교육을 해야 하는데 아직 우리 대안학교들은 이런 연계가 부족하다. 아무리 좋은 뜻이 있더라도 지역에 뿌리내려 자리잡지 못한 대안교육은 겉돌게 마련이다. 오히려 가뜩이나 열악한 농촌지역사회를 도피처나 실험의 대상으로 삼을 염려가 있다. 그래서 지역과의 연계가 중요하며, 가장 좋기로는 지역마다 그 특성에 맞는 자발적이고 자생적인 교육현장을 만들어가는 일이다.

이런 원칙 아래 이제는 굳이 멀고 먼 저 농촌지역사회에만 대안학교나 현장을 만들 것이 아니라, 교육문제나 청소년 문제의 제 자리인 도시 한복판에도 만들어야 한다. 물론 아스팔트에서 생긴 병은 유기농법을 통해 치유해야 효과가 크지만 그 농법을 아파트 옥상에, 골목에 만들 생각은 왜 못하는가? 발상의 전환이 필요하다. 그래야만 이런 현장을 필요로 하는 사람 누구나 다 가갈 수 있고 함께할 수 있다. 물론 이것은 쉬운 일은 아니다. 현장을 마련하는 돈이 많이 들고 또 생활의 어려움과 위험도 뒤따른다. 하지만 대신에 함께할 교사고 학생이고 사람 모으기는 쉽다. 그러니 도시형 대안학교, 대안교육 현장을 만드는 일은 뒤에 이야기할 제도적인 문제와 아울러 지혜를 모으고, 뜻을 모으고, 손발을 모아 해결해야 할 과제임에는 틀림이 없다.

하지만 따지고 보면 우리 대안교육이 해결해야 할 가장 큰 과제는 그 내용이다. 우리 대안교육은 그동안 워낙 열악한 제도교육 상황 덕분에 조금만 형식적인 실험만 해도 대안교육 대접을 쉽게 받을 수 있었다. 그러나 정작 교육은 그 내용, 곧 교육과정이 중요하다. 새 부대에는 새 술을 담아야 한다. 제도교육의 한계를 넘어 제도교육에까지 영향을 미칠 수 있는 것은 결국 내용, 교육과정이다.

아직 역량노 모사라고 하여 이렇디할 교육과정을 개발하지 못하고 있는 문제가 있다. 제대로 된 대안적인 교육과정의 개발은 대안학교 안에서뿐 아니라 여전히 획일적이고 경직된 기존의 학교교육 과정 전체에 대해 제 목소리를 낼 수 있는 좋은 교육 개혁의 자리이기도 하다. 이를테면 급한 대로 학교 안 대안교육을 시작하려면 바로 이 교육과정서부터 시작해야 한다. 여기에 집중적인 노력을 기울여야 한다.

이에 못지 않게 중요한 것은 교사의 교육, 수급 문제이다. 누구 말대로 새로운 교육을 담당해야 할 교사가 구태의연한 교육관에 사로잡혀 있다면 대안교육은 처음부터 틀린 것이다. 그런데 이런 새로운 교사를 교육하고 훈련해낼 과정이 아직 없다. 그저 알음알음으로 서로 힘을 모아 스스로를 교육하고 있는데 이에 대한 종합적인 대책이 필요하다. 지금 다른 기관의 지붕을 빌려 초보적인 단계의 교사교육 과정을 시작하기는 했지만 이를 체계적이고 장기적으로 만들어 나가야 한다.

앞으로는 대안학교를 비롯한 모든 현장들이 연계된 종합적인 협의체 수준에서 이를 감당해야 할 것이다. 이를 통해 대안학교의 성과가 제도교육 안으로 스며들 수 있도록 하는 노력과 아울러 대안학교 실험끼리의 다양한 연계 및 연대를 꾀해야 한다. 서로 배우는 자세로 돕고 교류하고 하는 그물망을 촘촘히 해 교육과 사회적 파급력을 가져야 한다.

또 시급한 것은 제도적인 장치이다. 학교인가와 관련된 사항, 교사자격의 문제, 혹시 등교 거부자 같은 사회통념으로 문제아라고 부르는 학생들과 함께하는 교육현장일 경우 혐오시설로 받아들여져 지역주민과 갈등을 빚게 될 터인데 그 대책, 재정적인 문제, 이런 것들이 모두 해결해야 할 과제이다. 이 모든 것들은 한편 대안교육운동의 역량이 성숙하여 스스로 감당할 만한 힘을 모으는 일부터 해결의 실마리를 찾을 수가 있다. 외국의 어떤 대안교육 현장도 쉽게 문제를 해결한 곳은 없다. 끊임없는, 그리고 끈질긴 제도와의 싸움에서 얻어낸 결과들이다. 독일의 예만 봐도 발도로프 학교는 이제 협의회를 만들어 교육당국과의 협조 아래 자체적으로 학교인가와 교사교육을 담당하고 있는가 하면, 자유대안학교는 숱한 법정투쟁을 거쳐 기어코 자신들의 교육현장을 만들고 지켜내기도 했다. 게다가 이제는 세금으로 낸 돈을 돌려받아 집에서 교육할 수 있도록까지 한 홈스쿨링 운동이 여기까지 오도록 얼마나 많은 어려움을 겪었겠는가.

다행히 요즈음 들어 우리도 교육부를 비롯한 제도교육권에서도 이런 학교의 필요성을 인식하였다. 여러 가지 논의도 많고 또 지원책도 마련하여 노력을 기울이고 있다. 하지만 무엇보다도 중요한 것은 대안교육, 곧 교육의 본질을 되찾고자 하는 애씀을 그 자체로 인정하는 일이다. 그것은 또한 지금까지처럼 교육을 좁은 틀에서만 보고 그 안에 가두는 데서, 교육을 다양한 눈으로 보고 또 접근할 수 있도록 제도 자체의 닫힘을 여는 일이다. 그렇지 않고는 그나마 자생적으로 또 밑으로부터 비롯되는 여러 가지 다양한 대안교육의 현장을 또 다른 제도 안에 가두는 어리석음을 저지르게 될 것이다. 현실적인 필요성이라고 해서 대안교육 현장을 제도 안으로 끌어들인다면 그것은 바로 생명력을 죽이는 일이 될 것이다.

우리는 그동안 이러한 물적인 강제에 의해 이상과 꿈을 너무도 많이 희생시켜왔다. 물적인 강제가 아니라 교육다운, 사람다운 교육의 논리가 필요하다. 그러려면 이제 더는 교육을 이대로 둘 수 없을 뿐 아니라 이대로 나가다간 나락으로 떨어지고 말리라는 백척간두에 선 위기의식으로 교육을 뿌리 갈고 체질을 바꾸는 새로운 눈과 마음, 그리고 매무새를 찾고 가꾸고 가다듬어야 한다. 바로 이런 노력에 지금 한창 일고 있는 대안교육운동은 좋은 본보기를 보여주고 있는 것이다. 이것 또한 그저 구경거리여서는 열매를 맺을 수 없다. 우리 한 사람 한 사람 모두가 교육의 당사자, 주체로 바로 서고 함께 나서야 그 열매는 맺어지는 것이다. 그리고 그 열매는 먼저 우리 스스로 교육에 대한 편견과 고정관념이라는 껍데기를 벗고, 뿌리를 갈고, 거듭 교육의 첫마음 첫뜻으로 돌아가는 데서부터 싹틀 것이다.

학교의무에서 벗어난 삶

무엇 하나 제대로 되는 것도, 그렇다고 안되는 것도 없는 우리 삶터지만 요즘처럼 엉망인 적은 일찍이 없었다. 계절마저 뒤바뀌어 봄 복판에 숨막히는 한여름 더위가 기승을 부리거나 누런 먼지바람마저 잦아 가뜩이나 숨쉬기 어려운데, 온 나라가 거듭 더께로 쌓인 썩은 내로 가득하니 숨통이 막힐 지경이다. 겨우 월드컵 바람이나 선거바람으로 깔딱대는 숨결을 이어보려는 얄팍한 수작만 한창인데, 사람 사는 꼴은 말이 아니다. 그 왜 사람들을 못살게끔 억누르고 하던 때 '팔육팔팔' 타령으로 사람들을 억지춘향으로 엄벙거리게 하던 일이 아직도 새록새록 기억나는데, 거듭 그저 한낱 '게임'이고 '공놀이'일 뿐인 월드컵에나 목을 매고 덤벙거리게 하는 것부터가 그렇다. 게다가 곧 사람들을 찢고 나누어놓을 선거바람마저 한 해 내내 불어닥칠 테니 제대로 숨고르기는 영 틀려버렸지 싶다.

아무튼 이렇게 흥거롭지도 신나지도 않은, 위에서 만든 축제로 사람들을 망가뜨리고, 선거를 빌미로 한 되잖은 민주화 바람에 마음 멍들게 하는, 그 밥에 그 나물인 힘깨나 쓴다는 이들의 꼴값은 예나 지금이나 달라진 것이 없다. 그렇다고 나날의 삶을 살아가는 여느 사람들이라고 그다지 나을 것도 없다.

그토록 목줄기를 눌러온 밖의 음험하고 살벌한 힘에 치여 하염없이 작아지기만 해온 우리들은, 곁사람들과 우리 안 저 깊숙한 속내까지 함부로 대하고 막무가내로 살아가니 말이다. 그러길래 때마다, 그러니까 얼마 전 새 천년이다 뭐다 온갖 호들갑을 다 떨어가며 새로움을 다짐해보건만, 하릴없이 구렁에 빠져들곤 하던 우리는 어느새 나락에 떨이지고 마는 것이다. 더럽고 썩은 물이나 공기 속에서는 그 누구도 깨끗하고 맑은 삶을 살기 어렵게 마련이니 말이다.

사람들은 이런 때일수록 마지막 남은 기대를 교육에 건다. 우리는 지금 이 모양 이 꼴로 살지만 자라나는 세대인 아이들만큼은 좀더 나은, 그리고 안온한 세상에서 살기를 바라기 때문이다. 하지만 교육이라고 이 사회에서 벗어나 따로 있는 것은 결코 아니다. 겉으로는 저 혼자 오롯이 선 듯 세상을 멀리하고 '에헴' 하고 '바담풍' 하지만 교육이야말로 세상이 어지럽고 헝클어질수록 더욱 흔들릴 수밖에 없다.

당장 요즈음 일어나는 교육을 둘러싼 일들만 봐도 그렇다. 아무리 세상이 어지럽고 삶이 흐트러졌기로 이게 웬일인가? 도대체 이 땅에 어른으로 사는 일이 부끄러워 견딜 수가 없을 정도다. 사람을 사람답게 만들려면 교육을 제대로 해야 하고 그런 사람들이 함께 모여 오순도순 살려면 이 삶터가 온전해야 하는 것은 굳이 많이 배우지 않아도 착하고 부지런하게 사는 사람들은 다 아는 일이다. 하지만 삶터는 이리 찢기고 저리 나뉜 데다 그나마도 또 가르자고 나서는 철없는 어른들로 거듭 망가지고, 사람은 무너지는 교실에서 처음부터 뒤틀리니 이 나라 앞날이 어찌 되려는가?

누군가 어떤 사회든 그 교육의 수준은 사람들의 도덕적 수준을 넘어설 수 없다고 했지만, 그래도 교육이라도 제대로 해서 이 어지러운 세상을 바로잡아보겠다고 헛수고를 마지않는 축들에게 지금, 여기 우리의 삶터 꼴은 말 그대로 기가 막힐 뿐이다.

도대체 이 땅에서 교육이라는 것이 가능하긴 한 것인가? 그나마 교육이라는 사람이 사람 되는 바탕을 다지는 일을 학교라는 생뚱한 제도에 가두고, 가장 비인간적인 입시준비를 교육이랍시고 해온 동티가 크게 났던 지난 몇 해 동안, 모두들 교육을 걱정했다. 학교붕괴니, 교실붕괴니 마치 교육이 끝장이라도 난 것처럼 법석을 떨며 낯을 붉히고 한마디씩 거들고 나서곤 했다. 하지만 정작 스스로 학교를 무너뜨리고 나선 아이들 이야기는 귀담아 들어보지도 않고 서로 손가락질하며 책임을 떠넘기고, 아니면 구조 자체가 잘못되었다고 발뺌했다.

그것도 그때뿐, 교육은 사뭇 무너지고 쓰러지고 있는데, 그 체질을 바꾸고 뿌리를 가는 노력은커녕 낡디낡은 제도나 손보아 임시방편으로 교육을 되살리려는 어리석은 사후 약방문만 늘어놓고 있다. 사정이 이 지경에 이르니 나라꼴이나, 교육꼴이나 그 한치 앞을 내다보기 어렵게 어지럽고 캄캄하기만 하다.

하지만 죽는 것만이 살 길이라고 했던가? 아무리 사정이 어렵고 힘들다 해도 자라나는 세대를 잘 길러 삶터의 앞날을 열어가는 교육을 저버릴 수는 없다. 세상이 두 쪽이 난다고 해도 사람을 사람답게 만들고, 삶터를 사람답게 하는 일만은 그만둘 수 없다.

하지만 그러려면 지금, 여기 우리를 칭칭 감고 있는 그릇된 생각과, 우리 마음을 비뚤게 해놓은 뒤틀린 느낌을 되짚고 또 바로잡지 않으면 안된다. 바로 교육 안에, 그리고 학교 속에 똬리

틀고 있는 잘못된 교육생각과 버릇을 말이다. 그러면서 이제라도 우리 온 존재와 마음 깊숙한 곳에서 교육을 다시 생각하고, 새로운 교육을 마련하고 애써야 한다. 아무리 교육이 이 헝클어진 세상에서 벗어나기 어렵다고 하지만, 사람을 사람답게 만들고, 앞날을 채비하는 교육서부터 첫마음 첫뜻으로 돌아가 처음부터 새로 시작하지 않으면 안된다.

어제오늘 일은 아니지만 요즈음 학교는 난리도 아니다. 엉망진창인 교육을 고쳐보고 다잡아보겠다는 빌미로, 온갖 철지난 처방이 날뛰고 있으니 말이다. 학교교육이 사람들을 고르게 해주기는커녕 강남과 강북 사이, 도시와 농촌 사이가 교육을 통해 점점 더 벌어지고 있건만, 아이들 학력이 떨어지니 평준화의 틀을 깨야 한다는 억지를 부린다. 무너지고 있는 공교육을 살리는 길이랍시고, 아이들 밥 굶기고 옹색한 자리에서 잠만 퍼자게 하는 보충수업을 되살리고, 없어진 선생님들 권위를 다시 세우기 위해 다시 매를 들게 하자는 것이다.

그 막무가내의 처방이 듣고 안 듣고는 두번째 문제고, 당장 우리가 따져봐야 할 것은 도대체 학교가 무엇이길래 이 법석인가, 하는 것이다. 어느 나라에선가는 학교가 이제 그 노릇을 다 해가고 있고 2030년이면 끝장이 날 것이라고 점치기도 하는데, 이 나라에서는 무너지고 있는, 아니 이미 무너진 지 오래인 학교를 두고 사후 약방문만 요란하다.

일찍이 '학교를 벗어난 사회(deschooling society)'뿐 아니라, '학교

에서 놓여난 우리들의 삶터(deschlooling our lives)'를 만들어야 한다
는 저 이름난 일리치가 던진 화두는 바로 우리처럼 학교에 사로
잡히고, 학교에 매인 사람들의 눈과 영혼을 일깨워준다. 하지만
학교교육이 원죄가 되어버린 이 땅에서는 꿈꾸기조차 어렵다.

한국은 제 스스로 근대화를 이룩하지 못하고 뼈아픈 식민지
역사를 겪고 뒤늦게 그것도 둘로 갈라진 채 민족국가를 만들었
고, 지나치게 서두른 산업화를 통해 무리하게 '압축적 성장'을
해왔다. 그 바람에 한국사회는 '시민은 없고 국민만 있으며 개인
은 없고 가족만 있는' 뒤틀린 군사주의, 그리고 국가주의 틀 안
에서 함부로 들여온 서구식 근대 교육체제를 근대화와 산업화에
마구잡이로 써먹었다. 그러면서 병역의 의무와 교육의 의무를
국민에게 덮어씌워 그 병영화된 권위주의 사회의 기틀로 삼았
다.

이 두 가지 의무는 참된 뜻으로 새긴 근대적 시민의 권리와
책임에 앞서 사람마다 다른 생각과 느낌을 틀잡고 옥죄어, 이른
바 '신성한 의무' 아니 '의무주의'로 우리 모두의 존재, 아니 저
영혼의 깊은 곳까지 서슬 퍼렇게 불침번 서고 있다. 요즈음 많이
얘기하는 '우리 안의 일상적 파시즘', 그리고 '가부장적 권위와
위계의 군사주의'는 바로 여기서 비롯된다.

이런 의무주의에 묶여 사는 우리들만큼 '우리'라는 울타리,
아니 사람우리에 갇힌 축들도 없다. 되도 않은 '한 겨레, 한 뿌
리' 신화부터, 밀어낼 수 있는 것은 모두 밀어내고, 쭉정이만 남

은 이른바 '알맹이'끼리 피붙이며 땅붙이, 학교붙이들로 얽히고 설켜 등뼈도 줏대도 없는 사람들처럼 떼거지와 패거리를 이루고 '우리'만능주의에 빠져 산다. 남에게 당한 만큼 속 좁게 우리를 만들고, 우리 아닌 모든 것은 남이고, 조금이라도 주류에서 벗어나면 가차없이 '타자(他者)화'한다. 그리고 그 우리의 기준으로 나라를 지키는 병역과 겨레를 살리는 교육을 의무로 삼아, 그 의무에 고개를 젓는 사람은 사람대접을 하지 않는다.

이런 우리를 가두는 '우리'에 어느새 틈이 생겨나기 시작했다. 그도 그럴 것이 올림픽을 치르고, 월드컵을 치르는 나라에서 지구촌이 되어가는 세상에 언제까지 우리를 '우리'에 가두고 살 수 있는 때도 아닐 뿐더러, 그 우리가 얼마나 거짓되고 억지인지가 드러나 그 우리를 지키려는 의무에 대해 의심이 일기 시작한 탓이다. 양심적 병역거부운동이 일고 있는가 하면, 알고 보면 이미 오래 전부터 비롯된 의무교육에 대한 시비가 거듭 일고 있는 일 등이 그렇다.

무엇보다도 엉망인 학교교육의 의무를 싸구려로 중학교까지 넓히면서 OECD 기준 운운하며 생색만 내려는 국가의 선전과, 실제로 그 의무를 사람다운 삶을 거스른다는 뜻으로 거부하는 운동이 맞부딪치면서 국가주의, 우리주의, 의무주의에 대해 다시 생각해볼 수 있는 좋은 때가 된 것이다. 하지만 문제는 여전히 이러한 주의들에 사로잡힌 사람들의 눈과 영혼이 좀처럼 모든 것을 잘 따져보고 제대로 갈라서 보지 못하게끔 하는 의무교육 자체의 강제성과 억지다. 이를 분명하게 짚고 또 뜯어보아야만 우리는 비로소 의무교육을, 그리고 의무주의를 제대로 만나고 또 이겨내게 될 것이다.

흔히 쓰는 의무교육이라는 말부터 따지고 보면 잘못 쓰고 있다. 의무교육이라 하지만 실제로는 '의무교육(compulsory education)'이 아니라 '학교의무 또는 취학의무(compulsory schooling)'를 뜻하기 때문이다. 이 학교의무 또는 취학의무는 근대화 과정에서 생겨난 것이며 역사도 그리 오래 되지 않는다. 또 그 배경도 석연치 않다.

처음에는 계몽주의에 따른 평등사상과 인간이성의 계발을 통한 인간의 자아실현 사상 같은 그럴듯한 이념도 없지 않았다. 하지만 사실은 종교의 이해, 자본가들의 경제적 이해, 국가의 부국강병의 이해들이 뒤섞여 의무교육이 만들어졌다. 교회는 대중을 묶으려고, 자본가들은 노동력의 질을 높여 생산력을 높이려고, 막 만들어진 근대의 민족국가는 이른바 부국강병의 수단으로 국민대중의 교육에 관심을 가지게 되었고, 그 결과 학교의무는 급속도로 확산되었다.

학교의무를 통해 어쨌든 민중들에게 교육기회가 다시 주어진 것은 사실이다. 특히 현대사회를 열게 된 사상적 배경인 계몽주의에 따라 이성을 바탕으로 한 자아실현 기회를 모두에게 준 것은 학교의무의 큰 공이라고 할 수도 있다. 그러니 그 의무의 뒷면에는 계몽주의 특유의 '이성의 퇴락'과 더불어 교육의 수단화,

그리고 교육이라는 본원적 인간활동을 학교라는 틀에 묶어 교육을 축소하고 환원하는 계기가 되기도 했다.

이렇게 도입된 의무화된 학교교육은 처음부터 교육의 본질에서 벗어날 수밖에 없었다. 그 한 보기로서 19세기 중반 유럽 전역에 학교의무가 일반화된 시점에서 유럽 여러 나라를 여행하며 학교를 둘러본 톨스토이(Tolstoi)는 그 참담한 모습에 놀라지 않을 수 없었다. 그가 본 학교는 강제로 의무화된 학습의 장일 뿐 아이들의 삶의 자리가 아니었다.

아이들의 욕구와는 상관없이 잠깐동안이면 배울 수 있는 학습재료들을 종일, 아니 며칠씩 강제로 반복 학습하게 하고, 아이들의 활동을 제한하며, 영혼을 잠식하는 끔찍한 기관이었다. 톨스토이는 이러한 제도화된 기관으로서의 학교가 교육을 망치고 아이들을 망친다고 생각하여 러시아로 돌아와 탈(脫)제도화된, 자연상태 그대로의 학습과 삶의 장소로서의 학교를 실험하기도 했다.

현대 산업사회에 이르러 필요에 따라 생겨났고 또 힘을 떨쳤던 학교의무, 나아가서 국가 주도로 이루어진 학교 중심의 공교육체제는 그것이 태어난 유럽에서는 진작부터 그 끝에 이르고 있다. 이미 덴마크, 오스트리아, 핀란드, 미국, 노르웨이 등에서는 학교의 취학의무를 없앴다. 또 잘 알려진 대로 미국에만도 '재가교육(在家教育: home schooling)'으로 교육하는 가정이 1백만을 넘어섰고, 이를 1976년부터 법으로 보장하고 있으며 여러 연구결과에 따르면 홈스쿨링을 통한 학생들의 학업성취도 더 낫다고 한다.

길게 말할 것도 없이 우리는 독일의 학교 비판가인 푸셋(Pousset)에 따라 학교의무가 가져온 폐해, 아니 죄악을 다음과 같이 꼽을 수 있다. 첫째, 학교의무는 교육의 본디 뜻을 축소하고 공부의 참뜻을 환원시킨다. 둘째, 학교의무는 교육의 생산성을 떨어뜨릴 뿐 아니라 그 잘난 신자유주의 용어인 교육에서의 고객의 욕구조차 무시한다. 셋째, 학교의무는 결코 교육 기회균등을 보장하지 못한다. 학교의무는 교사의 소진과 자기기만을 낳아 질을 떨어뜨릴 뿐 아니라, 정작 중요한 학생들의 지금, 여기의 삶을 없앤다. 넷째, 학교의무는 새로운 시대의 교육인 삶터와 삶 전반의 평생교육을 방해한다. 다섯째, 학교교육은 결국 교육관료들을 키우고 먹여살리는 '철밥통'을 만들 뿐이다.

한국사회와 같이 헝클어지고 뒤틀린 데서는 이제 교육은 말할 것도 없고, 국가라는 조직 그리고 사회전반의 운영방식에서 공공성이란 찾아볼 수가 없다. 공공성은커녕 알벗은 욕심과 사사로운 이익만 날뛰는 가운데 공적 자금이라는 이름으로 애꿎은 시민들 주머니만 털리는 실정이다. 이렇게 지금 여기의 국가와 사회, 특히 교육은 공공성을 만들지도 지켜주지도 않는다.

이제 방법은 하나뿐이다. 우리 스스로 공공성을 찾고 만들고 지켜야 한다. 국가권력을 쥐고 있는 사람들의 도덕성이나 지금까지 벌여온 짓을 본다면 그들에게서 공공성이나 민주도의 공공성에 대한 인정은 기대할 수 없다. 특히 교육이 그렇다. 한동안 말썽을 빚었고 결국 현직 교장이 실형을 선고받은 대안학교인 간디학교를 보라. 자기들이 법까지 만들어, 스스로 뼈빠지게 노력해온 현장을 제도 안에 억지로 끌어넣더니 제 마음대로 문 닫아라, 치워라 한다. 이런 형편에 어떻게 제도 안에서 무언가를 기대하겠는가? 이제 우리들 스스로 교육의 반(反)문화, 저항문화를 만들고 그 주도권을 스스로 만들어 그러쥐어야 한다. 이것이 바로 '민(民)교육'의 뜻이다.

그런 민교육을 펼쳐나가려면, 아니 제대로 사람답게 살고 오순도순 더불어 사는 삶터를 만들어가는 교육을 만들려면 무엇보다도 먼저 우리 마음속에 깃들인 학교라는 틀에서 벗어나야 한다. 아니 벗어나는 일만으로 모자란다. 학교를 없애야 한다. 왜 그 불가에서, 부모를 만나면 부모를 죽이고, 부처를 만나면 부처를 죽이라는 말처럼 학교를 죽여야 교육이 산다. 사람이 산다. 삶이 되살아난다.

그렇다고 나 스스로도 가끔 구석에 몰리면 빌미삼듯이 말뿐인, 수사뿐인 그런 '방법론적 회의'에 머물러서는 죽일 수도 살수도 없다. 이를테면 무엇이 죽어야, 무엇이 산다는 요즈음 유행하는 식의 본새로는 안된다는 것이다. 학교가 죽어야 교육이 사는 것이 아니다. 학교든 탈학교든 멸(滅)학교든 오로지 죽기를 한해야 스스로도 제대로 살고 무엇보다도 사람이 산다.

그 학교를 죽이되, 그 학교 뒤에 도사린 의무 또한 함께 죽여야 교육은 우리의 열린 권리가 될 수 있다. 교육의 의무는 이제 더 이상 국가가 함부로 틀로 만들어 사람들에게 무거운 짐 지우는 학교의무로 축소되고 환원되어서는 안된다. 국가는 거꾸로 사람들이 각자 삶과 체험을 바탕으로 만들어내는 다양한 교육을 통해 함께 모여 사는 삶 전체가 사람대접 하는 것이 되도록 만드는 의무를 다해야 한다. 교육 주체인 우리의 진정한 의무는 바로 이런 교육을 우리 스스로 만들어, 민 중심의 교육의무를 설정하고 이를 실현하여 우리가 함께 살아갈 자라나는 세대와 함께 바람직한 삶의 앞날을 열어가는 데 있다.

독일에서 본 여러 가지 학교 만들기

2001년 여름방학 때 독일에 갈 일이 있어 한 달쯤 다녀왔다. 10년 넘게 공부한 곳이라 익숙도 하려니와 하도 어지럽고 헝클어진 우리 땅의 사는 꼴이며 교육에 치인 나머지, 이른바 '타향으로의 귀향'에 적잖은 기대와 욕심을 싸들고 간 것이다. 그러니 본디 할 일은 다른 쪽이었지만 참새가 방앗간을 그냥 지나랴, 대안교육과 관련된 사람들 만나고 학교들을 둘러볼 기회를 만들어 오랜만에 좋은 학교들을 즐겼다.

먼저 독일 사유내안학교 전국연합 회장인 만프레드 보르헤르트 박사와의 면담에서 많이 배웠다. 무엇보다도 국가의 교육독

점의 문제점과 학교 중심의 공교육 체제의 위기에 대해서는 대체로 의견을 같이했다. 독일의 경우뿐 아니라 유럽 통합 이후 유럽 전체로, 아니 지구촌 전제로 대안교육운동의 연대를 넓히는 중이라는데, 제일 앞서간다는 네덜란드와 덴마크의 사례가 사뭇 충격적이다. 네덜란드에서는 이제 초등학교의 75% 정도가 공립에서 벗어나 다양한 민간학교이고, 덴마크에서는 학생 8명과 교사 1명만 확보하면 누구나 학교설립 신청을 할 수 있다고 한다. 이쯤 되면 우리가 흔히 생각하는 공교육, 사교육의 의미 없는 구분을 넘어서 앞서 뜬금없이 내걸었던 내가 꿈꾸는 '민교육' 원칙에 따른 학교 만들기가 어디까지 와 있나 알 수 있다.

그 다음엔 일단 구 서독지역의 대안학교들을 둘러보았다. 학교의 형식과 내용, 일상도 중요했지만 그보다는 학교 만들기에 초점을 맞추고 들여다보고 또 물어보고 하였다. 가장 오래된 대안학교 중 하나인 서쪽 보훔의 학교는 전형적인 68세대, 곧 지난 1968년의 민주화 세대가 자녀를 자유와 평등, 그리고 자율로 키워야 한다는 믿음으로 사회운동을 통해 만들어낸 학교이다. 베를린의 옛적 유명한 영화사 터에 있는 학교도 마찬가지다. 모든 대안성의 전형을 보듯이 평등하지만 엉성하게만 보이는 조직과 자유롭고 자율적이지만 혼란스럽기까지 한 학교의 일상은, 통일 이전 분단도시 특유의 녹색당, 그리고 대안적 사회운동 세력이 오래도록 추구해온 이상이 맺은 작지만 의미있는 열매다.

초기에 학교를 만들었던 부모, 교사들은 건물을 무단점거하고

10여 년 간 시 정부와 싸워가며 지켜낸 학교를 마치 혁명으로 얻어낸 해방공간처럼 소중히 여긴다고 한다. 이제 세월은 지나고 거기서 자란 아이들이 교사가 될 즈음, 그 의식은 적잖이 퇴색하고 깃발만 나부끼는 듯한 아쉬움도 있지만 교사며 아이들 얼굴과 모습에서 그 이상의 자취는 여전히 뚜렷하다.

하지만 돌아본 여러 학교들 중 나름대로 뜻깊고 강한 인상을 받았던 것은 뭐니뭐니 해도 옛 동독 지역에 있는 대안학교들이다. 실제로 '독일 자유대안학교 연합'에 속해 있는 쉰 곳 남짓의 대안학교들(또는 그 준비모임들) 중 스무 곳 정도는 바로 옛 동독 지역에 있다. 대체로 옛 서독지역의 대안학교들이 정체 또는 쇠퇴하고 있다면, 반대로 옛 동독지역에서는 아주 눈에 띄게 성장하는 추세다. 내가 늘 주장하는 대로 '모순이 첨예한 곳에 그 극복의 노력도 치열'하기 때문일 것이다.

잘 아다시피 지난 1990년 흡수통합 방식으로 통일된 뒤, 옛 동독지역은 말 그대로 내적 식민지가 되어 모든 것이 서독 기준에 맞추어 하루아침에 달라졌다. 먹고사는 일부터 교육까지 모두 가장 발달한 자본주의, 이른바 사회적인 시장경제 원칙에 따라 바뀐 것이다. 10년이 넘은 지금 겉으로는 그런 대로 변화와 적응이 잘 진행된 것 같지만, 사람의 마음과 영혼이야 어디 그런가.

교육이라는 사람과 삶의 일에는 그 변화도 적응도 쉽지 않다. 그러니 대안교육 같은 새로운 시도와 실험에 마지막 기대를 걸고 안간힘을 쓸 수밖에 없는 것이다. 아무튼 그런 사정으로 한창 성장하고 있는 옛 동독지역의 대안학교 중 두 곳을 둘러보았다. 하나는 옛 동베를린 지역의 팡코라는 도시형 대안학교이고, 다른 하나는 베를린을 둘러싼 브란덴부르크 주의 농촌, 우리로 치면 경기도 끝머리쯤 되는 농촌지역사회의 타쉔베르크 대안학교이다.

하나

먼저 베를린 동쪽의 팡코(Pankow)라는 구역에 있는 구 동베를린 지역에서 처음 만들어진 대안학교를 찾았다. 독일이 통일된 이후 동독지역에 일방적으로 서독식 학교체제가 도입되었고 이에 적응해 가는 과정에서 많은 갈등이 생겨났다. 특히 업적주의, 경쟁주의에 익숙지 못한 아이들은 대거 학교 부적응과 탈락 같은 반응을 보였고, 부모들은 삶의 상황마저 불안한 상태에서 자녀교육이 가장 큰 걱정거리였다.

이때 주로 옛 동독체제 말기에 민주화 운동에 앞장섰던 '새로운 포럼(Neues Forum)'의 구성원들 중 어린아이를 둔 부모들이 모여 대안학교운동을 시작했다. 처음에는 이미 옛 서독지역에 정착된 대안교육 이론, 대안학교 모델을 참고했지만 준비과정에서 차차 그 지역 특성과 아직 포기할 수 없는 자신들만의 이상을 담아내기 시작했다. 마침 옛 동독지역 주정부들의 이런 교육적 실험에 호의적인 분위기에 힘입어 그리 어렵지 않게 지원과 인가를 얻은 이 학교는 베를린 동부 지역 중심지에서 조금 떨어진 곳에 자리잡고 있다. 서울로 치면 청량리쯤 되는 동쪽 중심지역이거니와 독특한 문화적 배경이 느껴졌다. 옛 동독 체제 말기에 비판적인 지식인들의 운동이 거셌던 지역이기 때문이다.

학교는 1학년부터 6학년까지 60명 정도의 작은 규모이고, 건물은 옛 학교건물이어서 그리 특이하지는 않았다. 하지만 안으로 들어가 살펴보고 나니 과연 대안학교였다. 무엇보다도 나를 맞아준 학교의 '사무처장(Geschaeftsfuehrer)'—교장은 없고 이런 사무장격의 사람만 있음—인 예나라는 삼십대 초반의 아주 냉철하고 지성적인 여성과의 대화에서 많은 것을 배울 수 있었다.

옛 동독지역에 많은 혼자 살면서 아이를 키우는 여성인데 체제 말기에는 저항운동을, 그리고 지금은 녹색당과 대안적 사회운동에 가담하고 있다고 한다. 이목구비가 뚜렷한데다 머리를 빡빡 깎고 검은 옷을 입은 아주 깊은 인상을 주는 겉모습에다 하는 말마다 똑 떨어지는 예나는 나와 이야기가 잘 통했다. 아직도 사람 사이의 평등과 화해의 꿈을 버리지 못한 이상주의자, 마르크스부터 톨스토이, 몬테소리와 프레이리를 좋아하는 비판적 지식인의 전형들로 말이다.

단지 교육적인 다툼 이외에는 이곳의 특수성 때문인지 정치적인 다툼은 이제 그리 심하지는 않다면서, 하지만 부모들의 욕심과 교육적인 이상 사이에서 갈등하는 일은 어디서나 마찬가지라고 서로 확인하며 웃기도 했다. 학교는 전체적으로 작지만 단단한 인상을 주었고 아이들은 대안학교 특유의 자유분방함과 아울러 자신감이 엿보여 참으로 보기 좋았다. 불행히도 아이들 대부분은 더운 날씨에 야외로 나가고 서너 명 정도만 남아 낯선 이방인의 방문에 관심을 보이며 끊임없이 기웃거렸는데, 이들을 달래고 타일러 보내는 그녀의 태도가 아주 자연스러웠다.

학교는 지난 1992년 팡코 지역의 학부모들이 모여 '팡코 생태학교 설립 추진위원회'를 결성하면서 태동했다. 많은 논의와 준비과정을 거쳐 무엇보다도 '어린이다운' 교육을 실천할 수 있는 학교를 만들기로 합의하고 학교이름도 '팡코 자유대안학교'로 바꾸어 1994년 인가를 받고 학교를 설립했다.

학교의 기본이념은 '학교는 어린이들이 스스로의 역량과 약점, 그리고 특성을 알아내고 자율과 자기결정에 따라 성장할 수 있는 장소'이며, '교육은 서로의 경험에서 배우고 익히는 크고 작은(나이 많고 어린) 사람들의 온 삶을 통한 의사소통 과정'이라는 신념이다. 학교운영은 교사, 학부모로 이루어진 이사회에서 민주적으로 하며, 대표는 교사나 학부모 중 돌아가면서 사무처장 직을 맡는 것으로 한다. 모든 학생과 교사들이 일주일에 한번 총회를 통해 모든 것을 의논하고 결정한다.

주어진 교육과정은 있되, 그 적용도 합의에 의해서 한다. 이를테면 수업참가의 의무는 있지만 거부권도 인정하고, 시간표는 있지만 정해진 규율이 아니라 얼마든지 변용 가능하며, 학생들의 제안이나 발의에 따라 얼마든지 프로그램을 바꿀 수도 있다. 1~3학년과 4~6학년은 대체로 학년구분 없이 두 모둠으로 나뉘어 따로, 또 같이 수업을 하는데 모둠끼리 날마다 '아침모임'을 갖고 여기서 하루의 일정을 의논하고 결정한다. 학비는 사립학교이므로 한 달에 약 240마르크(우리 돈으로 약 13만 원 정도)를 내야 하는데, 부모의 소득수준에 따라 차별적으로 낸다. 교사는 지금 정식교사 4명과 보조교사, 자원봉사자 등 모두 10명 안팎으로 사무처장과 함께 수업과 학교생활을 꾸려나간다.

이 학교에서는 짧은 하루라는 방문시간에다 수업을 참관하지도 못했고 학교 내부를 둘러보고 사무처장 및 교사들과 대화만을 나누었을 뿐이라 학교의 전모를 파악했다고 할 수는 없다. 다만 이들과의 대화와 나름대로 전문가의 눈으로 살펴본 학교의 모습에서 깊은 인상을 받은 것이 있다. 그것은 다름아닌 비판적 지식인들이 생활 속에서 대안을 모색하고 실천해내는 강한 힘이다.

이들은 이론도 정연했으며, 아울러 옛 동독시절 겪었던 사회주의의 평등이라는 이상과 체제의 충돌을 아픈 경험으로 삭이고 있으며, 그것을 거대담론이 아닌 가장 구체적인 실천의 장인 교육에서 실험하고 모색하고 있는 중이다. 결코 무리하지 않으며, 머리로는 날카로운 비판을 그러나 가슴으로는 따뜻한 연대와 손발로는 억기찬 실천을 일구어내는 이들의 모습에서 나는 대안교육뿐 아니라 대안적인 더불어 사는 삶의 작은 모델을 보았다.

둘

두번째로 찾은 옛 동독지역의 학교는 브란덴부르크라는 우리로 치면 서울을 둘러싼 경기도라고 할 수 있는 지방에 있는 타쉔베르크(Taschenberg)라는 시골마을의 대안학교이다. 전화로 이야기 나눌 때부터 이 학교의 교장은 적어도 학교의 일상을 하루종일 함께 하지 않으면 방문을 허용하지 않겠다고 못을 박아 대뜸 좋은 인상을 심어주었다.

하지만 내가 머물던 베를린에서 아침 등교시간 맞추어 가기란 거의 불가능해 새벽같이 나섰지만 결국 조금은 늦은 시간에 학교에 닿을 수 있었다. 전철 타고 중앙역도 아닌 동부역까지 45분, 허술한 기차로 1시간 남짓, 마중나온 교장 안케의 차로 30분, 이렇게 먼길을 달려가 간신히 약속한 아홉시 아침모임 시간에 맞추어 학교에 닿은 것이다.

학교를 둘러볼 시간도 없이 바로 큰 교실로 들어가니 아이들, 교사들, 부모들 해서 50여 명이 가득 모여 있었다. 내가 대안학교들에서 가장 부러워하는 것이 이 총회 또는 아침모임으로, 대개는 월요일마다 우리 조회 같은 것 대신 학생, 부모, 교사가 모두 모여 아침 먹으면서 일주일 일정을 함께 의논하는 자리다. 금요일이지만 손님이 왔다고 특별히 모인 모양인데, 시골마을이라 그런지 학부모, 특히 엄마들이 여럿 눈에 띄었다. 또 전혀 예정에도 없이 한마디하라는 권유에 어쩔 수 없이 앞에 나섰다. 오랜

만에 해보는 독일어 수다에 걱정도 됐지만 그 초롱초롱한 아이들 눈을 보니 용기를 얻어 그런 대로 한 30분 수다를 떨 수 있었다. 질문 받고 답하고 나서는 아침모임 특유의 회의장면을 구경했다.

열한 살 먹은 롤프라는 친구의 사회로 일주일 동안의 일들을 반성도 하고 의논도 하는데, 제법 진지하고 모두 평등하게 발언권도 얻고 하면서 진행되는 회의가 인상적이었다. 안케가 내 안내를 맡을 사람이 있었으면 좋겠다고 하자 이레네라는 예쁜 이름을 가진 씩씩한 열두 살 난 아이가 자청하여 나섰다. 그의 안내로 나는 두시 반까지 모든 학교생활을 함께 했다. 수업도 참관하고 놀이도 하고 점심도 먹고…… 여기는 구 동독지역에서도 가장 낙후한 농촌지역으로 주변에 산업시설이라곤 전혀 없고 겨우 유기농 정도의 기반만 있을 뿐이고, 주민들은 토착민에다가 베를린에서 귀농한 사람들이고, 아이들 중 3분의 1은 편모나 편부 가정이다.

그런데 바로 이런 열악한 환경 속에서 어찌 보면 가장 알찬 교육적 실험을 하고 있었다. 자유와 자율을 한 축에 두고, 사회성과 개인역량을 키우는 일을 다른 한 축에 두면서 절묘한 조화를 만들어내는 것이다. 또 지역에 녹아 있어서 수시로 마을 사람들도 드나들고, 학교도 마을 전체를 앞마당으로 삼고 있었다. 게다가 모든 사람들이 순박히고 때묻지 않은 인상을 주고, 심지어 주변 농가에 있는 개, 말, 소들도 그랬다. 수업은 살아 있었고 공부들도 열심히 했다. '싫다반'도 있었지만 남을 방해하지 않고 적당히 개긴 뒤에는 슬몃 다시 끼어들었고, 그 어떤 아이도 방치하지 않고 세심한 배려로 보살피고 돌보는 손길이 느껴졌다. 다만 영어시간에 지나친 손길과 조금은 답답한 전통적인 수업방식이 눈에 거슬릴 따름이었다.

날은 구름 한점 없고 뜨거운데, 이 먼 낯선 곳에서 정말 즐겁고 편안하고 알찬 교육을 만들어가는 학교를 경험한 일은 아마 두고두고 잊지 못하리라. 이 학교에선 하도 많은 것을 보고 느껴 나중에 한 권의 책도 쓸 정도이다. 내 안내자 이레네를 비롯한 많은 사람들의 애틋한 환송을 뒤로하고 간 길을 되밟아 숙소에 돌아와서 돌이켜보니 한여름 낮의 아름다운 꿈을 꾸고 난 듯했다. 인상부터 먼저 적다보니 기본적인 이 학교의 내용 소개를 잊었다. 몇 마디 덧붙여보자.

이 학교의 정식이름은 '능동적인 자연학교 타쉔베르크'이다. 그 이름에서 보듯이 이 학교의 기본이념은 '학교는 배움터일 뿐만 아니라 삶터'이며, '어린이들이 능동적으로 그들의 내적 본성과 자연성을 실현하고 외적 자연을 체험학습'하는 장소라는 신념이다. 학교는 1991년 학부모와 교사들이 모여 추진위원회를 결성하고, 1994년 초등학교 과정의 대안학교를 설립한 데 이어, 1999년부터는 일종의 실업계 중학과정으로까지 확대시켰다.

120명의 학생과 15명의 교사, 보조교사 등으로 구성된 비교적 큰 규모의 대안학교로서 학년을 섞은 모둠별 수업, 수업참가 의무는 두되 그 적용에 자율성을 두는 것 등은 앞서의 팡코 학교와 비슷했지만 무엇보다도 자연생태계를 이해하고 그 안에서 생활하는 자연학습, 생태체험의 강조가 눈에 띄었다. 또 점심시간에 모두 모여 함께 준비된 식사를 했는데, 고학년 모둠이 저학년 모둠의 식사를 거들어주고 나중에 정리하는 모습이 아주 익숙해 보여 생활중심 교육의 성과를 볼 수 있었다.

지역사회와의 연계도 모범적이어서 지역사회 전체가 학교고, 학교도 지역사회에 잘 녹아 있었다. 이 학교는 이런 의미에서 농촌지역사회로 찾아간 대안학교가 아니라, 농촌지역사회에서 우러난 대안학교의 모델이라고 할 수 있어서 우리에게도 좋은 귀감이 될 것 같았다.

아무튼 정리해보면 옛 동독지역의 대안학교들은 옛 서독지역의 대안학교들에 비해서 한편으로는 조금은 구태의연하고 답답한 느낌을 주기도 하지만, 다른 한편 아주 생생하고 역동적인 느낌을 준다. 그만큼 밖의 교육환경이 열악한 탓이기도 하지만, 그 주체들이 아직 자본주의와 업적주의에 덜 물든 탓이기도 하다. 무엇보다도 학부모나 교사들의 참여가 적극적이면서도 뚜렷한 지향을 담고 있어 그 지원이나 실천이 치열한 것이 눈에 띄었다. 아이들은 대체로 우리 자랄 적만큼이나 순진하고 소박했는데, 그만큼 규율이나 통제도 내면화되어 있는 것 같아 안타까운 마음도 들었다.

다행히 주정부들이 적극적으로 대안교육을 지원하고 있어서

우리와는 대조를 보였는데, 이것은 결국 교육이라는 생활세계의
일상이 얼마나 정치적인가를 보여주는 대목이 아닐 수 없다. 얼
마 전부터 나도 주장하는 민교육은, 저 교사들의 참교육의 함성
보다는 작은 속삭임일지 모르지만, 서로 어깨를 겯고 함께 나서
작은 교육의 실천부터 바꾸고 바로잡는 우리 삶의 싸움이며, 그
렇지만 저 키아로스타미의 빼어난 영화제목처럼 '그리고 삶은
계속되고' 하는 가장 자연스럽고 진솔한 삶의 이야기일 수밖에
없는 것이다.

아이, 어른 함께 자라기

21세기 아이들 이렇게 키우자

부모 십계명

이제 끝으로 우리 부모들에게 당부하고 싶은 이야기들을 이른바 부모 십계명으로 풀어보자. 이제 다 자란 어른이고 배울 것 다 배운 부모들에게 이런 계명까지 주자니 마음이 편치 않고 아프기까지 하다. 또 나도 자식 기르는 부모로서 스스로는 이런 것들을 다 지켰나, 돌아보게도 된다. 하지만 앞에 구구하게 늘어놓았듯이 나 스스로도 엄청난 시행착오를 거쳐가며 이런 깨달음을 얻었다는 것이지, 내가 잘나고 처음부터 잘 알아서 이렇게 했다는 것은 결코 아니다. 다만 전문가로서, 그리고 여러 현장을 두루 돌아다니며 온갖 소리를 듣고 겪는 과정에서 뼈저리게 이런 것들을 보고 느꼈기로 이를 정리하여 나누고자 할 따름이다.

물론 나 스스로 적어도 원직으로는 이를 지키고 또 따르려고 나름대로 많이 애써온 것은 사실이다. 그렇지만 이제 풀어볼 십

계명은 살아가면서 늘 가슴에 담고 눈앞에 떠올리며 지켜주었으면 하는 지침일 뿐이다. 언제나 그렇듯이 종교적인 계명처럼 죽기를 한하고 지키려고 들어서도 안될 것이며, 또 그러기도 쉽지 않다. 나 자신도 끊임없이 다짐하고 애를 써도 하루에도 여러 번 지키지 못하고 어기기를 밥먹듯했을 정도로 그대로 지키기 쉽지 않은 계명들이다. 하지만 적어도 아이들과 함께 앞날을 함께 열고, 지금 여기 우리 살아가는 세상처럼 사람 사랑하는 일이 힘들지는 않을 세상에서 이들이 살아가도록 하려면 반드시 따르려고 애써야 하는 계명들이다.

앞의 다섯 계명은 절대로 해서는 안될 일, 그리고 뒤의 다섯 계명은 꼭 해야 할 일이다. 해서는 안될 일은 하다못해 우리가 살아가면서 얼마나 아이들에게 해서는 안된다고 가로막고, 못하게 하고, 아이들을 잡아왔는지를 스스로 돌아보게 하는 좋은 기회를 줄 것이다. 그리고 부모 자신이 그렇게 당하는 아이들의 처지가 되어 '역지사지' 해보는 기회를 줄 것이다. 아이들이 얼마나 그 속에서 힘들고 어려웠는지 미루어 짐작하는 기회를 줄 것이다.

하지만 언제나 그렇듯이 '~하지 말라'는 부정적인 지침은 썩 재미가 없다. 그래서 뒤의 다섯 계명은 '~하자'는 긍정적이고 적극적인 지침을 담았다. 사실 이것이 더 어렵다. 그리고 앞의 하지 말아야 할 일들만 제대로 지키면 곧 적극적인 지침 자체를 실천하게 될 것이다. 하지만 다시 한 번 강조하는 뜻으로 이렇게 바꾸어 꼭 해야 할 일들로 풀어보았다. 자, 이제 부모들이 나설 차례다. 스스로 배우고 익히며 아이들과 함께 자라, 새로운 세상을 만들 일이다.

해서는 안될 다섯 계명

~하지 말라

금하지 말라

이미 시작된 21세기에 주인공으로 살아갈 아이들에게는 우리가 상상할 수조차 없는 무한한 가능성과 전망이 열려 있다. 우리 부모들의 상상력은 그렇지만 아직 20세기 아니 19세기에 머물고 있고, 우리 사고의 용량도 286이나 386 컴퓨터의 그것이 고작이다. 하지만 우리 아이들이 살아갈 새로운 세상은 지금, 여기 우리들이 살고 있는 모습과는 질적으로 다를 것이다. 또한 우리 아이들의 역량과 용량은 슈퍼컴퓨터쯤은 될 것이다. 이쯤 되면 우리의 부모노릇은 처음부터 달라져야 한다.

무엇보다도 먼저 우리는 아이들을 막아서거나 그 성장에 걸림돌이 되어서는 안된다. 물론 인류가 살아 있는 한, 한편 아이들의 가능성을 열어주기도 하지만, 다른 한편 자기규제 능력 같은 제한을 하는 교육은 계속될 것이다. 그렇지만 그 방식이 달라져야 한다는 뜻이다. 그러려면 한 가지 명심할 것이 있다. 이제 아이들에게 아무것도 금해서는 안된다는 것이다.

이제 부모들은 '안된다, 못한다, 그래서는 못쓴다'는 식의 부정적 어법을 쓰지 말아야 한다. 자라나는 세대의 엄청난 힘과 가능성을 막아서도 안되고, 또 억지로 막는다고 될 일도 아니다. 그것을 구태의연한 틀에 사로잡힌 나머지 막무가내로 막아보려드는 데서 갈등이 생기고, 그 갈등을 통해 아이들의 가능성과 잠재력을 제한하게 된다. 앞으로의 세상은 자라나는 세대의 상상력과 그것을 펼치려는 노력으로 만들어진다. 그 무엇도 우리는 금지하거나 제한해서도 안되고 또 그럴 수도 없다.

이것은 또한 가장 교육적인 방법이다. 언제나 그렇듯이 아이들은 금지와 제한이 아니라 칭찬과 격려를 먹고 자라는 나무이다. 정 걱정이 되고 마음이 놓이지 않거든 그들 모르게 하라. 쑥쑥 자라나는 나무 곁에서 조금 떨어져서 그들이 눈치채지 못하게 주변의 위험을 치우고 또 나쁜 것들을 없애면 된다. 제발 그들에게 손사래쳐가며 이것저것 금하면서 가르치려 들지 말라.

무엇보다도 나쁜 것은 예전에 농담에 많이 썼듯이 "안돼요, 돼요, 돼요" 하는 일관성 없는 태도이다. 우리 부모가 가장 많이 저지르는 실수는 처음에는 엄하게 금지하고 못하게 하다가 나중에는 마음이 물러져서 허용하는 이중적 잣대다. 그렇게 되면 아이들은 금지를 오히려 간질간질한 허용의 전주곡쯤으로 여기고 금지를 즐기게 된다. 그러면서 알게 모르게 아이들 자신의 가능성과 잠재력은 제한되는 것이다. 금지는 아이의 존재를 위협하는 한두 가지 분명한 것에만 하면 된다. 이를테면 약물이나 폭력과 같은 것들 말이다. 그것도 일방적인 금지가 아니라, 그것을 꺼리고 또 피해 가도록 유도하고 합의하는 것이 중요하다.

무엇이든 금지당한 아이는 그 금지된 영역에 대해 접근할 마음조차 먹지 않게 된다. 하지만 아이들이 추구하는 많은 것들은 이제 우리 어른들이 상상할 수도 없는 새로운 가능성, 그러니까 구체적인 직업과 경제적인 성공부터 자아실현의 가능성으로 연결된 것이 많다. 그것을 처음부터 막아놓으면 그것과 다양하고 풍부하게 연계된 다른 가능성조차 막게 되는 것이다.

가장 전형적인 보기가 바로 대중문화나 또는 게임, 만화와 같은 여가와 관련된 금지다. 이제 만화나 게임은 잘만 하면 다른 무엇보다도 경쟁력 있는 장래직업과 연관되어 있다. 또 대중문화 또한 앞서 살펴본 대로 굳이 생산자가 아니더라도, 이를 충분히 누리고 또 어느 정도 도사가 되어야 앞으로는 풍부한 삶을 살 수 있다. 그러니 우리 어른들이 우리들의 기준으로 무엇을 금지할 수 있단 말인가.

거듭 강조하지만 아무것도 금하지 말라. 모든 것을 금하지 않고 가능성으로 열어줄수록 아이들의 풍부한 잠재력은 자라고 커간다.

명령하지 말라

다음으로 우리 부모가 꼭 해야 할 일은 우리가 가장 익숙한 버릇에서 벗어나는 것이다. 바로 명령하지 말라는 것이다. 우리는 살아오는 동안 내내 명령받고 또 명령하는 데 익숙한 나머지 우리 아이들에게도 이것저것 명령하려 든다. 하지만 이제 자라나는 세대에게 명령이란 컴퓨터에게나 하는 짓이다. 이런저런 명령어를 통해 컴퓨터를 작동하고 작업을 수행하게 하는 것 말이다.

이들에게 그밖의 명령이란 자신들의 새로운 의사소통 문화에 존재하지 않는다. 개별통신이 그만큼 발달하고, 그 미래가 어떠할지 앞에서도 살펴보았지만 이들은 평등하고 서로를 존중하는 통신방식의 가능성을 충분히 가지고 있다. 그러니 이들에게 명령할 필요가 없다. 명령은 이들을 거듭 컴퓨터와 같은 기계로 대상으로 삼는 일일 뿐이다. 게다가 명령한다고 해야, 386 486 정도의 용량을 가진 우리 어른들이 슈퍼컴퓨터에 명령어를 입력하는 것이 될 터이다.

명령은 단정적이다. '이렇게 해, 저렇게 하지 마'는 지극히 단선적이고 획일적이다. 그 명령이 지시하는 만큼만 요구하는 것이다. 그 요구조차 마땅하지 않거니와 복합적이고 중층적인 회로를 가진 자라나는 세대들에게 이 단정적 명령이 제대로 들릴리도 만무하지만 그것 자체가 이들의 섬세한 귀에는 치명적으로 작용할 수도 있다. 바로 그 회로를 단순화하고 또는 파괴할 수 있기 때문이다.

생각해보라. 복잡한 계산과 추상적 사고과정이 가능한 프로그램에다 '이래라, 저래라' 하는 명령은 그 프로그램 자체를 손상시킬 수 있다. 그러니 아예 명령할 마음조차 먹지 않는 것이 좋다. 또 명령은 아이들의 거짓말과 일탈행동을 유발한다. 아무리 듣기 좋은 말이라도 자꾸 들으면 듣기 싫거니와 명령을 좋아하는 사람은 없다. 하지만 아직 이런저런 제한을 가진 아이들이 명령에 쫓겨 거짓 대답하고, 그러다 못해 명령을 피해, 또는 명령에 눈앞에서는 복종하기 위해 더 큰 일탈과 말썽의 길로 나서는 것을 우리는 내다보지 못하고 또 명령으로 몰아세운다.

게다가 명령은 가뜩이나 하나나 둘만 자라 사회성에 문제가 있는 자라나는 세대에게 옆으로 앞뒤로 눈을 돌려 사람을 찾고 관계를 찾을 싹을 짓밟는 일이다. 이것이다, 저것이다 하는 단순한 논리는 사람에게 적용할 수도 없거니와 풍성하고 다채로운 인간관계의 가능성을 제시해주기보다는 더욱 단순화하고 틀에 가두어 아이들을 외롭게 만든다. 영국에서 벌써 오래 전에 조사한 바에 따르면, 이른바 부모의 어투, 곧 말본새가 아이들의 성장 가능성을 어떻게 촉진하고 또는 제한하는지 그 결과가 매우 시사적이다. 명령문이나 단문을 주로 쓰는 어투는 그만큼 지적 성장을 제한하고, 제안이나 권유의 말, 복합적인 문장을 쓰는 어투는 지적 성장을 촉진한다는 것이다.

우리 부모들은, 특히 우리 엄마들은 제발 이 명령을 잊어야 한다. 한번 집에서 아이들과 나눈 이야기를 녹음해보라. 그러면 아마 엄마들이 아이들에게 건넨 말의 90%는 명령어일 것이다. "숙제해라, 학원 가라, 밥 먹어라"부터 "게임 그만해라, 빈둥대지 마라, 그만 좀 자라"까지 어머니들은 아이들에게 명령만 하고 산다. 그 녹음을 한번 들어보면서, 그 명령어 하나에 아이들 가능성 하나가 죽어간다고 생각해보라. 명령하고 싶을 때마다 꾹꾹 참고, 그럴수록 쑥쑥 자라나는 아이들의 가능성, 잠재력을 떠올려보라.

어디 그뿐인가. 이렇게 우리가 아이들에게 명령하지 않고 권유하고 제안한다면, 이 아이들이 자라 살아갈 세상은 그 숱한 거짓과 일탈, 편법과 비리에서 자유로울 수 있을 것이다. 그러니 부디 명령하지 말라.

빚으려 들지 말라

아이들은 찰흙이나 밀가루 반죽이 아니다. 부모가 원하는 대로 이리저리 매만져 빚을 수 있는 존재가 아니라, 그 자체로 고유한 생명과 개성과 특성을 가진 존재이다. 그런데 우리 부모들은 '우리 아이는 내가 가장 잘 안다'는 비명 아래 아이들을 함부로 빚으려 든다. 하지만 부모야말로 자기 아이들을 잘 모른다.

너무 가까이 두고 키우며 또 늘 보기 때문에 그 보석처럼 빛나는 개성과 특성을 잘 찾아내지 못한다.

오히려 그보다는 잘못 아는 수가 더 많다. 어디에 조금만 재주를 보이면 아이가 천재거나 재능을 가진 것으로 착각하기도 한다. 하지만 인간의 개성이나 특성은 그렇게 서툰 부모 눈으로 찾아낼 수 없는 것이다. 특히 요즈음처럼 세상이 바뀌고 삶이 달라지는 때, 새 천년의 새로운 문명이 시작되는 때, 한 아이의 개성이나 특성은 부모가 이해하거나 판단하는 범위를 넘어선 것일 수도 있다. 이것을 어떻게 전문적인 식견이 없는 부모가 알아낼 수 있을 것인가?

'될성부른 나무 떡잎부터 알아본다'는 속담이 있다. 아주 비교육적이고도 전근대적인 속담이 아닐 수 없다. 공부해서 출세하거나 돈 버는 뻔한 장래, 불과 몇몇 직업으로 아이들의 미래를 진단했던 지난 시절에는 나무 품종이 얼마 되지 않았기에 떡잎부터 그 나무가 될성부른지 아닌지 알아볼 수 있었을지 모른다. 하지만 예측할 수 없는 장래, 숱한 새로운 직업의 세계가 열리고 있는 지금, 어떤 떡잎이 어떤 나무가 될지는 모르는 일이다.

그런데 전문적인 식견도 없는 부모들이 아이들이 어떤 나무로 어떻게 커갈지도 모르면서 자기 기준으로 서둘러 그 떡잎의 본질을 제대로 알아보지도 않은 채 제멋대로 이런저런 떡잎이라고 속단하는 일은 위험하기 짝이 없다. 이렇게 섣부른 판단을 해놓고는 그 떡잎을 구태의연한 자신의 시대에나 통용되는 잣대에 따라, 아이가 아니라 부모가 원하는 나무로 키우려고 기를 쓴다. 그러다 그 떡잎의 속성을 잘못 짚어 아이를 망치거나, 원래 드러난 소질을 무시하고 억지를 강요하는 수가 많다. 게다가 앞날의 요구에 걸맞은 나무가 아니라 당장 코앞에서만 소용이 닿는 나무로 키워 미래에는 쓸데없는 나무로 만들려는 우를 범하기도 한다.

가장 단적인 예를 들자면 요즘 아이들은 전공선택도 부모가 함부로 하는데 아주 위험한 일이다. 지금 직업전망이 좋아 속된 말로 잘나가는 인기학과들은 머지 않은 앞날에 별 볼일 없어질 것이다. 이미 서구에서 그렇고, 우리 사회의 발전과정을 지켜보아도 당연히 그렇게 될 것이다. 그것도 아이들이 직업생활을 하게 되는 그리 오래 지나지 않은 앞날에 말이다. 그런데 부모들이 자신들의 시대만 생각하고 전혀 다른 시대에 살아갈 아이들의 앞날을 자식 위한다는 빌미 아래 이래라저래라 하는 것은 옳지 않다. 아니 이는 어리석은 부모들의 속단이요 아이들 장래에 대한 월권이다.

그러니 무엇보다도 부모들은 아이들에 대해 속단하지 말고, 또 함부로 빚으려 들지 말일이다. 설사 아이의 특성이나 개성을 제대로 잘 파악했다고 해도, 전문적인 식견이나 노하우가 없는 부모들은 서툴게 아이들을 빚어보려다가 그만 그 특성이나 개성을 종종 해치는 경우가 있다. 도대체가 어른들이 아이들을 키우고 빚으려는 것부터가 잘못된 태도이다. 아이들은 점점 더 스스

로 자란다. 어른들은 다만 옆에서 지켜보고 자라는 것을 도우면
된다. 결코 나서서 아이들의 본질에 손을 대고, 간섭하며 빚으려
들어서는 안된다. 그렇게 하다간 아이들의 존재를 망가뜨리고
앞날의 가능성을 제한할 뿐이다.

앞으로 새 천년의 주역으로 살아갈 아이들은 무한한 상상력
을 마음껏 펼치며, 또 어떤 틀에도 매이지 않고 자유롭게 자신을
스스로 만들어 갈 존재들이다. 이들을 전근대적이고, 구태의연
한 부모들의 짧은 생각으로 틀에 가두고 빚어낼 생각을 해서는
안된다. 아이들은 그렇게 빚어질 존재도 아닌데다, 그렇게 빚어
진 아이들이야말로 미래에는 철지난 인재로 이류, 삼류인생을
살 수밖에 없을 것이다.

잡지 말라

사람은 교육을 통해서만 사람답게 된다. 사람으로 태어났다고
해서 다 사람이 되는 것이 아니다. 아이들이 즐겨 보는『정글북』
이라는 소설에 보면 사람의 아이가 버려져 늑대들 사이에 크다
보니 이른바 늑대소년이 된 '모굴리'라는 주인공이 나온다. 실제
로 있었던 일을 소설로 쓴 것인데, 그만큼 사람은 사람 사이에서
사람답게 만들어져야 사람이지 사람으로 태어났다고 사람이 아
닌 것이다. 그래서 교육은 사람을 사람답게 만드는 일이며, 가장

본원적인 인간활동이다. 우리는 이렇게 태초부터 알게 모르게 교육이라는 것을 통해 사람을 만들어왔다. 하지만 우리는 언젠가부터 교육이라는 이름으로 사람을 만들기보다는 사람을 잡기 시작했다. 특히 우리 교육이 그렇다. 사람을 사람답게 대접하고, 개성을 살려주고, 스스로를 펼치게 하지 못하고 사람을 못살게 굴고, 개성을 죽이고, 틀에 맞추고 가두는 일을 교육이랍시고 해온 것이다.

그 가장 대표적인 경우가 바로 우리 부모들이다. 우리 부모처럼 아이들을 잡는 사람들도 없다. 오후쯤 아파트 단지에서나 주택가에서 가만히 귀기울여보라. 아이들이 유치원이고 학교에 다녀와서 놀이터에서 조금 놀라치면 그러기 무섭게 온 동네가 떠나가라고 엄마들이 아이들 잡는 소리로 가득하다. "학원 안 가니?" "숙제했니?" "빨리 들어와서 학습지 풀어라" "옷 더러워지게 그게 무슨 짓이냐." 뿐만 아니라 요즈음 엄마들의 말본새 또한 아이들 말로 장난이 아니다. 욕설부터 갖은 험한 말로 아이들을 윽박지르고 구박한다. 가만히 듣고 있노라면 무슨 뺑덕어멈들만 사는 것 같다.

이렇게 말로만 잡는 것이 아니다. 끊임없이 위협하고 공갈을 놓아 아이들을 잡는다. "숙제 안하면 가만두지 않겠다" "학습지 어디까지 풀어놓지 않으면 국물도 없다" "학원 갔다 오지 않으면 밥 생각은 말아라" 등등, 아이들을 거의 죄수 다루듯 한다. 이렇게 말로만 잡는 것이 아니다. 끊임없이 눈을 부라리고 얼굴을 찡그리고 거칠고 강팍한 몸짓으로 아이들을 잡는다. 뿐만 아니라 집안을 온통 공포 분위기로 조성해놓고 아이들을 이리저리 몰고, 이렇게저렇게 잡는다.

우리 부모들이 이렇게 아이들을 잡는 사이 아이들은 시들어간다. 사람으로 만들기는커녕 사람을 잡고 윽박지르고 구박하는 사이 아이들은 망가져간다. 모차르트 이펙트니 뭐니 찾을 것도 없이, 젖소도 잘 돌봐주고 음악을 들려주면 좋은 우유를 많이 내고, 식물도 잘 자란다는 이야기는 누구나 알고 있는 사실이다. 그런데 하물며 만물의 영장이라는 사람에다, 우리 자식임에랴. 이렇게 잡아서는 사람 만들기 어렵고, 우리가 그토록 바라는 훌륭한 사람 만들기는 처음부터 그른 일이다. 그러니 아이들을 잡으려들 것이 아니라, 그저 있는 그대로 오롯이 자랄 수 있도록 지켜보고, 사랑과 보살핌으로 자양을 주어 제 마음껏 큰 나무로 성장하게 하는 것이 중요하다.

뿐만 아니라 '잡다'의 다른 뜻인 가는 길도 막아서는 안된다. 아이들이 나서 가려는 길은 우리 어른들이 잘 알지도 못하고 또 대신 살아줄 수도 없는 자신들만의 미래로 가는 길이다. 이래서 안된다, 저래서 곤란하다고 아이들 가는 길을 막아서고 또 그들의 옷소매를 붙잡다가는 말 그대로 아이들의 앞길을 망칠 것이다. 그러니 아이들 가는 길에, 아이들을 잡지 말 일이다. 섣불리 나서서 아이들 손잡고 이끌려고도 말 일이다. 그 길은 아이들만의, 아이들이 알아서 갈 길이기 때문이다. 오직 아이들이 스스로 그 길을 나설 수 있도록 돕고, 그 길을 잘 갈 수 있도록 기원하는 것이 부모가 할 일이다.

건드리지 말라

요즈음 아이들에게 어른들이 무얼 어떻게 해주었으면 좋겠냐고 물으면 그 대답은 열의 아홉은 '냅둬요'이다. 아이들은 어른들이 앞에 이야기한 대로 명령하고, 금지하고, 빚으려 들고, 또 잡으려 드는 통에 시달릴 대로 시달리고 치일 대로 치여 제발 내버려두어 주었으면 한다. 우리가 집에서 기르는 화초만 해도 그렇다. 잘 아다시피 이 화초들은 물을 주지 않아서 죽는 경우보다는 물을 너무 많이 주어서 죽는 경우가 훨씬 많다. 아이들도 마찬가지다. 아이들을 망치는 일은 주로 너무 건드려서이지, 내버려두어서는 아니다. 그런데도 우리 부모들은 어떻게 해서든 아이들을 이리 건드리고 저리 매만지려 한다.

그 가장 극단적인 표현이 때리기다. 우리는 아직도 아이들을 때려서라도 가르쳐야 한다는 야만적이고 원시적인 믿음에 사로잡혀 있다. 하지만 때려서 되는 일은 아무것도 없다. 학교에서든 집에서는 때리는 것만은 안된다. 때려서 바로잡을 수 있다는 것은 거짓이다. 맞으면 아이들은 몸뿐 아니라 마음과 영혼에 상처를 입는다. 몸의 상처는 나으면 그만이지만 마음이나 영혼의 상처는 잘 낫지도 않지만 그 아픔이 오래, 아니 영원히 간다. 또 자꾸 때리면 그 순간 모면하기 위해 다르게 행동하지 제대로 바로잡아지는 것도 아니다.

게다가 때리고 맞는 사람 사이에는 믿음과 사랑이 싹틀 수 없다. 권력과 지배, 억압과 굴욕의 비정상적인 관계이다. 그뿐인가. 폭력은 세습된다. 때리는 아빠나 엄마에게서 자란 아이들이 나중에 배우자나 자식들을 때린다. 이것은 과학적으로도 입증된 사실이다. 그러니 아이들을 절대로 때려서는 안된다. 이것은 존재뿐 아니라, 영혼 그리고 마음의 건강을 해치고 결국 사람을 망가뜨리는 지름길이기 때문이다. 사랑의 매란 없다. 사랑이 깊고 크면 매는 결코 필요하지 않다.

또 다른 건드리기는 끊임없는 간섭과 감시다. 몇 해 전 청소년헌장을 새로 만들 때, 청소년들을 모아놓고 함께 토론했다. 이들은 하나같이 제발 자신들의 인권, 특히 개인의 사생활을 보호받을 권리를 맨 앞에 써달라고 요구했다. 특히 일기를 훔쳐보는 등의 사생활 침해를 금지해달라고 요구했다. 조금만 크면 학교에서도 일기검사는 하지 않는다. 하지만 우리 부모들은 서슴없이 아이들의 일기를 꺼내 보고, 거기 씌어 있는 것을 문제삼아 아이들을 야단친다. 아이들 마음이 오죽하겠는가. 아이들의 일거수 일투족을 이렇게 감시하고 간섭해서는 아이들이 활달하게 자랄 수가 없다.

거듭 이야기하지만 무엇보다도 우리 아이들이 주인공으로 살

아갈 앞날에는 우리 어른들이 이해할 수 없는 새로운 세상이 될
것인데, 어른들의 감시와 간섭 속에 자란 아이들이 어떻게 자신
을 펼쳐 미래를 가꾸어갈 수 있겠는가? 일찍이 서머힐 학교를
만든 니일은 이렇게 말했다.

삶에 대해 긍정적인 태도는 기쁨, 사랑, 재미있는 노동, 취미생
활, 웃음, 음악, 춤, 다른 사람들에 대한 배려, 사람들에 대한 믿음
같은 데서 나오며 이를 통해 배울 수 있는 것이다. 반면에 삶에
대한 적대적인 태도는 의무, 복종, 권력과 이윤에 의한 굴종 같은
것으로 나타나고 이를 통해 배운다. 이런 삶에 대한 적대적인 태
도는 역사적으로 늘 우위를 점해왔고 오늘날의 청소년들이 그것
을 계속 배우는 한 앞으로도 그럴 것이다.

한편 지금처럼 세대간의 갈등이 심각한 상황에서 어른들이
계속 아이들을 건드리다가는 큰코다칠 수 있다. 자라나는 세대
의 어른세대에 대한 불신이 점점 커지고 이윽고 미움의 수준에
이르고 있다. 이러다간 아예 단절이 올지도 모른다. 다른 한편
이렇게 함부로 새로운 세상에 살아갈 새로운 인간들을 낡고 찌
든 손으로 짓주무르다가는 그 좋은 가능성과 잠재력을 모두 망
칠지도 모른다. 물론 가뜩이나 버릇없어 보이는 아이들이 그나
마 간섭이라도 않으면 그 방종이 어디까지 갈지 모른다는 우려
는 나도 크다.

하지만 그런 방종을 간섭과 감시로 막을 수 있다고 생각하는

것은 어리석은 일이다. 아이들이 스스로 자신을 다스리고 규제할 수 있도록, 스스로 깨닫도록 분위기를 만들고 함께 노력해야 한다. 이런 간섭과 감시가 아니라 자율과 협의의 방식으로써만 우리는 아이들을 망가뜨리거나 그 가능성을 제한하지 않고 더불어 사는 법을 배울 수 있게 할 수 있다.

꼭 해야 할 다섯 가지 계명

~하라

있는 그대로 받아들이기

지금까지 말한 다섯 가지 계명이 해서는 안될 일이라면 꼭 해야 할 일 다섯 가지 또한 우리 부모들이 계명으로 삼아야 한다. 어찌 보면 이 하지 말라는 계명 자체가, 아마도 우리 시대 부모에게 적합하며, 그만큼 우리 시대의 한계를 담은 계명일 것이다. 우리는 그만큼 금지와 명령의 교육에 젖어 있으며 앞날의 전망을 제시하기보다는 지난날의 망령에 사로잡혀 아이들을 뒤를 돌아보며 우리 기준대로 빚으려 하고 잡으려 들고, 그러다간 끝내 아이들의 존재를 건드리고 만다. 이제 그럴 것이 아니라 앞을 보고 자라나는 세대와 함께 새로운 출발을 해보자.

우리 부모들이 해야 할 일 그 첫번째는, 아이들을 있는 그대로 받아들이는 것이다. 고슴도치도 제 새끼는 예뻐한다는데, 우리 아이들 그 하나하나는 얼마나 소중하고 예쁜가. 갓난아기 때는 아무리 못생긴 아이도 그처럼 물고 빨고 하다가도, 조금만 크면 그토록 개성 있고 독특한 아이들을 틀에 우겨넣고, 부모 기준에 맞추어 빚어보려고 기를 쓴다. 그러다보니 아이들 존재 자체의 생김은 아랑곳 않고 부모 욕심으로만 아이들을 본다. 그러니 아이가 예뻐 보이겠는가. 부모 욕심의 크기만큼 우리 눈은 비뚤어지고 마음도 비뚤어져 아이들이 제대로 보이지 않게 되는 것이다. 이것이 모든 불행의 시작이다. 아이들을 있는 그대로 보고 또 받아들이기부터 우리는 새로 시작해야 한다.

이것이 또 쉬운 일이 아니다. 왜냐하면 바로 자기 자식이기 때문이다. 어찌 욕심이 없겠는가. 그러니 부모들은 스스로 수양을 해야 한다. 불가에서 말하듯이 집착을 버리고 모든 것을 있는 그대로 받아들이면 욕심이 없어진다. 이렇게 종교적인 수준으로까지 수양을 하고 노력을 해야 하지만, 그 이전에 제대로 눈을 뜨고 아이들을 바라보는 훈련부터 해야 한다. 그러니까 지그시 물끄러미 아이들을 바라보는 훈련부터 말이다. 이것부터가 쉬운 일이 아니다. 어떻게 해서든 아이들에게 다가가고 싶고, 건드리고 싶고, 붙잡고 싶은 것이 부모 마음이기 때문이다.

하지만 이 모든 것을 지그시 참고 견디며 눈을 크게 뜨고 물끄러미 바라볼 수 있어야 한다. 그래야 아이들이 제대로 보인다. 잘하는 것, 못하는 것, 그리고 그 자체로 꽃보다 아름다운 존재가 보인다. 이렇게 볼 수만 있다면 받아들이는 것은 그리 어렵지 않다. 왜냐하면 이렇게 자신의 욕심을 덮어씌우지 않고 바라보기만 한다면 아이들은 그 존재를 반짝이기 시작하며, 그 반짝임에 우리는 놀라움을 느끼고, 그 놀라움은 경외심(敬畏心)으로 바뀌기 때문이다. 이렇게 아이들을 있는 그대로 보고 받아들일 수만 있다면, 아니할 말로 모든 교육문제는 해결된다.

아이들은 게다가 가만히 서 있는 대상이 아니다. 정물화에나 그려진 존재가 아니다. 아이들은 생명체라 키가 자라고 몸무게가 늘 뿐 아니라 생각과 느낌과 말과 행동이 자란다. 또 끊임없이 변화한다. 이것을 가만히 거리를 두고 바라보지 않으면 그 생명의 약동과 경이를 느낄 수 없다. 너무 바짝 다가서고, 손대고 하니까 조바심 나고 그러다보면 서둘러 건드리게 되고 아이들을 망가뜨리게 되는 것이다.

이렇게 추상적으로 이야기할 것이 아니라, 구체적인 보기를 들어보자. 요즘 아이들은 겉모양에서부터 튄다. 머리 물들이는 것쯤은 예사고, 남자아이나 여자아이 할 것 없이 귀고리, 코걸이에 갖은 특이한 복장을 하고 다닌다. 조금 보수적인 부모들은 이런 아이들을 도대체 볼 수 없어 한다. 하지만 이런 것은 그저 한때 그래 보는 것뿐이다. 건드리지 않고 그저 바라봐준다면, 곧 그들 스스로 웃으며 훌훌 털고 벗어날 일이다. 그러니 우리는 그저 이들을 있는 그대로 사랑으로 바라보고 받아들여주면 된다.

만나고 사귀기

앞에서도 여러 번 이야기했듯이 부모들은 자기 자식들을 잘 모른다. 내 속으로 낳아 키운 자식인데 왜 모르랴, 하지만 실제로 그렇다. 무엇보다도 우리 부모 세대와는 전혀 다른 환경에서 자랐기 때문에, 또 그만큼 지금까지 자라나는 세대와 의사소통을 하지 않았기 때문에 그렇다. 그러니 우리는 무엇보다도 먼저 우리 아이들을 있는 그대로 보고 받아들여 그들의 존재를 알아볼 필요가 있다. 그렇다고 우리 부모들이 모두 청소년 전문가도 아닌데 학문적인 관심에서 그렇게 하라는 것이 아니다. 그렇게 해야 비로소 아이들을 제대로 만날 수 있기 때문이다.

우리는 우리 품에 있는 자식이라고 그들을 늘 만나고 있다고 믿는다. 이처럼 큰 오해는 없다. 세대간의 차이와 갈등이 이만큼 커진 지금, 여기 한 가족 안에, 한 지붕 밑에 따로따로 사는 어른과 아이들은 서로 만나고 있는 것이 아니다. 그저 함께 살 뿐이다. 만남이란 서로가 존재를 열고 다가갈 때부터 시작된다. 그저 함께 있다고 해서 만나는 것이 결코 아니다. 한 집에 살지만 서로가 소 닭 보듯 하며 산다면 그것은 만남이 아니다.

또 제대로 만나지 못하는 어른과 아이들이 제대로 사귈 수 없는 것은 당연하다. 하지만 지금처럼 서로 다르고 또 의사소통이 되지 않는 상황에서는, 부모 자식 사이에도 새롭게 처음부터 사귀는 일이 중요하다. 물론 그것도 만남을 전제할 때 일이다. 부모들은 이제 자존심을 버리고 아이들과 만나고 사귀는 데 나서야 한다. 흔한 말로 내리사랑이라고 우리가 나서야지, 전혀 다른 환경에서 자라고 새로운 미래의 주역으로 살아갈 자라나는 세대에게 우리를 이해하고 손을 내밀고 나서라고 하는 것은 말이 안 된다.

그렇지만 여기에도 노하우가 필요하다. 무조건 우리 어른 식대로 손 쑥 내밀고 "야, 지금부터 우리 만나고 사귀자" 한다고 해서 자라나는 세대가 이것을 받아줄 리 없다. 이런 일이 있었다. 한 아빠가 이제 막 청소년이 된 아들이 담배도 피우고 말썽을 부리자 큰맘먹고 어느 날 저녁 아들을 불렀다. 술 한잔 따라놓고는 "자, 우리 대화 한번 하자"고 선언했다. 하지만 워낙 대화라고는 해본 적이 없는 부자는 서로 마주 앉아 눈싸움만 하고, 침만 삼키다가 30분쯤 지나 그만 서로 머쓱해져서 일어서고 말았다. 다음부터 대화는커녕 부자간의 대치상황은 더욱 심화되었다. 우리 집은 어떤가, 한번 생각해보자. 그만큼 모자란 부모 된 우리 죄와 업이 큰 것이다. 그러니 제대로 처음부터 그 방법을 배우고 익히면서 다가서야 한다.

그 첫번째 해야 할 일, 그리고 할 수 있는 일은 아이들의 이야기에 귀 기울이는 것이다. 저 유명한 『모모』라는 책에 모모가 얼마나 남의 말을 잘 들어주는지 그에게 가서 이야기만 하면 슬픔도 가시고 문제도 풀린다는 대목이 있다. 미치 그처럼, 우리는 아이들과의 만남, 사귐을 위해 그들의 이야기를 온 존재가 모두

아주 큰 귀가 되어 들어야 한다. 이것이 모든 만남과 사귐의 시작이다. 그러다 보면 자연스럽게 무엇을 어떻게 해야 할지 떠오르게 마련이다. 이렇게 떠오른 생각과 느낌에 따라 이들을 만나기 시작하면 된다.

이때 우리가 잊어서는 안되는 것은 무엇보다도 이들을 우리가 처음 만난 것처럼 신경을 쓰고 또 정성을 기울여야 한다는 사실이다. 이들은 민감하다. 우리가 무슨 필요나 목적이 있어서 자신들에게 접근한다는 것을 금세 알아챈다. 그리고 곧 거부한다. 그러니 이들에게 전제나 조건 없이 그저 만남을 위해, 사귀고 싶어서 다가가는 순수한 마음을 가지는 것이 중요하다.

서로 이야기하기

우리 가족문제 중에 가장 심각한 것은 무엇보다도 대화의 단절이다. 부부간에, 부모자식간에 대화가 없다. 일방적인 통고, 명령, 반발로 가득 찬 의사소통은 마치 단말마적인 비명과 같다. 아이들이 어릴 때, 특히 이제는 누구나 아는 피아제의 발달이론에 따라 보면 감각과 동작을 익힐 때인 아주 어릴 때는 의사소통이란 없다. 아이들이 모여 놀지만 아직 밖의 세계, 남의 존재를 잘 알지 못하고 관계 맺을 줄 모르기 때문에, 서로 이야기하고 노는 것 같지만 사실은 각자 혼잣말을 떠들고 있는 것이다.

우리 가족 안의 대화가 꼭 이렇다. 제법 화기애애하다는 집안에서도 그다지 중요하지 않은 말들, 그저 의례적인 말들, 비본질적인 말들이나 TV 켜놓고 하는 독백, 방백처럼 오가지 정작 제대로 된 대화는 좀처럼 꽃피지 않는다. 대화란 무엇보다도 서로 인격으로 존중하는 대등한 동반자들끼리 공통된 생각이나 느낌을 나눌 때 시작할 수 있기 때문이다. 아버지는 일방적으로 가르치려고 들고, 어머니는 무작정 꾸짖기만 하고, 자식들은 변명하거나 아예 마주하지 않으려 한다. 이렇게 일방적이고 획일적인 의사소통은 서로를 멀게 하고, 특히 자라나는 세대의 가능성을 제한한다. 그러니 가족 안에 대화문화를 새롭게 만들어 가지 않으면 안된다.

대화의 시작은 잘 듣기다. 앞에서도 이야기했지만 우리 부모들은 도대체 아이들 말에 귀 기울일 줄 모른다. 그러니 하루종일 아이들과 지내봐야 자기들 말만, 그것도 명령이나 금지만 하지 아이들의 말은 듣지 않는다. 먼저 아이들의 말을 듣는 연습부터 해야 한다. 부모역할 훈련에서는 그래서 '수용적 경청'이라는 방법을 강조한다. 무엇보다도 아이들 이야기를 끊거나 막지 말고 무엇이든 받아들이는 자세로 들어주는 방법이다.

물론 쉽지 않다. 특히 아직 어린아이들의 이야기를 참고 끝까지 듣는 것은 굉장한 참을성을 필요로 한다. 하지만 듣지 않고는 대화를 할 수가 없다. 앞에서노 예로 든 모모 같은 큰 귀가 되어야 한다. 그러면 이미 대화는 시작된 것이다. 잘 듣는 부모에게는 아이들이 무엇이든 다가와 이야기하게 되기 때문이다. 굳이 긴 말이나 자세한 설명, 훈계가 필요 없다. 그저 듣는 일부터 시작하면 된다.

이렇게 열심히 듣다보면 대화는 이미 비롯된다. 그렇다고 대화가 무슨 그럴듯한 형식을 갖추어야 하는 것은 아니다. 나도 가끔 그런 자리에 나가지만 우리가 흔히 TV에서 보듯이 서로 논쟁을 하거나 농담 따먹기 같은 토크 쇼의 이야기가 대화의 전부는 아니다. 오히려 그것들은 서로 짜고 하는 연출된 대화이기 일쑤다.

진정한 대화란 자발적으로 아무 형식 없이 그저 허심탄회하게 자신을 드러내고 털어놓는 것이다. 게다가 대화라고 해서 꼭 서로 같은 양의 말을 주고받아야 하는 것도 아니며, 무슨 원칙이 있는 것도 아니다. 아무 말 없이도 우리는 얼마든지 많은 이야기를 주고받을 수 있으며, 한 사람만 이야기를 하고 다른 사람은 듣기만 해도 경우에 따라서는 훌륭한 대화가 될 수 있다. 문제는 우리가 얼마나 이런 대화에 대해 열린 마음을 갖고, 또 충분한 기회를 갖느냐이다.

이렇게 볼 때 중요한 것은 결국 자식들의 말을 귀기울여 듣고, 서로 이야기 할 수 있는 분위기, 가족문화를 만드는 일이다. 흔히 밥상머리 교육이라고 하는 것이 꼭 밥상머리에서 이래라저래라 가르치고 훈계하는 일이 아니다. 가족들이 오순도순 둘러앉아 찌개에 숟가락 넣어가며 자연스럽게 이런저런 이야기를 할 수 있는 분위기를 만드는 것 자체가 교육이라는 뜻이다. 서로의 이야기는 이렇게 무언가를 함께 나누는 일에서부터 시작된다.

더불어 해보기

부모자식간에 대화가 열리고 나면 자연스럽게 많은 일들을 함께 할 수 있게 된다. 이런저런 시시콜콜한 이야기까지 다 나누다 보면, 이것도 해보자, 저것도 해보고 싶다는 욕구가 생기기 마련이다. 하지만 대개는 무슨 일을 어떻게 더불어 해보나, 걱정을 하기 일쑤다. 어려울 것이 없다. 일단 대화를 하고 나면 상호신뢰가 형성되었기 때문에 큰 문제가 아니다. 게다가 어른들이 무엇이든 처음부터 이제 말로서만 아니라, 많은 일들을 함께 해보는 것이다. 그것도 무슨 대단한 일이나, 체계를 갖춘 교육적인 활동을 처음부터 계획해서 할 필요도 없다. 아주 작은, 가까운 일부터 시작하면 된다.

이를테면 초등학생 숙제 돌봐주는 일부터 그렇다. 물론 숙제 자체가 종종 부모숙제인 탓에도 그렇지만, 우리 부모들은 대개 숙제를 돌봐주는 것이 아니라 숙제 감시, 그리고 일방적인 지시로 아이들과의 관계를 오히려 멀고 권위적인 것으로 만들거나 망가뜨린다. 이럴 것이 아니라 무엇이든 처음부터 대등한 동반자로 함께 시작하는 것이다. 숙제를 돌봐주면서도 우리 스스로 다시 초등학생으로 돌아가 연필에 침 발라가며 고개를 갸우뚱거리며 말 그대로, 함께 더불어 문제를 풀고 과제를 수행하는 태도가 중요하다. 실제로 학교교육의 수준이 이제 제법 높아져 부모들도 진지한 자세를 갖지 않으면 숙제 돌봐주기도 쉬운 일이 아니다. 그러니 이런 일부터 진지하고 성실하게 함께 하는 것이다.

그런가 하면 학교에서 마땅히 해야 하지만, 하지 않은 많은 교육적인 활동이 있다. 이를테면 현장학습이나, 체험학습 같은 것이 그렇다. 박물관이고 미술관, 음악회에 다니는 숙제를 으레 그렇듯이 아이들끼리 장난삼아 몰려다니지 않고 진정한 교육과정이 되도록 부모들이 더불어 하는 것이다.

아이들과 함께 이런 곳을 찾고, 처음부터 끝까지 아이들의 눈높이에서 모든 사물을 진지하게 다시 바라보고 하다보면 아이들뿐 아니라 우리들도 바로 보는 눈이 생긴다. 이런 눈만 가지고는 모자라다. 사실 아이들과 존재의 높이를 맞추어야 한다. 일부러 자세를 낮추어 아이들이 보는 대로 보기만 해서는, 아이들 생각과 느낌을 나눌 수가 없다. 우리 스스로 아이들이 되어, 그 존재의 높이로 함께 생각하고 느끼고 사는 일이 중요하다.

무엇보다도 아이들과 더불어 할 수 있는 가장 좋은 일은 여행이다. 그것도 조직된, 계획된 여행이 아니라 우연히, 자발적으로 떠나는 여행이 그렇다. 얼마 전부터는 좋은 아빠가 되려는 사람들이 모여 이런 여행을 조직하기도 하지만, 처음에는 안내도 받을 겸 이런 여행을 통해 그 방법을 익히고, 그 다음에는 따로 아이들과만 떠나보는 것이다. 요즈음 좋은 안내책자들이 얼마나 많은가? 이런 것들을 함께 보고, 책을 들춰가며 이곳 저곳을 찾아다니고 그러면서 만나고 사귐을 새로 가꾸어 가보라. 어느 책에선가는 아버지가 아들과 함께 높디높은 고개를 함께 걸어서 넘으며 자신의 살아온 이야기, 아들의 살아갈 이야기를 나누는 장면을 감동적으로 그린 적이 있다. 그렇다. 이렇게 하면 된다. 물론 아빠와 아들만 여행할 뿐 아니라 온 가족이 함께 하면 더 좋을 것이다. 그러면서 대자연의 품이나, 인간이 만들어 놓은 경이로운 유적지에서 야영이라도 하면서 모닥불에 둘러앉아 보라. 저절로 아이들은 이야기를 시작할 것이고, 부모들은 잘 들을 것이며, 대화가 시작되지 않을 수 없을 것이다.

먼 여행이 어렵다면, 가까운 여행을 할 수도 있다. 하루 날을 잡아, 가까운 근교에 도자기 굽는 곳이나 숯 굽는 곳, 또는 무공해 농산물 재배하는 곳 같은 장소를 찾아 흔하지 않은 체험을 하는 여행이 그것이다. 그 하나 하나를 함께 구경하고, 기회가 된다면 작은 것 하나라도 배우고 해보면 서로 마주치는 눈길과 손길에서 얼마든지 대화와 만남, 사귐이 열리게 된다.

함께 자라기

결국 이 모든 일의 시작과 끝은 우리가 아이들과 함께 자라야 한다는 것이다. 이제 몸은 다 크고 또 자식까지 낳아 기르는 어른이지만 끊임없이 달라지고 바뀌는 세상에서, 무엇보다도 새로운 시대를 살아갈 자라나는 세대를 키우는 우리는 스스로 커야 한다. 한편으로는 세상이 바뀌는 만큼 적어도 그 변화에 뒤지지 않도록 해야 제대로 자녀교육을 할 수 있다는 이유 때문에 그렇고, 다른 한편으로는 그런 스스로 성장하는 체험이야말로 자녀교육에서 가장 큰 기쁨이기 때문이다. 나아가서 이렇게 스스로 노력하고 성장하는 부모야말로 그 자체로 자녀들에게 가장 좋은 본보기가 된다.

우리는 흔히 부모노릇을 그저 남들 하는 대로, 또는 우리가 줏어 들은 대로 대충 하면 된다고 생각한다. 하지만 오늘날 같이 무섭게 달라지는 세상에는 부모야말로 프로 중의 프로가 아니면 안된다. 그만큼 알아야 할 것도 많고, 그러려면 배워야 할 것도 많다. 하다못해 부모역할부터 새로 배우지 않으면 안된다. 나아가서 아이들의 크기는 부모의 노력의 크기에 비례할 만큼 부모가 제대로 알고 또 노력하는 모습을 보여야 자식들이 따른다.

뿐만 아니라 그 과정에서 부모가 얻는 것은 또 얼마나 큰가. 요즘 같은 세상에 자기혁신과 자기갱신의 노력 없이 어떻게 살아남을 수 있겠는가? 자식들을 위하고 또 자기 자신을 위해 끊임없이 배우고 노력하는 동안 자신뿐 아니라 자식들까지 쑥쑥 커갈 수 있는 것이다.

나는 비록 교육학 박사에 교수지만 내 자식을 키우고, 또 학교에서 남의 자식들을 가르치면서 늘 스스로 많이 배운다. 그러면서 노력하고, 그러다보면 내가 키운 내 자식이나 남의 자식의 키만큼 나도 크는 것을 경험한다. 그 얼마나 기쁜 일인가! 그러니 우리 부모들은 자식을 키우고 가르칠 것이 아니라, 스스로 배우고 노력하여 커가야 한다. 그것이 자식 키우는 가장 좋은 길이다.

하지만 이것도 욕심 내지 말고 차근차근 한 걸음씩 해 나가면 된다. 무엇보다도 컴맹인 엄마들은 컴퓨터부터 배워야 한다. 아빠들은 자녀들이 그토록 열광하는 대중문화, 컴퓨터 오락부터 배워야 한다. 또 앞서도 얘기했지만 아이들에게 그들의 말로 이메일이라도 보내도록 해야 한다. 그리고 부모들끼리 모여 부모 역할 훈련도 받고, 함께 학교 교육을 바로잡는 일에도 나서고 하는 것이다. 바로 이렇게 열심히 배우고 노력하는 부모들만이 스스로 자라고 클 수 있고, 이들만이 제대로 자식을 키울 수 있다.

왜 하필 교육인가?

어느 삐딱이 교육학자의 삶과 겪음

팔자타령

비좁지만 창만큼은 호사스럽게 큰 내 연구실에서 내다보이는 바깥은 바로 야트막한 산기슭이라 철이 바뀌고 날이 어두워지는 모습이 늘 예사롭지 않다. 공부하랴, 글쓰랴, 학생들과 이야기하랴 이런저런 일에 바쁘다가도, 문득 눈을 돌려 바라보며 맛난 차 한잔에 좋아하는 음악 한 줄기쯤 흘려놓고 있다보면, 내 팔자도 이만하면 아주 늘어졌지 싶다. 집안 모두 평안하겠다, 학교 안팎에서 나름대로 내 할 일 열심히 하겠다, 이만한 상팔자도 찾아보기 드물지 않은가.

하지만 그러다가도 그 창 위로 세상일이며 사람 사는 꼴이 어른거릴 때면 나도 모르게 하릴없이 한숨을 푹 쉬곤 한다. 그러면 으레 저 매천 황현 선생이 생각난다. 그 왜 나라가 망하자 "나라가 선비 기르기 5백 년인데 나라가 망하는 날, 죽는 사람 하나 없다면 어찌 통탄스럽지 않으랴” 하면서, 스스로 목숨을 끊었던 꼬장꼬장한 선비 말이다. 선생은 그러면서 저 이름난 「절명시(絶命詩)」를 남겼는데, 그 마지막 구절이 바로 “글깨나 안다는 사람, 사람되기는 어렵겠구나” 하는 것이다. 감히 선생과 견줄 생각은 추호도 없지만, 적어도 되잖은 흉내쯤은 내어 “참으로 교육 공부하고 가르치는 사람, 사람 되기는 어렵겠구나” 하는 한탄이 절로 나온다.

이 어지러운 세상에 내 하는 일이 너무 버겁고, 또 버겁다 못해 내 모자란 존재를 통째로 보따리로 싸서 어디든 쓰레기 몰래 치우듯 내다버리고픈 생각이 들 정도로 부끄러워서다. 들리는 소식마다 살벌하고 비교육적인 일들 뿐이요 다녀보는 현장마다 비인간적인 다툼투성이인데, 객쩍은 이론이나 지당한 말씀으로 교육을 팔아 벌어먹고 사는 일이 혼자도 기가 막히니 말이다.

세상은 한마디로 너무 비교육적이다. 선생은 아이들을 잡으려 들고, 아이들은 선생 머리 꼭대기에서 놀고, 부모는 선생을 못 미더워하고, 선생은 부모를 지겨워한다. 어떤 아이들은 학교에 도리질을 치고, 사회는 이런 아이들을 손가락질하고 ‘왕따’시킨다. 그러다가 이제 바야흐로 학교고 교실이고 무너져내리고, 학교 밖에서는 아이들이 봉고 차에 실려 학원순례로 어린 시절을 다 보내고, 그러다간 캠프장이나 호프집, 학원에서 떼죽음을 당하곤 한다. 사정이 이 지경에 이르니 정권이 바뀌고, 교육부 장관이 바뀔 때마다 교육개혁의 깃발을 나부끼고 그 나팔소리가 요란하기만 하다.

하지만 사정이 나아지기는커녕 교육과 관련해서 사는 일은 점점 더 고단하기만 하고, 바뀌면 바뀐 대로 아수라장에 아귀다툼은 더욱 심해져만 간다. 그 숱한 개혁바람에도 불구하고 얼마 전 떠들썩한 대치동 소동처럼 교육이라면 모두들 눈이 뒤집혀 목숨을 걸고 온갖 세상의 도덕도 윤리도 내팽개친다. 내가 가끔 강연에서 농담 반, 진담 반으로 이르듯이, 세상에 없는 진보파도 여성주의자도 자식교육 앞에서는 모든 원칙을 버리고 흐물흐물 늘어질 만큼 우리 교육은 부모의 원죄요 사회악이 되어버린 지 오래다.

이렇게 날이면 날마다 교육이라는 이름으로 저질러지는 숱한 범죄, 비리, 파행 앞에 끊임없이 체머리나 흔들다가 문득, 교육을 공부하고 또 가르치는 노릇에 근본적인 물음을 던지지 않을 수 없다. 그것도 어느새 10년 넘은 세월을 교육을 바로잡아보겠다고 나름대로는 책상에서 현장으로 머리악을 쓰며 발품을 팔고 다니지만, 어디 한구석 나아진 아니 나아질 기미조차 보이지 않으니 어떤 때는 누운 채로도 벌렁 자빠지는 절망감에 빠질 수밖에……

그러다간 하필이면 이런 고단하고 자리조차 나지 않는 공부며 일을 하고 있나, 스스로가 안쓰럽기까지 하다. 누구들처럼 높은 벼슬을 얻거나 남는 장사가 되는 공부도 아니요, 하다못해 어디 가서 멋빛나게 세상사 다 아는 체할 수도 없고, 그렇다고 이러저러하면 된다고 손에 똑 떨어진 처방을 쥐어줄 수도 없는 공부를 나는 하필 고르고 골라 하고 있는 것이다.

날마다 일은 터지지만 그렇다고 뾰족한 수는 없고, 또 모두들 아는 병이지만 난치요 불치이니 내가 무슨 『동의보감』을 쓴 허준 선생도 아닌 바에야 전문가라고 해서 나을 것도 전혀 없다. 그러면서도 늘 밀리고 쌓인 숙제나 끌어안고 머리 쥐어뜯어보지만 손아귀에 남는 것은 한 움큼 머리카락뿐인 공부를 글쎄 나는 업으로 하고 있는 것이다.

그래도 입시철이나 학기초가 되면 주변 아는 사람마다 전화해서 상담하자 들고, 아이들 문제 생길 때마다 의논하자 든다. 하지만 어디 입시 때 TV에 나와서 해설하고 안내하는 사람들이 교육학 선생이나 고3 담임이던가. 죄 무슨 학원 아무개 실장이다. 그조차 내 죄인 듯하고 나아가 모든 일이 내가 잘못해 그런 것 같아 쥐구멍이라도 찾고 싶은 심정이다. 그래서 아예 이 노릇을 그만두어 버릴까, 하는 생각이 드는 것도 한두 번이 아니다. 하지만 달리 어찌할 수가 없다. 내가 이렇게 된 것은 속된 말로 팔자소관이고, 그 팔자는 거꾸로 우리 교육 때문에 얻은 것이니 말이다.

남들은 날더러 이상한 교육학자라고 한다. 아마 '교육학자' 하면 흔히 떠오르는 딱딱하고 엄숙 진지한 자세가 나오질 않아 그럴 것이다. 아닌게 아니라 학생들이 붙여준 내 몇 가지 별명들 중에 내가 유난히 좋아하는, 아니 좋아했던 별명이 있는데 바로

‘언더그라운드’ 교육학자라는 것이다. 강사시절 학생들과 격의 없이 어울려 떠들며 토론하고 술자리 함께 할 때 이들은 나를, 그때 유행하던 라이브에 강하고 독자적인 음악성을 추구하는 언더그라운드 가수 같다고 그렇게 불러준 것이다.

대단한 칭송이 아닐 수 없고 지금 생각해도 낯뜨거운 노릇이지만, 사실 적어도 늘 그렇게 살려고 애써왔다. 한때 날렸던 어느 언더그라운드 가수의 노래제목처럼 ‘공부해서 남 주자’라는 목표 아래 내 팔자 탓에 할 수밖에 없었던 어줍잖은 공부나마 두루 나누고, 또 그렇게 하면서 나름대로 교육을 한구석에서나마 바꾸고 고쳐보려고 애쓰고 있다. 그러면서 그 가수의 다른 노래 가사처럼 ‘스스로 만든 삐딱이’ ‘삐딱이 교육학자’ 노릇에 충실하고자 애썼다.

무얼 어떻게 했길래 이런 삐딱이가 되었는지, 먼저 그 까닭을 털어놓기로 하자. 대개 이런 책 앞머리에 구구하게 자기 이야기를 늘어놓는 것이 볼썽사나울 수 있다. 하지만 이미 운을 뗐듯이 교육을 보는 새로운 눈, 자세, 태도를 가지려면 바로 자기 스스로가 겪은 뼈아픈 체험을 제대로 되새기는 것이 중요하다는 믿음에서 그렇게 하지 않을 수 없다.

명색이 교육학자라고 교육을 공부하고 가르치지만, 스스로 교육을 삶의 주제로 택하게 된 까닭이 바로 나 자신의 교육체험에서 비롯되었기 때문이다. 한마니로 교육과 관련된 삶과 체험 때문에 이런 일을 하고 또 이런 책에서 이야기삼지 않을 수 없게 되었다는 뜻이다. 이를테면 나는 다음과 같은 우리 교육의 잘못된 제도와 관행의 전형적인 희생자의 한 사람으로서 그 고통에 시달리다 못해 그예 교육을 삶의 주제로 삼게끔 되었다.

사람 (푸)대접

내 첫번째 잊을 수 없는 교육체험은 바로 내가 열세 살 나던 해의 일이다. 나는 그때까지 남아 있던 중학교 입학시험에서 떨어졌다. 지금 다시 생각해봐도 참으로 서글픈 말이지만, 그 중요한 시험에 보기 좋게 '떨어진' 것이다. 좋은 중학교 가야 좋은 고등학교 가고, 좋은 고등학교 가야 좋은 대학교 갈 수 있고, 그래야 성공하고 출세할 수 있다는 맹목적인 믿음, 아니 전혀 믿어 의심치 않는 신화가 지금보다 오히려 더 흔들림 없이 받아들여지던 시절, 중학교 입시부터 극악한 경쟁은 시작되었고, 우리 또래들은 지금은 초등학교라고 하는 국민학교 4학년쯤부터 입시전쟁에 들어갔다.

무거운 책가방에 팔이 늘어나도록, 밤삼도 아껴가며 열 살 남짓의 아이들은 말 그대로 달달 외우기와 찍기 훈련에 매달린 것이다. 그때의 후유증인지 나는 '숫다리' '흰다리'에 키도 그리 크지 못하고 게다가 오른쪽 어깨가 약간 내려앉은 이상한 체형을 갖게 되었을 정도다. 어쨌든 그렇게 저렇게 하여 입시를 치른 난 불행하게도 1, 2점을 다투는 점수경쟁에 뒤져 그만 시험에 떨어지고 만 것이다.

내 절망은 말할 것도 없고 외아들 뒷바라지에 갖은 애를 쓰시던 어머니며 우리 온 가족의 실망 또한 이루 말할 수 없이 컸다. 결국 별수없이 재수를 하게 되었다. 지금도 재수생이야 많지만 그때 열세 살 된 내가 재수하며 겪은 일은 얼마나 아프던지. 우선 가까운 학원을 다녀야 하는데, 중학교에 들어간 친구들 보기가 두렵고 창피해 멀리 돌아다녔던 일부터 그렇다.

그러면서도 절치부심, 반드시 원하는 학교에 보아란 듯이 합격하여 이 한을 풀겠다고 정말 열심히 공부했다. 뭐 어린 나이라 잡념이나 다른 짓 할 것도 없었던 탓이겠지만, 아무튼 아마 나중에 박사논문을 쓸 때를 빼놓고는 그때만큼 열심히 공부했던 적도 없던 것 같다. 거의 날마다 아침이면 세숫대야를 코피로 물들일 만큼 정말 피나게 노력했다. 또 그만큼의 성과도 있어 이제 목표가 손에 잡히는 듯했다. 성적이 올라가 안정되고, 여름에 들어서면서도 지친 기색도 없었으니 말이다.

오죽하면 지금도 '알구우니철석' 하고 자다가도 벌떡 일어나 외울 수 있을 정도니 말이다. 참고로 이것은 무슨 주문이 아니라 캐나다라는 나라의 특산물인 알루미늄, 구리, 우라늄, 니켈, 철,

석탄을 줄여 외우던 가락이다. 내가 캐나다 이민을 갈 것도 아니고 한번도 써먹어보지 못한 이런 허섭스레기 같은 잡다한 지식을 나는 글쎄, 목숨을 걸고 두 번씩이나 외우고 또 외웠던 것이다. 또 '2445644 24441' 하는 난수표 같은 숫자도 내 머리에서 떠나지 않는다. 다름아닌 '백두산 뻗어내려 반도 삼천리' 하는 노래의 음표길이를 숫자로 바꿔 외운 것이다. 이쯤 되면 웃음보다는 울음이 터질 지경이다.

그러던 어느 여름날, 청천벽력과 같은 일이 일어났다. 서울을 비롯한 대도시 지역에 중학교 입학시험 제도를 폐지한다는 발표가 난 것이다. 지금 생각하면 잘된 일이고 교육학자의 양심을 걸고 다시는 이런 끔찍한 입시가 다시 생기지 않기를 바라지만, 그때 내게는 너무나 큰 충격이었다. 2년 가까운 입시준비의 기간이 말 그대로 허송세월이 된 것이니 말이다. 아니 그 전부터 입시준비로 한창 자랄 나이에 몸까지 해쳐가며 매달린 몇 년의 세월은 누가 보상할 것인가.

나는 시험이 없어지자 다니던 학원을 '끊고', 요즘 흔히 말하는 일종의 불량 청소년으로 방황할 수밖에 없었다. 소속도 없고 누구도 관심을 가져주지 않는 처지에 불만과 야속함만 쌓였으니 이런저런 못된 짓조차도 서슴지 않는 그런 길로 들어선 것도 당연한 일이다. 초등학교 앞에서 아이들 '삥 뜯어' 군것질하기, 예전에 아이스크림 대신에 아이들이 잘도 먹던 아이스케키 장사로 나서 낯선 동네 떠돌기, 집에서 돈 훔쳐 영화 보기, 뭐 이런 짓들을 일삼아 몇 달을 보냈다. 그러다가 처음 도입된 추첨을 통해 중학교에 입학했다. 지금은 컴퓨터로 배정을 해주지만 그때는 적어도 자기 손으로 속칭 '뺑뺑이', 곧 중학교 고유번호가 적힌 은행알이 든 통을 돌려 스스로의 운명을 결정할 수는 있었다. 이렇게 해서 원하는 학교는 아니었지만 중학교에 입학하게 되었다. 뒤늦게 교복을 입고 중학생이 된 것만도 스스로도 대견하고 기뻐서 잠을 설칠 정도였다.

그런데 내 기대는 바로 산산조각이 나고 말았다. 그러니까 입학하고 얼마 되지 않아서였다. 수업시간에 어느 선생님께서 내 이름을 부르시며 국민교육헌장을 외워보라고 하셨다. 재수 없게도 바로 내가 재수하다가 그만두고 불량 청소년 생활을 하던 겨울 국민교육헌장이 반포되어 모든 학생들이 달달 외우던 시절이었다. 나는 그게 뭐냐고 순진하게 물었다가 단단히 혼이 났다. 그 선생님은 내 처지를 모르셨고 가뜩이나 조금은 불량기가 남아 있던 나의 태도에서 그런 물음이 장난기 있는 것으로 보이셨던 모양이다.

아무튼 그때 굉장히 실망하고 절망한 나머지, 나는 학교에서 늘 어떻게 하면 눈에 띄지 않고 살아남을까, 잔머리를 굴리며 자기 속으로 도피하여 지냈다. 그러면서도 가장 시달렸던 것이 당시 아주 심했던 체벌인데, 무작정 때리는 선생님들보다 더 고달픈 것은 학생들 사이의 폭력이었다. 특히 재수했으니 내 동창도 있고 해서 선배들에게 반말하다가 꽤나 자주 얻어맞고 다녔다.

뒤에 얘기하겠지만 집에서는 매라곤 맞지 않고 자란 나로서는 그 매질이 어찌나 싫던지 학교를 그만둘까 여러 번 생각했을 정도였다.

그러다가 고등학교 때 그나마 조금 무슨 일을 해보려고 나섰다가 피해를 보고, 또 조숙한 연애행각에 치여 이제 다시는 학교를 다니지 않기로 작정을 했다. 그래서 2학년 가을 등록금을 쥐고는 그 길로 집을 나와 어느 절간으로 숨어들었다. 두어 달 지나 이제는 학교에서 '짤렸겠지' 하고 집으로 연락해보니 재수 없는 놈(?!)은 자빠져도 코가 깨진다고, 하필 그때 터진 중동전쟁 때문에 이른바 석유파동이 나고 학교마다 조기방학을 해버려 나는 며칠 학교 빠진 것으로만 처리되었다. 하지만 난 그 절에 틀어박혀 다시는 교육이라는 틀에 들어가지 않겠노라고 버텼다. 그러나 얼마 뒤 부모님들과 친구들의 간곡한 설득과 한 스님의 "무소의 뿔처럼 당당히 가라"는 충고를 듣고 다시 교육현장으로 돌아왔다.

그때 나는 스스로에게 묻고 또 물었다. 도대체 왜 교육은 사람 만든다면서 사람을 잡는 걸까? 하다못해 나를 이토록 고통스럽게만 하고 사람대접을 해주지 않고 푸대접만 하는 걸까? 어떻게 사람 대접하는, 사람다운 교육은 없을까? 하는 물음들을 말이다. 그때 바로 교육과 '사람'이라는 화두를 가지게 된 것이다.

사람, 삶, 되살림

　첫번째가 교육에 대한 부정적 체험이고 그래서 얻은 화두라면, 내 두번째 체험은 교육에 대한 긍정적 체험이라고 해야 할 그런 것이었다. 가출에서 돌아온 뒤 우여곡절 끝에 간신히 대학에 입학했지만 당시 살벌하게 얼어붙은 유신시절 사회와 대학에 여간만 실망을 한 것이 아니었다. 그렇지만 딱히 무언가 저지르지는 못하고 그냥 적당히 삐딱하게 결코 모범생이라고는 할 수 없는 생활로 여기저기 기웃거리고 흔들거리며 지냈다. 이렇게 엄벙덤벙 2년을 보내고 대학 3학년 때 우연히 야학활동을 하게 되었다. 처음에는 그저 배움의 기회를 놓친 내 또래의 청소년들과 함께 배움을 나눈다는 소박한 생각으로 시작했다가, 이렇게 한다고 세상이 무엇이 나아질까 하는 의혹에 시달려 헤매기도 했다.

그러다 비슷한 고민을 하는 동료들이 모여 이른바 '목적야학'을 만들게 되었다. 산업화 초기, 공장은 늘고 일할 사람 없으니 농촌에서 노동력을 무작정 끌어다 댔는데, 워낙 준비가 없었던 탓에 그들의 삶의 상황이 말이 아니었다. 무엇보다도 아이들 문제가 심각했다. 엄마가 일하게 되면 그냥 방치하게 되는 정도였으니까. 그때도 엄마가 아이들만 두고 일하러 갔다가 아이들이 불을 내 타죽는 끔직한 일들이 종종 일어나곤 했다. 그래서 그런 아이들을 보호할 수 있는 보육시설을 변두리 소외지역에 만들고 그곳에서 일할 교사로 바로 우리가 야학에서 만났던 여성들을 재교육하는 일을 하게 된 것이다.

그 일을 하면서 한편으로는 여성들의 삶과 운명에 대해 어렴풋하지만 나름대로의 깨달음을 얻었고, 다른 한편 교육이란 사면이 벽으로 갇힌 그런 공간에서 억눌린 틀로 하는 것이 아니라, 이렇게 삶의 한복판에서 벌어지는 일이구나 하는 깨달음을 얻을 수 있었다. 바로 교육과 사람의 '삶'이라는 소중한 두번째 화두가 그것이다.

그렇지만 이 현장은 1980년대 초의 끔찍한 사건으로 깨지고 나는 또 한 번 실망과 절망에 시달리다가 그만 독일로 유학을 떠나게 되었다. 그래서 시를 쓰는 어느 벗의 표현을 빌리면 낯선 땅에서 남들이 먹다 버린 지식의 찬밥덩이를, 그것도 혹시 10년 공부 나무아미타불이 안될까 두려운 사람처럼 꼭 10년이 넘는 세월 동안 구걸하게 된 것이다. 문학을 전공했던 난 앞에 이야기했던 두 가지 화두, 곧 사람과 삶이라는 화두를 좇기 위해 교육학으로 전공을 바꾸어 새로 시작했다.

처음에는 참으로 어려웠다. 남의 말로 공부하는 일도 어려웠지만 내가 겪은 교육의 체험을 되새기는 일은 더욱 어려웠다. 이를테면 교육에 대한 무슨 나쁜 사례만 들면 꼭 우리네 교육 생각이 나는 것이었다. 경직된 제도, 획일화된 교육문화, 사람의 잠재력을 키우기는커녕 억압하고 파괴하는 교육…… 그런가 하면 어떤 때는 적어도 우리보다는 나은 이들의 교육을 내가 처음부터 받았더라면 가진 재능을 마음껏 펼쳤을 터인데, 하는 안타까움과 부러움에 화병을 앓기도 했다.

하지만 내 체험을 되새기고 바람직한 교육으로 우리 사회를 바꾸기 위한 바탕을 다진다, 생각하고 열심히 공부했다. 그렇게 공부하기를 10년 남짓, 물론 워낙 중요하고 변화 많은 세월을 밖에서 살다보니 우리 사회와 거리가 생긴 것은 사실이지만 그에 못지 않은 소중한 배움을 얻을 수 있었다.

무엇보다도 소중한 배움들은 먼저 환경문제와 관련해서 결국 교육은 사람을 살리고, 생명을 존중하는 일이어야 한다는 것, 그리고 여성문제와 관련해서 교육은 사람을 가르고 나누는 것이 아니라 온전한 존재로 섬기는 일이어야 한다는 것, 그리고 통일문제와 관련하여 체제를 합치기는 쉽지만 마음을 합치기 위해서는 숱한 정성과 노력, 특히 마음을 가다듬고 서로 만나고 사귀는 교육이 필요하다는 것…… 이것을 한마디로 요약하면 다름아닌 교육은 사람을 살리는 일, 곧 '살림'이라는 깨달음이 그것이다. 이 것이 내가 마지막으로 얻은 교육과 '살림'이라는 화두다.

이 세 가지 화두를 붙들고 유학에서 돌아온 뒤로 나는 공부뿐 아니라 실천현장을 기웃거리며 여러 가지 노력을 하고 있다. 하지만 우리 교육현장은 조금도 달라지지 않았다. 아니 오히려 더 나빠지기만 했다. 그 와중에 절망도 많이 하고 실망은 말할 것도 없다. 특히 교육개혁이라는 절체 절명의 과제를 껴안고 고민도 많이 하고 작은 실천도 하며 애써보았지만 좀처럼 표가 나질 않았다. 그렇지만 나는 무엇보다도 '살림'이라는 세번째 화두를 열심히 따르고 있다.

흔히 여성들이 주로 하는 살림살이를 부수적인 일, 대단하지 않은 일로 낮추어보곤 하지만 결코 그렇지 않다. '살림'이란 다름아닌 '살리다'라는 말에서 나왔다. 우리 생명을 날마다 새롭게 살려주는 일이라는 뜻이다. 그만큼 소중하고 귀한 일이다. 교육도 바로 이런 살림의 작업이다. 늘 새롭게 사람의 몸과 마음, 영혼을 살려주는 일이다. 그 일은 어디 큰 제도나 그럴듯한 학교에서만 할 수 있는 일이 아니다. 가까운 나라에서 주부들이 처음에는 먹을거리를 해롭지 않은 것으로 마련하는 일을 하다가 환경운동에 나서고 하면서 그 경험을 적은 책을 냈는데 그 제목이 『부엌에서 세계가 보인다』라는 것이다.

그렇다. 가장 가까운 삶터에서 세상의 이치가 보이는 법이다. 교육도 마찬가지다. 나와 내 아이의 관계에서, 내 스스로에 대한 태도에서 생명을 존중하고 되살리는 태도로 각자 선 자리에서 애쓴다면 그 공룡과 같은 제도교육의 폐해를 줄일 수 있을 뿐 아니라 스스로 되살아나는 체험을 할 수 있다.

예를 들면, 우리 무당 중에 아주 용한 무당은 굿할 때 동티가 난 부분, 그러니까 말썽이 생긴 원인이 되는 일이나 장소뿐 아니라 집안 구석구석을 골고루 위무한다고 한다. 그 어디에도 그늘진 구석이 없도록 하려는 공간 모두에 대한 배려이다. 그런가 하면 더 용한 무당은 이렇게 한단다.

예부터 먹을 것 없던 시절 굿은 동네잔치였다. 특히 행세깨나 한다는 집에서 굿한다는 소문이 나면 멀리서도 떡이라도 얻어먹으려고 구경꾼들이 몰려드는데, 행여 그러다가 소문을 늦게 듣거나 오다가 넘어져 다친 사람들이 있어 원이 생기고 한이 쌓일까봐 사흘쯤 뒤에 다시 굿을 한다는 것이다. 뒤처진 사람이 없도록 하려는 시간에 대한 배려이다. 더도 말고 덜도 말고 이런 한 판 굿과 같은 교육, 그것이 살림의 교육이다. 우리들도 그런 굿판이라면 서툴지만 북채라도 잡고 아니면 비나리패로라도 함께 나서고 싶지 않을까?

고단한 살림

　이렇게저렇게 하여 교육을 공부하고 가르치는 일을 '천직(天職?, 賤職?)'으로 알고 살아온 지도 꼭 10년이 넘었다. 서당개 3년이면 풍월을 읊는다니, 풍월도 세 곱절로 잘 읊을 때도 지났건만 나는 여전히 엄벙덤벙 중구난방의 '삐딱이 교육학자' 노릇에 겨워 흔들리기만 한다. 남들은 시집살이 하듯이 벙어리 3년, 귀머거리 3년, 장님 3년 이렇게 석삼년은 장 담그듯 수굿하게 숨어 공부나 열심히 하라고 일렀지만, 나는 돌아오자마자 떠들기 3년, 끼어들기 3년, 날뛰기 3년 여기저기 쑤석거리고 다니며 일하고 공부했다. 이것도 한편으로는 내 생김이 그런 탓이기도 하지만, 다른 한편 어쩔 수 없는 선택, 아니 또 한번 속된 말로 팔자소관이라고나 할 상황 때문이었다

　먼저 나는 앞에서도 썼지만 한편으로는 다른 공부, 곧 문학공

부를 하다가, 세상 돌아가는 꼴이 영 아니길래 이것을 바로잡아 보겠다는 큰 뜻(?!)으로, 다른 한편 교육이라는 내 팔자에 떠밀려 어쩔 수 없이 교육학을 처음부터 새로 공부하게 되었다. 하지만 우리 사회에서는 학부 다닐 때 전공과 다른 공부를 하면 구박을 받는다. 아마 줄서기와 관련된 것일 터인데, 그 바람에 나는 주류에는 속할 수 없었다.

내가 다닌 대학 학부에는 교육학과도 없는 데다, 그나마도 세칭 일류대학이라고 사람들이 하늘처럼 떠받드는 이른바 'SKY' 대학 중의 하나도 아니어서 그 구박은 자못 심했다. 아니 아예 상대조차 해주지 않을 정도로 왕따를 당했다. 게다가 교육을 공부한 사람들 대다수가 미국에서 유학을 했는데, 나는 독일 유학 출신이라 이것도 결격사유가 되었다. 언제나 자신들에게 익숙하지 않은 것에 대해서는 배타적이게 마련이라, 왜 전공영역이 분명하지 않느냐, 이런저런 내용을 배웠느냐, 무척이나 시달림을 받았다.

이쯤 되니 갓 돌아와서는 그 흔한 시간강사 자리 하나 얻기 어려웠다. 그도 그럴 것이 아는 사람 하나도 없는 데다, 어디 비빌 언덕이라곤 없으니 신문광고에라도 내고 싶을 정도였다. 그래도 어렵사리 몇 강좌 구해서 흔히 말하는 보따리장사 생활을 5년 동안 했다. 하지만 그러면서 나는 중심이 아니라 주변에 서 있는 사람 특유의 거리 두기와 삐딱하게 보기, 조금이라도 다르게 일하기 같은 소중한 체험을 쌓을 수 있었다. 학회니 하니 공식적인 학문활동에도 어쩔 수 없이 기웃거리기는 했지만, 그 판도 여전히 학연, 혈연, 지연으로 얽힌 데라 그저 눈앞가림 정도만 하고 나름대로 일판을 찾아다니기 시작했다. 다행히 운이 좋아선지 내가 돌아왔을 때쯤이 바로 1990년대 들어서면서 시민운동, 교육운동의 물꼬가 트일 때였다. 또 환경이니 여성이니, 그 전까지는 말 꺼내기도 어려웠던 주제들이 관심을 끌기 시작할 때였다. 그러니 내가 돌아치면서 이런저런 일에 끼여들고 거들고 하기엔 좋은 시기였다. 그래서 시간강사 시기라는 돈 없고 '빽' 없는 서럽디서러운 시절을 나는 마음과 영혼으로는 아주 넉넉하게 지낼 수 있었다.

전국교직원노동조합 교사들과 함께 만들었던 어느 연구소에서 진보적인 학문활동도 거들었고, 어느 사회교육 기관에서 연구위원으로 일하면서 환경이니 여성이니 주민자치니 하는 시대적 주제에 대한 교육 프로그램을 기획, 실행했고, 작지만 뜻으로 뭉친 동료들과 공부며 일을 함께 하는 모임을 만들기도 했다. 앞서 이야기했던 보육과 관련된 일도 아이를 맡기는 수준이 아니라 더불어 키우고 자라자는 '공동육아' 모임, 굶주리는 북녘 어린이들을 도울 뿐 아니라 차제에 서로 제대로 알고 사귀자는 '남북 어린이 어깨동무' 모임 등 지금도 계속하고 있는 모임이 그것들이다.

또 교육개혁과 자치를 위한 시민모임이며 인간교육실현 학부모연대와 같은 교육 시민운동단체들의 실무책임을 맡아 책상에서가 아니라 현장에서 공부할 수 있는 기회를 얻기도 했다. 뿐만 아니라 두밀 분교 폐교 반대운동과 같은 우리 교육사에 길이 남을 중요한 사건의 증인뿐 아니라, 이들을 거들어 골리앗과 같은 교육정책 당국을 상대한 다윗의 싸움을 겪으면서 유학시절 통틀어 배운 것보다 많은 것을 배울 수 있는 축복도 받았다.

지금도 가끔은 드나드는 두밀리는 내 제2의 고향일 뿐만 아니라 내 교육과 관련된 배움터다. 처음 두밀리 사건이 일어났을 때, 나는 마을의 부모님들이 쓴 글에 엄청난 감동을 받았다. 그 내용은 이렇다.

저희들은 교육 전문가는 아닙니다. 산골에서 농사짓고 나무를 가꾸며 사는 사람들입니다. 저희들은 비록 복잡한 현대사회의 이치에 밝지는 못하지만 대신 자연의 순리에 맞춰 살면서 거기에서 지혜를 발견하곤 합니다. (……) 농사짓는 것과 어린이를 교육하는 것은 근본적으로 그 이치와 방법상에 큰 차이가 없는 듯합니다. 농사꾼이나 교육자나 모두 미래의 풍성한 수확에 희망을 걸고 일하는 사람들입니다. (……) 교육자들은 아이들을 훌륭한 어른으로 자랄 수 있도록 교육현장에서 최선을 다하는 '사람 농사꾼'이라고 할 수 있습니다.

그러나 단기간의 예산 절감을 내세워 두밀 분교와 같은 산간벽지 학교의 폐교 조처를 명령한 교육행정가들은 아직도 자연의 순리를 터득치 못한 미숙한 '사람 농사꾼'인 듯합니다. 두밀 분교의 문을 닫겠다는 사람들은 비옥한 농토를 두고도 재료값이 아까워

농사를 짓지 않겠다는 우매한 농사꾼과 다름없습니다. 농번기를 맞은 두밀리 주민들은 비탈진 산골 전답에 온 식구의 생계를 걸고 있지만 무턱대고 값싼 종자나 모종을 찾지 않으며, 땅이 모자란다고 해서 빽빽하게 심지도 않습니다. 당장 돈과 힘이 든다고 해서 거름주기와 김매기를 게을리 하지 않습니다. 투자와 노력이 없이 알찬 결실을 맺지 못한다는 것은 농사일이나 교육이나 마찬가지일 것입니다. 안타깝게도 이 땅의 교육행정가들은 미래의 결실을 생각하지 않는 사람 농사꾼입니다.

어디 그뿐인가. 무엇보다도 싸움에 지고 나서 그러니까 행정소송에서 패소한 다음 담당 변호사와 함께 마을을 찾아 죄송하다는 말씀드리는데, 한 마을 분이 일어서서 우리를 위로하며 "우리는 싸움을 걸 때, 이미 이긴 것이다"라고 그 어렵고 힘든 일의 앞뒤를 가늠해주시자, 나는 그만 엎어져 통곡이라도 하고 싶을 만큼 교육, 곧 사람 농사의 제 뜻을 헤아릴 수 있었던 일이 기억에 새롭다.

나아가서 늘 꿈꾸었던 다르고, 새로운 교육을 현장에서 실천하는 사람들과 모여 대안교육운동의 첫걸음을 지켜보고 거들고 하는 아무에게나 베풀어지지 않을 귀중한 세례도 받았다.

'딴'살림

　이렇게 조금은 복잡하고 어려운 이야기를 늘어놓다보니 슬몃 나도 지겨워진다. 어느 이름난 시에 "나를 키워준 것은 팔 할은 바람이었다"고 했지만, 사실 나를 지금, 여기 이렇게 만든 것은 앞과 같은 그럴싸한, 그리고 고단한 살림뿐 아니라 신나고 재미있는 딴살림이다. 고단한 살림을 겪은 사람은 하나둘이 아니다. 하지만 이제 늘어놓을 딴살림은 아무나 겪을 수 있는 것이 아니다. 그런 만큼 이 경험이 지금의 나를 팔 할까지는 아니지만 거지반은 만들었다.

　그 중 첫째는 바로 지금도 지속하고 있거니와 아마도 정기적으로 거의 업이다시피 그 일을 하는 남성은 나 하나뿐일, '여성학' 강의와 관련된 활동이다. 워낙 눈에 띄는, 남들 하지 않는 드문 일을 하다보니 덕분에 이름깨나 날리게도 되었지만 그만큼 눈치도 많이 보이고 눈총도 받고 하는 일이다. 이런 일을 하게 된 것도 늘 그렇듯이, 한편으로는 우연으로, 다른 한편으로는 팔자다 싶게 필연적으로 얽힌 탓이다.

유학에서 돌아와서 얼마 되지 않아 여기저기 기웃거리며 헤매고 다니던 어느 날이다. 난 우연히 가까운 벗의 권유로 '또 하나의 문화'라는 여성주의 집단에서 하는 활동에 끼여들게 되었다. 그것도 무슨 학술적인 활동도 아니고 연극 비슷한 이른바 퍼포먼스로 풀어본 여성과 남성의 문제에 대한 고민 반, 선언 반의 한마당이었다. 내게는 무척 재미있고, 색다른 체험이라 열심히 했고 그 덕분에 이 집단을 함께 만든 유명짜한 여성학 관련 선생님들과 어울리게 되었다.

지금도 무엇보다도 생생하게 기억하는 것은 그 집단에 처음 갔을 때이다. 어느 모임에서든 흔히 있는 처음 나누는 수인사와 사람들의 만남과 사귐의 방식이 아주 남다른 것이었다. 그들은 내게 나이도, 출신학교도 묻지 않고 다만, 관심사가 무엇이고 생각과 느낌이 어떤 흐름인지 짚어보고는 바로 어울리게 해주었다. 가뜩이나 그런 가름과 나눔에 치이고 억눌린 나로서는 얼마나 고마웠는지 모른다. 나중에 지금 있는 학교에 취직을 하고, 같은 학교에 근무하게 된 한 선생님은 그제야 내가 어느 학교를 나왔고 나이가 얼마쯤 된다는 것을 알게 되셨을 정도니 말이다. 뭐든지 나이로 누르고, 학벌로 하다못해 출신지역으로 패거리 짓는 남자들은 도저히 죽었다 깨어나도 흉내도 못 낼 바람직하고 멋진 만남과 사귐의 방식이 아닐 수 없다.

이렇게 그저 뜻이 맞고 마음이 맞아 드나드는데 어느 선생님 한 분이 여성학 강의를 권했다. 그분은 다름아닌 지금껏 내 가장 소중한 동료이자 가장 가까운 동지이며, 그러면서도 가장 어려워하는 누이인 조한혜정 선생이다. 당시 대학에서 보편화되기 시작한 여성학 강의를 이제는 여성들 시각에서뿐 아니라 남성의 시각에서 다루고, 특히 여성학 강의에 몰려드는 남학생들에게 잘 전달해보라는 의도였다. 처음에는 뭣 모르고 그저 호기심 반, 또 내가 유학시절에 소중하게 어깨너머로 배운 지식을 실천할 의욕 반으로 시작한 노릇이 그만 일종의 업이 되고 말았다. 지금까지 거의 빼놓지 않고 학기마다 여성, 또는 성평등을 주제로 한 강의를 하고 있다.

최근에는 나름대로 나만이 할 수 있는 과목을 개발하여 '성과 사랑'이니, '남성문화연구'와 같은 강의를 주로 한다. 이러한 강의들은 그저 성평등과 같은 우리 시대 가장 중요한 주제를 다룰 뿐 아니라, 일방적인 지식전달과 취업준비 등으로 어수선한 대학 안에서 새로운 수업문화를 만들어보려는 일종의 교육적 실험이기도 하다. 그밖에도 이런 남들이 하지 않는 일을 하다보면 여기저기 다니며 이와 관련된 강연도 하고, 실천현장에 들러리를 서는 등 바쁘다.

하지만 여기서 나는 늘 이 땅의 삶의 제 모습을 만나곤 한다. 특히 교육과 관련된 아줌마들의 삶을 만나면서 새삼 교육과 여성문제가 둘이 아니고 하나로구나 하는 깨달음을 얻기도 한다. 아무튼 이런저런 우여곡절을 겪으면서도 여성 남성의 평등한 삶을 생각하고 실천하며 전파하는 일에 끼여든 남성으로서의 몫을 힘겹지만 있는 힘을 다해 애쓰게 된 것이다. 이 이야기는 언젠가 따로 본격적으로 해야겠기에 여기서는 이 정도 맛보기만 보이기로 하자.

또 다른 '딴'살림

또 한 가지 털어놓을 것은 매스컴과 관련된 부분이다. 나는 비교적 아니 상당히 매스컴에 자주 나가는 편이다. 그렇다고 뭐 길거리에서 사람들이 알아볼 정도까지는 아니지만, 제법 얼굴이 팔린 축에 속한다. 그래서 주변의 질시도 받고, 질책도 받는다. 하지만 이것 또한 나름대로 스스로의 경험과 연관되어 한편으로는 짐짓, 다른 한편으로는 어쩔 수 없는 나의 '딴'살림이다. 그 위험과 한계를 잘 알면서도 굳이 마다하지 않는 까닭은 매체에 대한 내 관심과 이해를 바탕으로 어느 정도 대응할 수 있다는 자신과 함께, 내 뜻을 대중매체를 통해 널리 알리는 것이 중요하다는 내 믿음이 있기 때문이다.

그런가 하면 내가 워낙 매체에 익숙한 탓에 방송 쪽에서도 나를 흔히 말하는 '안전빵'이라고 여겨 자주 써먹으려 한다. 내가 매체에 익숙한 까닭은 뭐 잘생기거나 말을 잘해서가 아니라 따로 있다. 나는 흔히 말하는 대로라면 일종의 'DDR(딴따라)' 출신이다. 1년 넘도록 방송 프로그램을, 그것도 교육관련 프로그램도 아닌 영화 프로그램을 진행한 적이 있으니 말이다. 지금껏 그것을 기억하고 의아해하는 사람들이 있는데 그 앞뒤는 이렇다.

나는 대학시절 그때 막 비롯된 독립영화운동에 한 발을 슬쩍 담근 적이 있다. 이것저것 찾아다닐 무렵 우연히 영화에 매료되었지만 그때만 해도 제대로 된 영화 한 편 보기도 어려워, 그저 몇몇 벗들과 책도 보고 공부도 하고 했다. 그러다가 제법 뜻을 키워 실험영화도 만들고 초보적인 단계의 영화운동을 하는 집단을 함께 만들게까지 되었다.

이렇게 한때는 영화에 뜻을 두어 영화를 공부하고 영화를 만드는 일을 해보려고도 했고 유학을 가서도 한참을 그 꿈에 매달리기도 했지만, 결국 재주도 모자라고 또 교육공부의 절실함이 너무 커 그 꿈은 접었다. 그렇지만 워낙 영화를 좋아하는 데다 좋은 영화 마음대로 볼 수 있는 형편이 되니 참 끔찍하게도 많이, 즐겨 보았다. 또 교육을 공부하다보니 영화를 중심으로 한 영상매체, 그 매체를 둘러싼 매체환경의 변화가 교육뿐 아니라 우리 삶의 중요한 주제인지라 이런저런 관심을 가지고 기회마다 조금씩 혼자 영화나 영상매체에 대한 공부도 하곤 했다.

그러다 놀아와서 딴살림의 하나로 여성일을 거들다가, 우연히 어느 여성영화제에서 발제를 하게 되고 그 자리에서 예전에 함께 활동하던 동료들을 만나게 되었다. 이들은 지금은 감독이나 평론가로서 영화계에 중진이 되었는데 얼마 뒤 그 중 몇몇이 나를 찾아왔다. 교육방송에 영화를 제대로 소개하고 이해시키는 사회교육 프로그램을 기획 중인데, 잘 알려지지 않고 영화에 대해 어느 정도 식견을 갖춘 지식인이 진행했으면 좋겠다는 의견이 모아져 내게 제안을 하러 온 것이다.

앞서 이야기한 경험 탓에 영화와 멀다고 할 수는 없는 나지만, 그렇다고 전문적인 식견을 갖추었다고는 할 수 없어서 망설이다가 동료들이 하도 부추기는 바람에, 에라 하고 그만 그 방송을 맡고 말았다. 바로 지금도 이어지고 있는 <시네마 천국>이라는 프로그램인데 1년 남짓 진행을 했다. 어렵고 힘들었지만 제법 성과도 있어 교양방송의 수준을 높였다고 평가받았고, 이 달의 좋은 프로그램으로 선정되어 상을 받기도 했다. 그 덕분에 한동안 영화평론가로 잘못 알려져 곤욕을 치르기도 했다.

지난 2000년 여름, 과거를 묻지 말라던 내게 다시 과거로 돌아가는, 영화적인 표현을 쓰면 '플래시 백' 하는 사건이 있었다. 다름아닌 부산 국제영화제의 초청을 받은 것이다. 그 왜 <파리 텍사스> 그리고 최근의 <부에나비스타 소셜 클럽>이라는 영화로 유명한 빔 벤더스(Wim Wenders) 감독이 특별 손님으로 왔기 때문이었다. 그러고는 과거를 뒤져 하필 나를 통역 겸, 사회자로 불러낸 것이다. 지난 1978년 벤더스가 독일의 '신독일영화(New German Cinema)'의 기수로 막 세계무대에 알려지던 시절 한국을 찾은 적이 있는데, 그때 대학생이던 나는 통역보조를 했고 그 영화의 경험이 이후 영화사랑의 계기가 되기도 했다. 바로 그 판에서 만난 영화제를 주관하는 전양준이라는 친구가 나뿐 아니라, 그때 함께 만난 영화감독 김홍준, 영화평론가 정성일 등을 모두 불러모아 아주 즐거운 추억 나누기를 했다.

어쨌든 이 기회를 통해 나는 이론적으로뿐 아니라 영상매체나 또는 매체환경에 대한 직접적인 이해도 넓히고 또 경험을 쌓을 수 있었다. 또 방송의 생리나 돌아가는 판을 어느 정도 읽을 수 있게 되었다. 그러니 방송 쪽에서 나를 찾는 것도 무리는 아니다. 웬만하면 실수도 별로 없고, 원하는 만큼의 노릇도 해주고 하니 흔히 말하는 '안전빵'이라고 해서 선호하는 것이다. 그렇다고 알 만큼 아는 내가 마구잡이로 팔릴 수는 없다. 늘 가까우면서도 거리를 두고 드나들지만 쉬운 일은 아니다. 매스컴이라는 것이 그리 만만하지 않기 때문이다. 어쨌든 이렇게 알게 되고 겪게 된 매스컴을 적극적으로 활용하는 것은 중요한 일이다.

'또' 살림

　아무튼 사정이 이쯤 되니 내 교육학자 노릇은 조금이라도 남다를 수밖에 없다. 다행인지 불행인지 7년 전 드디어 취직이 되어 대학에 자리를 잡고, 누군가 비웃었듯이 '언더그라운드 교육학자'가 드디어 지하에서 암약하는 것을 그만두고 땅 위로 나와 제도 안으로 들어서게 되었지만 그 첫마음, 첫뜻을 내 어찌 잊을까? 하기는 적잖이 달라지기도 했다. 직업이 직업인 만큼 가끔은 교수티도 내고, 적잖이 기성세대의 물든 표정도 내는 것이 그렇다. 하지만 아직까지는 교육을 되살리고, 사람을 되살리기 위한 작은 실험들을 거듭한다.

　나는 이를테면 학생들과 어울리기를 다른 무엇보다도 좋아한다. 이제 몸도 힘도 달리고 하여 한때 '뒤풀이 선생님'이라는 별명을 얻을 때처럼 수업마다 소모임 발표 끝나고 나면 술자리를 갖곤 했던 순례는 그쳤지만, 여전히 한 학기에 한 번 이상은 이들과 떼지어 술자리를 만들어 수업이나 면담에서 못한 이야기를 나누곤 한다. 또 늘 '존경'받는 선생보다는 '사랑'받는 선생이 되기를 바라며 이들을 사랑하려고 애쓴다. 어떤 때는 너무 일방적으로 편을 들어 철없는 어른 소리를 듣기도 하지만 나는 이들과 함께 어울리고 생각과 느낌을 나누고 하는 일이 너무 좋고 또 그때가 가장 행복하다.

그 밖의 몇 가지 실험들을 소개해보자. 나는 수업을 할 때 일방적으로 강의하는 것을 싫어한다. 학생들은 흔히 수업을 듣는다고 한다. 선생들은 수업을 한다고 말한다. 이렇게 되면 수업은 일방적으로 '주둥이'만 남은 선생과 '귓구멍'만 남은 학생들의 만남이지 온 존재의 만남이 아니다. 그래서 수업을 함께 만들자고 한다. 그 방법으로는 이른바 '열린 참여수업'을 만들어간다. 이를테면 나는 수업 전체의 반이나 적을 때는 3분의 1만 일방적인 강의를 한다. 나머지는 학생들이 스스로 찾고 만들고 표현하는 소모임 활동과 발표, 토론의 시간이다. 게다가 그 발표는 책을 뒤져 이리저리 짜깁기한 머리 중심의 발표여서는 안된다. 그것은 학생들이 나보다 잘할 수 없다. 언제나 주제에 맞는 형식과 내용을 찾아, 만들도록 한다.

이쯤 되면 수업은 공부하는 자리일 뿐 아니라 만남과 삶, 그리고 만듦의 자리가 된다. 농담 삼아 이렇게 만나야 여성, 남성 친구도 사귈 수 있다고 하는데, 실제로 수업에서 만나 짝이 된

경우는 많고, 얼마 전부터는 이렇게 결혼한 쌍의 주례를 서기도
한다. 그 결혼식 뒤풀이가 수업 뒤풀이처럼 되어버리기도 했지
만 여간 흐뭇한 일이 아니었다. 아직 그리 많지도 않은 나이라
쑥스럽지만 이때마다 주제로 하여 변주하곤 하는 주례사를 조금
소개하면 이렇다.

　　주례라는 말은 어떤 의식을 주관한다는 뜻입니다. 그런데 그 예
식이 사람의 삶에서 정말 둘도 없이 중요한 결혼식이라면, 그 예
식을 주관하는 사람은 나이도 지긋하고 사회에서 대접도 받으며
이런저런 가르침을 줄 수 있는 사람이어야 한다고 흔히 생각하지
요. 그런데 저는 그 어떤 기준에도 맞지 않게 모자라는 데다, 나이
도 그다지 많지도 않은 사람으로 감히 주례를 서겠다고 나선 것이
어리석은 만용으로 보일 수도 있습니다. 그걸 무릅쓰고 주례를 맡
게 된 것은 이런 까닭에서입니다. 먼저 오늘 주례를 부탁한 지아
비 지어미 될 사람들의 간곡한 청에다가 이를 도저히 마다할 수
없는 이들과의 관계 때문입니다. 이들은 제가 가르친 제자이지만,
예전에 흔히 그랬듯이 사제간의 권위를 갖추고 일방적인 가르침
을 준 사이가 아니라, 어지러운 세상과 헝클어진 사회를 함께 걱
정하며 머리뿐 아니라 가슴으로 부딪치며 더불어 만났던 사람들
입니다. 또 다른 까닭은 제 스스로 결혼이란, 여성과 남성이 서로
평등하게 만나고 사귀고 섬기는 상생(相生)과 화쟁(和諍)을 애쓰
는 가족을 만드는 일이라고 믿기 때문입니다.

그밖에도 내 수업에 들어오려면 '자기 소개서'를 내야 한다. 무슨 호구조사와 같은 몇 살이고, 무슨 과고 하는 것을 쓰는 것이 아니라, 수업주제와 관련된 자신의 삶의 이야기를 적어내게 한다. 그리고 오른쪽 위에 6개월 안에 찍은 증명사진이나 여권 사진을 뺀 자연스런 사진을 붙이게 하는데 요즘은 스티커 사진도 받아준다. 가발을 쓰거나 지나친 분장을 해서 알아보기 어려운 사진은 빼고 말이다. 또 수업 끝날 때는 반드시 수업 전반에 대해, 교수에 대해, 그리고 자신과 자신이 속한 소모임에 대한 평가서를 내도록 한다. 지금까지 차곡차곡 모아놓은 것을 정리해 내 평생의 만남의 자료로 쓸 것이다. 그 글 중 하나를 소개해 보자.

"여러분 안녕!"으로 시작되는 수업, 필기를 해서는 안되는 수업, 듣는 것이 아니라 참여하는 수업, 열린 참여시험으로 활발한 시험장을 만드는 수업, 기말고사 대신 뒤풀이가 있는 수업…….

이 모든 것이 새로운 경험이었습니다. 그리고 수업을 들으며 새로운 것을 발견했습니다. 면역성이 너무 강해서 그런지 12년 동안 느끼지도 못했지만 저도 제도교육의 피해자란 사실이죠. 저는 제도교육에 너무 순종적이었고 그 안에서 나름대로 편안하게 지내 왔거든요. 이 수업을 들으면서도 그 속에서 나오기가 처음에는 조금 힘들었습니다. (……)

중간고사가 끝나고 조발표가 시작되면서 모두가 참여하는 수업이라는 느낌이 들었습니다. 저희 조는 처음에는 의욕적으로 이것저것 시도해보려고 했지만 발표조에서 제외되자 조모임조차 제대로 이루어지지 않았습니다. 그런데 <더 월>이란 영화를 보고 제도교육에 대해 비판하기로 방향을 잡고부터는 서로 의견도 나누고 하면서 활발히 진행되었습니다. 책을 읽고 강의를 듣는 것 이상으로 조모임을 통해 많은 의견을 나누며 새롭게 깨닫게 되었습니다. 비록 레포트를 쓰기 위한 것이었지만 책을 베껴가기 바빴던 저로서는 이렇게 많은 생각을 하면서 공부를 하기는 처음이었습니다. (……)

한 가지 아쉬운 점은 필기를 못하게 하시는 것입니다. 아무리 열린 참여시험이라 해도 기억력이 안 좋아서 그런지 좀 힘들었습니다. (……)

중간고사 이전까지는 수업에 제대로 참여하지 못했고 도리어 선생님의 수업을 힘들게 만들었던 주범이었지만 그 이후에는 만고쳐먹고 나름대로 최선을 다했다고 자부합니다. 그래서 저는 A^0를 신청합니다.

— <사회교육개론> 수업평가서 중에서

그밖에도 나는 늘 학생들과 어울린다. 그러다보니 내 연구실은 늘 학생들로 북적거린다. 수업과 관련된 면담에다, '남녀상열지사'의 고민, 사는 일의 고통 때문에 상담하러 찾아오는 학생들이 북새통을 이룬다. 면담하다 깔깔대고 웃기도 하고, 상담하다 쫄쫄 눈물을 흘리기도 하는 바람에 연구실인지 시장통인지 알 수 없을 때가 많다. 하도 시달려 얼마 전부터는 칸을 막아놓고 내 공부에는 지장이 없도록 하지만 시도때도 없이 찾아오는 학

생들을 내칠 수는 없는 노릇이라 밤이나, 주말에 공부하더라도 웬만한 면담, 상담은 감당하려고 애쓴다.

그밖에도 이제 7년 남짓 있다보니, 예전에 보따리장사 할 때 그토록 그리웠던 장기적인 만남이 가능해 흔히 '가족'이라고 부르는 열 가까운 학생들이 늘 드나든다. 내가 밖에서 하는 일들을 함께하기도 하고, 연구나 활동을 돕기도 하면서 자연스레 모인 이 가족은 이제 내 가장 가까운 곁사람들이 되었다. 뿐만 아니라 스승의 날과 같은 특별한 기회에는 예전에 내 수업을 거쳤고 인연이 이어지고 있는 다른 학교의 학생들, 또는 졸업생들이 한꺼번에 모여 확장된 가족모임을 하곤 한다. 내 곁에 3년이나 머물렀던 가장 가까운 '조교(우리들은 집사라고 부른다)'는 얼마나 EQ가 높은지 그 복잡한 '다국적군'을 일일이 다 기억하고 배려해,

지금은 곁에서는 떠났지만 그런 확장가족의 맥을 이어가는 데 큰 몫을 하고 있다.

결국 난 내 팔자대로, 생긴 대로 선생 노릇을 하면서, 오로지 후생(後生)과 함께하는 몫을 다하려 했고 적어도 지금까지는 오히려 그 기쁨에 겨워 산다. 언제까지 이렇게 할 수 있을지, 아니 언제까지 이들이 나를 이대로 받아줄지 모르지만 어쨌든 이런 '또' 살림이 적어도 지금은 나의 존재의 이유인 것은 틀림없다.

삶의 스승

하지만 진정한 내 삶과 존재의 이유와 스승은 따로 있다. 자칫 나와 같은 주변인에다, 스스로 만든 삐딱이는 제가 잘나 그리된 듯 보일 수도 있고, 그런 착각을 스스로 하기도 한다. 하지만 나를 이렇게 만든 것은 내 자신만이 아니다. 내가 살면서 만난 많은 사람들이 나를 이렇게 만든 것이다. 그렇다고 내가 좋은 스승을 모셔서 그랬다는 것은 아니다. 물론 앞에 부정적인 교육경험말고도 좋은 경험을 더 많이 했다. 그렇지 않고서야 어떻게 완전히 벗어나지 않고 그나마 나를 보존하고 이만큼이라도 될 수 있었겠는가?

나는 오히려 누구보다도 많은 좋은 선생님들을 만날 수 있는 복을 누렸지만 흔히 말하는 스승은 섬기지 않았다. 나는 스승에서 자유로운 사람이다. 이를테면 명절이고 스승의 날이고 찾아다니는 스승이 없다. 전공공부를 다른 땅에서 한 탓이기도 하지만 꼭 찾아뵙고 섬겨야 할 스승은 없다. 우리 교육과 학문의 또 다른 나쁜 전통 중의 하나가 권위주의적인 사제관계와 폐쇄적인 패거리문화다. 나는 여기서 자유로울 수 있었다. 그러면서 동시에 주변의 적지 않은 곁사람들을 내 스승으로 둘 수 있었다.

그렇다고 내가 혼자 자란 것은 아니다. 기억날 뿐더러 지금도 가끔은 찾아뵙는 선생님들은 많다. 특히 중학교 3학년 때 시험에 치여 억눌린 나를 잘 돌봐주시고 처음 성취감 같은 것을 맛보게 해주신 선생님, 고등학교 1학년 때 공부는 못해도 글쓰는 재주 있다고 예뻐해주시고 술도 따라주시던 선생님, 고등학교 2학년 때 가출한 나를 끝까지 받아주시고 다시 시작할 수 있도록 배려해주시던 선생님, 이렇게 우리 제도교육 전체가 그렇듯이 좋은 선생님들을 많이 만났다.

그뿐이랴. 나는 유학을 가서도 좋은 선생님들을 많이 만났다. 특히 마지막까지 내 전공, 부전공마다 지도해주었던 그들은 진정한 스승들이었다. 논문지도를 해주었던 교육학 교수는 내 아버지와 동갑이시기도 하지만 늘 대리 아버지처럼 내 생활과 활동까지 보살펴주셨을 뿐 아니라, 생태주의자 본연의 모습을 본보기로 보여주셨다. 다른 둘은 나이 차는 어느 정도 나지만 친구처럼, 형처럼 공부뿐 아니라 함께 어울리며 많은 것을 나눈 동료들이기도 했다. 외국인으로서는 드문 행운을 잡은 셈이다. 지금도 이들과 연락하며 서로 자극을 주고 또 받고 있다.

하지만 무엇보다도 나의 가장 큰 스승은 내 부모님이다. 쑥스럽지만 그 이야기부터 써보자.

우리 사는 세상은 사회는 어지럽고 사람 사이도 뒤틀렸다. 무엇보다도 어른들이 어른스럽지 못하니 자라나는 세대가 보고 배울 것이 없다. 사람들은 이것을 거꾸로 부권으로 상징되는 권위가 무너져서 그렇다고 한탄하며 그리워한다. 나는 거꾸로 지금이야말로 이런 수직으로 위계질서화된 사람 사이를 평등하게 바로잡아 새로운 삶, 사람을 만들어갈 기회라고 믿는다.

그러다보면 나처럼 여성과 남성, 어른과 아이처럼 서로 가르고 나누는 것이 아니라 서로 섬기고 살리자는 뜻을 펴고 일하는 사람들은 미움도 사고 어떤 때는 제대로 배우지 못하고 또 쓸데없는 물이 들어 그렇다고 꾸지람 받는다. 그럴 때마다 나는 오히려 자랑스럽게 나의 부모님을 생각한다. 왜냐하면 내 있음과 생김은 말할 것도 없고 내 믿음과 일 또한 처음부터 부모님으로부터 비롯했기 때문이다.

나는 모두가 어렵고 열심히 살던 시절 할머니, 어머니, 아버지, 그리고 누이 셋과 함께 단란한 삶의 터전에서 자랐다. 어머니도 일을 하셔서 우리는 늘 할머니의 보살핌을 받았다. 자식 여럿을 잃고 막내로 홀로 남은 아버지를 역시 일찍 홀로 되셔서 기르셨던 할머니는 아버지와 2대 독자가 된 나에 대한 애착이 대단하셨다. 하지만 어머니 아버지는 내가 버릇없는 아이로 크지 않도록 세심한 배려를 하셨다. 그것도 매질은커녕 큰소리 한

번 제대로 치지 않으신 채 말이다. 아버지는 주로 건설 쪽 일을 하신 탓에 집을 비우는 일이 많으셨다. 술담배는 말할 것도 없고 잡기조차 손대시는 일 없이 가정에만 충실하신 당신께는 아주 고통스러운 일이었을 것이다. 그런데도 오랜만에 보는 자식들과는 늘 조곤조곤 이야기를 나누시곤 했다. 웬만한 잘못은 자주 보는 것이 아니니 덮어두기도 하셨지만, 간혹 곁에 계실 때 잘못을 저질러도 조용히 불러 몇 마디 이르시는 것이 고작이었다.

해서 우리는 한번도 아버지를 두려워하거나 무서워한 적이 없다. 또 어려워한 적도 없다. 당신은 늘 우리들의 기둥이고 언덕이며 안온한 품이었다. 아버지는 특히 온 집안에 하나뿐인 남성인 내게 가장 다정한 벗이며 동반자였다. 그러다보니 사춘기를 지나고 성장해 나갈 때까지 모든 일을 아버지께 털어놓고 또 의논하곤 했다. 자라서 대학을 선택하고 전공을 고를 때, 또 졸업하고 유학을 결심하고 의논할 때, 며느리 될 사람을 이야기할 때 같은 삶에서 가장 중요한 때마다 아버지께 의논하고 내 의견을 말씀드리면 대답은 언제나 "어련히 네가 잘 알아서 하겠니, 잘 생각해서 결정했다면 나는 따르고 밀어주마"였다.

어머니는 더 대단한 분이시다. 일찍부터 전문직 여성으로 사회활동을 하셨고, 자주 멀리 떠나시는 아버지 대신 가장의 몫까지 하셨지만 언제나 당당하고 언제나 한결 같으셨다. 이를테면 당시만 해도 많지 않은 취업주부라, 늘 학교에 다니는 우리들은 불만이었는데 미안해하시기는커녕 얼마나 당신이 중요한 일을 하는지 자랑스러워하라고 이르셨다. 그 덕분에 우리 누이들 모두 당당한 전문직 여성들로 자랄 수 있었다. 또 2대 독자 외아들이 가장 어려울 수 있는 고부간의 갈등은 처음부터 생기지도 않게 늘 현명하면서도 소리나지 않게 모든 일을 처리하시는 능하고도 잘난 분이시다. 아버지와 마찬가지로 늘 우리 의견을 존중해주셨고 우리가 스스로 선택하고 결정한 일이라면 최선을 다해 지원하셨다.

어머니 이야기들은 많이 하니, 아버지 하면 떠오르는 몇 가지 기억들만 여투어보자. 우리 자랄 때 가장 큰 고통은 중학교 입학시험이었다. 그 입시에 실패하고 재수를 하게 된 내게 당시 월남에서 일하시던 아버지는 잊을 수 없는 격려의 편지를 보내주셨다. 실패가 아니라 또 한 번의 기회라고, 당당하게 맞서 이겨내라고. 재수하던 해 중학교 입시는 없어지고 방황하던 내게 그해 가을 돌아가신 할머니 장례에도 참석 못 하시고 애끓은 슬픔을 가누기 어려우셨을 아버지는 내게 보낸 편지에서, 장하게 그 일을 대신 해내고 또 꿋꿋하게 살고 있는 아들이 얼마나 자랑스러운지 모른다고 적어 내 눈시울을 뜨겁게 하셨다. 내가 사춘기 때 여자친구를 사귀고 그 어려움에 힘겨워할 때, 마침 한동안 우리 곁에 계시던 아버지는 처음부터 끝까지 나를 지원하고 또 도와주셨다.

가장 잊지 못할 기억은 내학시절이다. 나는 선천성 결함으로 스무 살 때 아주 큰 척추수술을 받았다. 나를 간호하려고 휴직까지 하신 당신은 석 달이 넘도록 자리보전하고 누운 아들의 병구완을 하셨다. 잠시도 곁을 떠나지 않고 온갖 시중을 들어주시다가 설핏 잠이 드신 곁에서 나 혼자 눈물 흘리던 밤이 적잖았다. 당신은 술담배 입에도 대시지 않는데 내내 누워 있으면서 얼마나 심심하겠냐 하시며 온갖 책들을 주문대로 사다주시면서 슬몃 담배도 끼워주시던 때면 얼마나 죄송스럽고 감사했던지…….

하지만 어머니 아버지께 아직도 죄송스런 기억도 있다. 유학에서 돌아와 부부가 강사 노릇으로는 입에 풀칠하기도 어려워 결혼 7년 만에 시집살이를 할 때 일이다. 하나뿐인 며느리를 아끼고 사랑하신 것은 말할 것도 없고 손자 함께 키우는 재미에 흥거로울 그때, 문제는 내가 여성 남성의 평등을 주장하며 아내와 살림이며 아이 키우기를 마주 한다고 덤벙거렸던 것이다. 처음에는 당혹하셨을 어머니 아버지지만 곧 우리 뜻을 이해해주셨고 당신들도 함께 해주셨다.

본디 집안일을 잘 거드시던 아버지시지만 부엌일까지 나서서 하시는 게 아닌가? 나중에 여쭤보니 아버지 말씀이 "처음에는 어색했지만 너희 하는 일이 옳고 또 당당해 보이길래 흔쾌히 함께 했다"시며 나중에 우리가 따로 살게 되면서도 더욱 열심히 집안일 돌보시고, 또 어머니께서 막내 동생네와 다른 나라에서 한 해 정도 머무시는 동안 훌륭하게 홀로 살림을 해내셨다.

식민지 시대에 태어나 전쟁통에 젊은 시절을 보내시고 산업화 시대의 역군으로 온갖 시련을 다 겪으셨지만 우리 자랄 때나 지금이나 "나는 이렇게 어렵게 살았는데 너희들은 왜 그러냐"는 말씀이나 표정, 태도는 단 한 번도 보이신 적이 없는 어머니 아버지시다. 그러다간 은퇴를 하시고 어려운 곤경에 처해서도 당당하고 자신있게 자식들 곁에 서신 어머니 아버지, 이제 일흔다섯의 연세에도 일을 하시면서 아직도 우리 네 남매의 크고 작은 성공과 성과를 누구보다도 기꺼워하시고 자랑스러워하시는 두 분, 이제 일곱이나 되는 손자들을 우리 못지 않게 거두고 보듬어 주시는 우리 어머니 아버지…… 만일 내가 사람다운 삶을 위해 무언가를 해낼 수 있다면 그것은 8할은 당신들 몫이다.

또 다른 삶의 스승

기왕 쑥스러운 이야기를 늘어놓았으니 팔불출 소리 듣더라도 마저 자랑 및 고백을 해야겠다. 이런 부모님의 은혜를 입은 나는 나아가서 아내와 자식에게도 내 존재의 많은 부분을 신세지고, 배우고 했다. 부모님께서 나를 만드시고 지금의 나의 기틀과 바탕을 만들어주셨다면, 아내와 내 아이는 지금의 내 존재의 모양을 함께 만들어주었다. 먼저 내 아내는 나와 야학동료로 만났다. 그러다보니 처음부터 뜻과 느낌을 나눈 사이다. 그래서 늘 나의 가장 큰 지원자이며 동시에 가장 두려운 비판자다. 지금껏 어려운 길을 함께 걸어왔지만 불평하거나 원망하는 것을 들어보지 못했다.

오죽하면 나이 마흔이 되도록 정기적인 월급 한번 받아오지 못하는 남편을 스스로 백방으로 뛰며 일해 먹여살렸건만 단 한번도 내게 왜 그러느냐는 말 한마디 한 적이 없다. 그러다가도 내가 원칙에 어긋난 행동을 하거나 말만 앞세울 때면 뼈아프게 지적하고 가차없이 비판한다. 나는 곁에 이렇게 훌륭한 스승을 두고 있다. 이 자리를 빌려 거듭 엎드려 고마움을 전하고 싶다.

하지만 그에 못지 않은 스승은 올해 열세 살 난 희윤이다. 나는 지금껏 다른 무엇보다도 아이를 키우며 함께 자랐다. 가장 교육적인 관계가 아닐 수 없다. 그 이야기를 조금 늘어놓아보자.

나는 교육을 공부하고 가르치며 또 여성학도 강의하는 조금은 별스런 일을 하는 사내지만, 그 가장 중요한 계기는 무엇보다도 나의 육아체험이다. 일찍부터 머리로만, 그리고 말로만 남녀평등의 가치를 믿고 떠들었던 나는, 남들보다 뒤늦게 삼십대 중반에야 아이를 갖게 되면서 그런 머리, 말로만의 가치를 스스로 점검할 수 있는 기회를 얻게 되었다. 또 그 과정에서 비로소 나 스스로 내면화했던 성역할 고정관념과 제대로 마주했을 뿐 아니라, 나아가서 우리 아이와 함께 자라는 소중한 경험도 쌓을 수 있었다.

내 육아체험은 아내가 아이를 가지면서부터 시작되었다. 오래 기다렸던 아이기도 했지만, 독일에서 유학 중이던 때라 남들 눈치 볼 것 없이 아이를 기다리는 기대감과 기쁨을 마음껏 누릴 수 있었다. 함께 체조도 하고 육아에 대한 공부도 하면서 우리는 부모가 될 준비에 열심이었다. 아무도 도울 사람이 없는 가운데 모든 것을 우리끼리 알아서 해야 하는 어려움도 있었지만, 다른

한편 스스로 모두 해결해야 한다는 조건 덕분에 오히려 어른스
런 부모 되기 준비가 되지 않았나 싶다.

그러나 정작 진통이 시작되면서 나는 당황하기 시작했다. 그
때부터는 함께의 일이 아닌 때문이다. 아내와 함께 병원으로 가
서는 그곳에서는 으레 그렇듯이 분만실까지 따라 들어갔지만,
거기서 사내들이 아이를 만들어만 놓고 얼마나 무책임하고 하릴
없이 기다리기만 해야 하는지 절감했다. 비교적 늦은 초산이라
상당한 진통을 겪는 아내 곁에서 내가 할 수 있는 일이라곤 그
저 손이나 꼭 붙들어주는 정도였다. 여러 시간의 고통 끝에 아이
가 태어나고, 의사가 나더러 탯줄을 자르라고 가위를 내밀 때 나
는 혼비백산하여 그조차 하지 못했다. 아이의 상태가 썩 좋지 못
해서 바로 소아과로 실려가는 통에 아이 얼굴조차 제대로 보지

못한 채 말이다. 아버지가 된 감동은커녕 정신없고 혼란스런 소동뿐이었다.

아이의 상태가 나아지고 처음 젖을 먹일 때야 비로소 아이 얼굴을 제대로 볼 수 있었지만, 그때는 행복감보다는 걱정과 불안이 앞섰다. 아버지 노릇을 제대로 할 수 있을까 하는 불안한 마음부터 식자 든 사람 특유의, 이 험한 세상에 대한 걱정까지 하면서 말이다. 정작 일은 아이를 병원에서 데려오고 나서부터 시작되었다. 한창 학위논문을 쓰던 나는 지도교수에게 6주일 휴가를 얻을 수밖에 없었고, 그는 내게 "이제야 당신은 교육학을 제대로 공부하게 되었다"고 격려 아닌 위협(?)을 하며 보내주었다.

그로부터 6주 동안 단칸방에서 밤잠을 설쳐가며 우리는 함께 자라기 시작했다. 완전히 우리에게 의존한 작은 생명체를 통해 생명의 경이로움을 발견하며 고단한 일상에 지쳐하며 서로 다투어가며 말이다. 그러다가 다시 논문 때문에 얻어놓은 작업실로 나설 때 내 마음이란…… 하지만 나 돌아올 때쯤이면 유모차에 아이를 싣고 가까운 공원에서 산책하며 나를 기다리던 아내의 모습이며, 그때 흐드러지게도 핀 봄꽃들은 지금도 잊을 수 없다.

6개월 된 아이를 데리고 귀국한 우리는 이젠 학생이 아닌 생활인으로서 그야말로 들판에 잡초처럼 아이를 키우며 함께 자랐다. 부부가 강사생활을 해야 했으므로 우리는 요일을 나누어 월, 수, 금은 엄마의 날 화, 목은 아빠의 날 이렇게 아이를 돌보았다. 말이 쉽지 얼마나 힘겨웠는지 모른다. 이를테면 내일 중요한 원고를 내야 하는데 아이가 낮잠도 자지 않고 칭얼댈 때면, 정말 내다버리고 싶은 심정도 한두 번 든 게 아니었다. 누구 말대로 아흔아홉 번은 절망하다가, 단 한 번쯤 드는 그러나 모든 것을 덮고도 남을 사랑의 순간으로 버텨내면서 말이다.

가끔 그런 힘겨움보다 더 나를 괴롭힌 것은 나 스스로 극복하지 못한 성역할 고정관념과 뒤섞인 남들의 눈총이었다. 멀쩡한 남자가 평일 대낮에 유모차 끌고 다니고 아이와 놀이터에서 어슬렁대는 모습에 수군대는 동네 아주머니들부터 힐끗대는 시장이나 슈퍼에서 만난 사람들 말이다. 언젠가는 지나가시다가 나를 보고 안쓰럽다는 듯이 대놓고 혀를 차는 할머니까지 계셨다. 가끔 혼자 아이 데리고 외출할 때면 택시기사부터 저마다 아이 엄마는 어디 갔냐고 묻는 통에 신경질이 난 적도 한두 번이 아니다. 그래서 언젠가 어느 대학에서 특강을 할 기회에, 당번인 날이기도 해서 시위도 할 겸 아이를 데리고 가 아예 내 사정을 공식화한 적도 있다. 그로부터 나는 그런 기회에 아이를 데리고 가서는, 오늘날 여성들의 처지에 연대하는 뜻으로 내 스스로를 '봉천동 희윤이 아빠'라고 소개하곤 한다.

어쨌든 이런 과정을 통해 나는 아마 우리 사정에 비추어 제법 아이와 사이가 가까운 아버지가 될 수 있었다. 우리 아이는 아무리 아파도 그날 내가 당번이었으면 나를 찾고, 엄지를 치켜 최고를 기릴 때도 엄마 아빠를 동시에 꼽았다. 두 돌 갓 넘어서부터 나와 둘이서만 며칠씩 여행하곤 한다. 또 놀이방이며 유치원 다닐 때 데려가고 데려오고도 엄마 아빠 번갈아 하는 것을 당연하게 생각했다. 집안일도 아직 형편없이 모자라고 서툴기만 하지만 열심히 하는 것을 늘 봐와서 아빠도 당연히 집안일 하고, 엄마도 당연히 밖의 일 하는 것으로 여겼다. 차츰 커가면서 남녀의 구별을 알아가는 때지만 차별은 결코 익히지 않도록 함께 분위기를 만들며 함께 자랐다.

이제 초등학교 6학년인 된 우리 아이는 늘 나의 거울이다. 이 아이를 키우면서 나는 내 스스로가 자라는 경험을 했다. 명색이 교육학자랍시고 갖은 이론이며 가설들을 아이를 통해 점검했는가 하면 아이를 키우는 일을 통해 나 자신의 성장과정을 되돌아보고 또 교육을 되짚어볼 수 있었다. 그러면서 나는 내 아이뿐 아니라 우리 아이들이 어떻게 하면 함께 잘 자랄 수 있을까 늘 생각하고 또 실천하려고 애썼다.

그러나 늘 걱정은 이런 체험이 개인적인 울타리에 머물러서는 안된다는 것이다. 우리 아이를 위해서도 그렇다. 누구 말대로 우리 아이가 부모의 만용이나 객기로 실험적인 공간에서 자란다고 해서 지금과 같은 열악한 교육환경에 들어서게 되도 견뎌낸다고 장담할 수 없다. 오히려 몇 곱절 더 어려워할 수 있다. 결국 모든 아이들이 더불어 고르고 올곧게 자랄 수 있어야 우리 아이도 그렇게 자랄 수 있는 것이다. 그래서 아이들을 우리 어른들의 스승이다.

■ 지은이

정유성

지은이는 1956년 서울에서 태어나 온양, 부산, 양구 등을 떠돌며 자랐고 초등학교부터 대학교까지 다시 서울에서 제도교육의 감시와 처벌을 받았다. 학부에서는 독문학을 전공하고 1980년 독일로 가 독문학, 교육학, 사회학, 심리학을 공부하여 1991년 교육학 박사학위를 받았다. 전공은 이론영역으로는 교육의 사회철학, 사회변화와 문화변동, 그리고 주관의 정체 문제이며 실천영역으로는 평화교육, 환경교육, 성평등 교육, 제3세계 교육, 통일교육 등이다. 1991년부터 여러 대학에서 교육사회학, 사회교육, 여성학 등을 강의했으며 동시에 공동육아연구원, 또 하나의 문화 등에서 연구 및 사회활동을 했다. 또 크리스챤 아카데미 연구위원을 지냈고, 교육개혁과 교육자치를 위한 시민회의, 인간교육실현학부모연대 등의 단체에서 교육시민운동의 실무를 맡기도 했다. 1996년부터 서강대학교 교양과정부 교수로 일하며 성평등 인간학, 남성문화연구, 성과 사랑, 평생교육론, 청소년 문화론, 평화교육론 등을 강의하고 있다.

교육부 교육정책 심의위원을 지냈고 공동육아와 공동체 교육 이사, 남북어린이 어깨동무 실행위원, 공동육아 연구원 운영위원, 문화관광부 청소년정책 자문위원, 여성부 정책 자문위원 등으로 활동하며, 대안교육 운동과 성평등 운동에 지속적인 관심을 가지고 일하고 있다.

쓴 책으로는『사람, 삶, 되살림: 인간다운 생존을 위한 교육』『새로운 교육문화 사회운동론: 사람, 삶, 되살림 2』『대안교육이란 무엇인가』『여성남성 같이 살기』『남성을 위한 여성학』『따로 또 같이: 남성지배 문화 벗기기』등이 있다.

사람살려 교육살려

ⓒ 정유성, 2002

지은이 | 정유성
펴낸이 | 김종수
펴낸곳 | 도서출판 한울

편집 | 곽종구

초판 1쇄 인쇄 | 2002년 7월 20일
초판 1쇄 발행 | 2002년 7월 30일

주소 | 121-801 서울시 마포구 공덕1동 105-90 서울빌딩 3층
전화 | 영업 326-0095, 편집 336-6183
팩스 | 333-7543
전자우편 | newhanul@nuri.net
등록 | 1980년 3월 13일, 제14-19호

Printed in Korea.
ISBN 89-460-2693-2 94320

* 가격은 겉표지에 표시되어 있습니다.